革命军人精神动力研究

沈根华　著

Wuhan University Press
武汉大学出版社

图书在版编目(CIP)数据

革命军人精神动力研究/沈根华著.—武汉：武汉大学出版社，2022.4
ISBN 978-7-307-22854-2

Ⅰ.革… Ⅱ.沈… Ⅲ.军人－思想政治教育－研究－中国 Ⅳ.E221

中国版本图书馆CIP数据核字(2022)第015952号

责任编辑：黄朝昉 责任校对：牟 丹 版式设计：天 韵

出版发行：**武汉大学出版社** （430072 武昌 珞珈山）
（电子邮箱：cbs22@whu.edu.cn 网址：www.wdp.com.cn）
印刷：三河市京兰印务有限公司
开本：710×1000 1/16 印张：15 字数：261千字
版次：2022年4月第1版 2022年4月第1次印刷
ISBN 978-7-307-22854-2 定价：58.00元

目　录

导　言

精神动力作为人的思想、意识等心理因素之于社会实践活动的精神推动力量，是自从人猿相揖别之后便历史而具体地存在着，与人类历史发展相伴而行。恩格斯指出："人离开动物越远，他们对自然界的影响就越带有经过事先思考的、有计划的、以事先知道的一定目标为取向的行为的特征。"① 精神动力与社会进步、人的发展具有内在的一致性。众所周知，中国革命战争是在长期敌强我弱的情况下进行的，面对比自己强大得多的敌人，我们党一贯强调发挥我军的政治优势，重视通过强化革命军人精神支柱的锻造，着力发挥革命军人精神动力对部队战斗力效能释放的强力催化效应。毛泽东指出："人是要有一点精神的。"② 中国革命在经历了种种艰难困苦和挫折的考验后之所以能够坚持下来并取得最终的胜利，没有一种不屈不挠、一往无前的革命精神是不可想象的。正如邓小平所言："光靠物质条件，我们的革命和建设都不可能胜利，过去我们党无论怎样弱小，无论遇到什么困难，一直有强大的战斗力，因为我们有马克思主义和共产主义的信念。有了共同的理想，也就有了铁的纪律。无论过去、现在和将来，这都是我们的真正优势。"③ 1999年全军政治工作会议明确提出："军队思想政治建设必须为打赢未来高技术战争提供强大的精神动力。" 进入新时代，在 2014 年召开的全军政治工作会议上，军委习近平主席强调要"把理想信念在全军牢固立起来"，并提出要"着力抓好战斗精神培育"④ 工作。这就为加强革命军人精神动力研究，夯实强军兴军精神根基指明了前进方向，提供了基本遵循。

---

① 马克思恩格斯选集：第 4 卷［M］. 2 版. 北京：人民出版社，1995：382.

② 毛泽东文集：第 7 卷［M］. 北京：人民出版社，1999：162.

③ 邓小平文选：第 3 卷［M］. 北京：人民出版社，1993：144.

④ 习近平出席全军政治工作会议并发表重要讲话强调：发挥政治工作对强军兴军的生命线作用，为实现党在新形势下的强军目标而奋斗［N］. 人民日报，2014－11－2（1）.

重视人的因素，注重革命军人精神动力的开发，既是我军发展壮大的一条弥足珍贵的基本经验，也是我军现代化建设的鲜明特色。我军自建军伊始就十分重视发挥精神动力的作用，把坚定官兵的精神支柱作为军队建设之本，靠强有力的思想工作启发官兵的政治觉悟，激发部队的作战热情。当前，中国特色社会主义进入新时代，国防和军队建设也进入了新时代，我们面临的发展机遇前所未有，同时各种可以预知和不可预知的风险挑战也前所未有。在这样一个强军兴军进入崭新阶段但国家安全和军事斗争形势愈加复杂严峻的新的历史时期，更加需要通过强有力的思想引领和精神锻造，夯实革命军人的政治根基，凝聚起强军胜战、不辱使命的强大精神正能量。马克思指出："理论在一个国家实现的程度，总是决定于理论满足这个国家的需要的程度。"① 当前，深化精神动力的理论研究、为备战打仗提供坚强精神支撑，在新的历史条件下有其特殊而重要的意义。研究精神动力现象，探讨精神动力的本质，思考精神动力开发的基本规律，深化革命军人精神动力的理论研究，既是深化军队政治工作理论研究、创新发展军队政治工作的必然要求，同时也是夯实强军兴军精神支柱、为我军决战决胜注入强劲动力的客观必然。

一

克劳塞维茨指出："任何理论的首要目的，在于澄清已变得可谓混淆不明、纠缠不清的概念和理念。不到术语和概念已被界定，一个人就不能希望在清晰简洁地审视问题方面取得任何进步，也不能指望读者赞同他的看法。"② 概念即范畴，是客观事物的本质属性在人脑中的反映。列宁认为范畴是"认识世界过程中的一些小阶段，是帮助我们认识和掌握自然现象之网的网上纽结"③。对研究对象的概念性界定，是研究得以顺利进行的必要前提。精神动力，顾名思义，就是精神的动力作用，也即精神的力量。一般认为，精神动力的概念最先由美国心理学家萨利文提出。他认为，精神动力就是有机体内

---

① 马克思恩格斯选集：第1卷［M］．2版．北京：人民出版社，1995：11．

② ［德］克劳塞维茨．战争论：全2册（上册）［M］．时殷弘，译．北京：商务印书馆，2018：181．

③ 列宁全集：第38卷［M］．北京：人民出版社，1959：90．

相对稳定的带有价值指向的能量，是生命有机体的“相对稳定的动能型”①。

目前学术界关于“精神动力”概念比较有代表性的看法主要有以下几种。一是社会个体层面的精神动力。例如，学者徐冰在其所著《人之动力论》中认为：“人们的精神（包括意识、思维活动和一般心理活动）通过人们的行动，对外界事物产生的推动作用。”② 另一种是社会整体层面的精神动力。例如，华东理工大学人文学院的王荣发同志认为：“所谓精神动力，是指推动社会前进和发展的精神力量。它是由社会生活中正确的思想、观念、理论、学说、政策和方针等综合因素相互作用形成的合力。”③ 还有则是从个体与社会两方面着手探讨精神动力。例如，武汉大学思想政治教育学博士生导师骆郁廷教授在其著作《精神动力论》中认为：“所谓精神动力，就是思想、理论、理想、信念、道德、情感、意志等精神因素对人从事的一切活动及社会发展产生的精神推动力量。”④

综合上述认识，我们认为，精神动力既表现为社会层面上的精神动力，如思想理论、文化传统、宗教伦理、风俗习惯等，又表现为个人层面上的精神动力，如兴趣爱好、对真善美的追求、理想信念等。社会精神动力是与社会物质动力相对而言的，指推动社会发展的精神力量，它并非个人精神动力的简单相加。社会物质动力对社会精神动力具有决定作用，而后者具有一定的独立性并对前者施以反作用，二者的共同作用推动着社会历史的发展。个人精神动力的合力即恩格斯所提及的“个人意志的合力”，它决定着社会历史发展的进程⑤。必须说明的一点是，不论个体意义上的理想、信仰、情感、意志等，还是社会意义上的意识形态、科学文化、宗教道德等，其要发挥对个人及社会的推动作用都必须转换为一定的实践主体的自觉意识，即应被从事实践活动的个人或群体所内化，方能用于指导自己的行为，进而发挥对个人

---

① 李德顺．价值学大词典［M］．北京：中国人民大学出版社，1993：334.

② 徐冰．人之动力论［M］．沈阳：辽宁人民出版社，1999：216.

③ 王荣发．论共产党人的精神动力［J］．理论与改革，2001（2）：31.

④ 骆郁廷．精神动力论［M］．武汉：武汉大学出版社，2003：16.

⑤ 恩格斯曾于1890年在给约·布洛赫的信中指出：“历史是这样创造的：最终的结果总是从许多单个的意志的相互冲突中产生出来的，而其中每一个意志，又是由于许多特殊的生活条件，才成为它所成为的那样。这样就有无数互相交错的力量，有无数个力的平行四边形，由此就产生出一个合力，即历史结果，而这个结果又可以看作一个作为整体的、不自觉地和不自主地起着作用的力量的产物。”［参见：马克思恩格斯选集：第4卷［M］．2版．北京：人民出版社，1995：697.］

事业或社会发展的推动作用。正如恩格斯所言："就单个人来说，他的行动的一切动力，都一定要通过他的头脑，一定要转变为他的意志的动机，才能使他行动起来。"① 鉴于本书所探讨的是革命军人的精神动力及其开发，着眼点是军人个体，因而本书将着重从个体心理的角度探讨精神动力，围绕理想、信仰、信念、价值观、情感、认识、意志等展开对革命军人精神动力的系统研究。也正是基于此，本书精神动力的定义是指从事一定社会实践的人的理想、信念、信仰、意志、情感等精神因素对于其所从事的事业及各项工作的推动力量。

恩格斯指出："在社会历史领域内进行活动的，是具有意识的、经过思虑和凭激情行动的、追求某种目的的人；任何事情的发生都不是没有自觉的意图，没有预期的目的的。"② 目的性是人之为人的根本属性，也是人与动物的根本区别。恩格斯还指出："一句话，动物仅仅利用外部自然界，简单地通过自身的存在在自然界中引起变化；而人则通过他所做出的改变来使自然界为自己的目的服务，来支配自然界。"③ 可见，明确的目的性是人类社会实践活动的一个内在固有的本质属性。这一源自精神深处的目的性趋向，就是推动人从事一切社会实践活动的精神动力。军人的社会实践活动是军人认知、情感、意志作用的对象，是军人精神世界直接现实化的生命活动。军人精神动力是军人各项工作与军事实践得以顺利开展的必要前提与关键环节，军人精神动力的产生与军人的军事生活实践密切相关。军人精神动力既带有个体精神动力的一般特性，同时又打上了军事生活实践的深刻烙印。综合各类研究成果并结合新时代革命军人内涵的新发展④，我们认为，革命军人精神动力就是指：革命军人的理想、信念、信仰、意志、情感等精神因素对于其所从事的以建设和作战为主旨的军事实践活动的推动力量。

革命军人既是一个特指概念，又是一个集合名词。革命军人是指自 1927 年我军成立以来所有为着中国革命和建设事业而矢志奋斗的军人的统称，并

---

① 马克思恩格斯选集：第 4 卷 [M]. 2 版. 北京：人民出版社，1995：251.

② 马克思恩格斯选集：第 4 卷 [M]. 2 版. 北京：人民出版社，1995：247.

③ 马克思恩格斯选集：第 4 卷 [M]. 2 版. 北京：人民出版社，1995：383.

④ 2014 年 10 月 31 日，军委习近平主席出席古田全军政治工作会议并发表重要讲话，提出要"着力培养有灵魂、有本事、有血性、有品德的新一代革命军人"。（参见：习近平出席全军政治工作会议并发表重要讲话强调：发挥政治工作对强军兴军的生命线作用，为实现党在新形势下的强军目标而奋斗 [N]. 解放军报，2014－11－2.）

根据研究的指向需要，主要指新时代致力于强军打赢的中国人民解放军官兵。本书中对“革命军人精神动力”所做的理论上的探讨主要是就普遍意义上的革命军人精神动力而论的。例如，在论述革命军人精神动力的精神品质、核心要素及实践表征时，是从“革命军人精神动力”价值学上的“应然”层面而言的，本书并不排除统计学上“实然”层面个别军人精神动力在“精神品质”“核心要素”及“实践表征”上所具有的例外情况。事实上，这些例外情况是客观存在的，因而才有了本书对革命军人精神动力开发的现实必要性及对策思路的研探，这种例外情况的存在正是推进革命军人精神动力研究的现实价值之所在。革命军人精神动力统计学上的“实然”情况表明，“例外”情况不是革命军人精神动力的主流，不是革命军人精神动力内在固有的本质。从这个意义上讲，革命军人精神动力统计学上的“实然”与价值学上的“应然”是辩证统一的，二者统一于当代革命军人精神动力建设助力新时代强军兴军的生动实践之中。

二

目前，军队系统关于革命军人精神动力的研究专著主要有两本，一本是宋开祥教授撰写的《信息战军人精神动力论》（解放军出版社 2010 年 4 月版）。在《信息战军人精神动力论》中，宋开祥教授认为，人的精神动力构成要素包括信仰动力、事业动力、道德动力、认知动力、情感动力和意志动力，并从上述六个维度具体阐述了信息战背景下军人精神动力的激发问题。另一本是肖益朝教授撰写的《信息化战争军人精神动力开发论》（解放军出版社 2006 年 9 月版），在《信息化战争军人精神动力开发论》中，肖益朝教授认为，社会生活条件为军人精神动力的生成提供丰富资源，利益需求为军人精神动力的生成提供内在基础，教育与规范使军人精神动力的生成获得有效整合，军事实践为军人精神动力的生成提供发展平台，并提出未来军人精神动力的战场开发应“坚持局部与全局相衔接形成全方位的动力开发势能，坚持现代手段与传统做法相结合形成灵活的动力开发格局，坚持专业队伍与群众性相结合形成‘立体’的开发网络”。

地方上的相关研究成果主要有骆郁廷教授的《精神动力论》（武汉大学出版社 2003 年 10 月版）、赫登峰同志撰写的《现代精神动力论》（广东人民出版社2005年5月版）以及徐冰同志的专著《人之动力论》（辽宁人民出版社1999年4月版）。在《精神动力论》中，骆郁廷教授认为，马克思主义关于精神动力理论可总结为自觉能动性理论、精神需要理论、主体性理论、精神转化理论、社会合力理论。在论及精神动力的结构时，作者认为，要建构以理智动力为主、情感及意志动力为辅的精神动力内在结构，要建构以精神创造力为主、精神凝聚力及精神约束力为辅的精神动力形态结构，要建构以民族精神动力为主、群体精神动力及个体精神动力为辅的精神动力层次结构。在《现代精神动力论》中，赫登峰同志认为，精神动力的本质就是人的自觉能动性，是人在实践中形成并发挥作用的，具有时代性、民族性和实践性等固有属性。在《人之动力论》中，徐冰同志用了一章的篇幅从潜意识与显意识的层面探讨了精神动力的结构、性质与功能，并从社会、心理、生理诸层面阐释了精神动力的运行机制。

总体来说，现有关于革命军人精神动力的研究成果还很零散，多侧重于社会层面的精神动力，而对个体层面的精神动力鲜有论述；多侧重于战斗精神的培育研究，而对精神动力的开发研究不多，对革命军人精神动力开发的研究更少。另外，已有的研究成果侧重就事论事，借鉴相关学科知识的很少，而革命军人精神动力的概念本身，需要我们综合运用军事学、哲学、政治学、社会学、文化学、人学、管理学、心理学等诸学科的理论知识进行全方位的探析。

三

毛泽东指出："我们不但要提出任务，而且要解决完成任务的方法问题。我们的任务是过河，但是没有桥或没有船就不能过。不解决桥或船的问题，过河就是一句空话。不解决方法问题，任务也只是瞎说一顿。"① 加强革命军人精神动力的理论研究，需要我们首先解决研究方法的问题。

（一）要以马克思主义为指导

毛泽东指出："我们应该学习的是布尔什维克的聪明。我们的眼力不够，应该借助于望远镜和显微镜。马克思主义的方法就是政治上军事上的望远镜

① 毛泽东选集：第1卷［M］．2版．北京：人民出版社，1991：139.

和显微镜。”① 军事科学研究，同样离不开马克思主义的指导。尽管马克思主义的创立距今已有一百多年的历史，尽管今天的社会现实与马克思主义创立时相比已经发生了天翻地覆的变化，尽管各种新学说、新思潮如雨后春笋般层出不穷，但有一点是任何人都无法否认的：马克思主义依然具有强大的生命力，马克思主义依然是我们时代的旗帜。正如巴勒克拉夫所言：“马克思主义不仅是共产主义国家中强大的思想力量，对非共产主义国家的影响也同样很大。当代著名历史学家甚至包括对马克思的分析抱有不同见解的历史学家，无一例外地交口称赞马克思主义历史哲学对他们产生的巨大影响，启发了他们的创造力。”② 对此，习近平总书记深刻指出：“马克思主义始终是我们党和国家的指导思想，是我们认识世界、把握规律、追求真理、改造世界的强大思想武器。”③ 以马克思主义为指导，并不意味着教条式地对待马克思主义。恩格斯认为：马克思主义“提供的不是现成的教条，而是进一步研究的出发点和供这种研究使用的方法”④。毛泽东指出：“不凭主观想象，不凭一时的热情，不凭死的书本，而凭客观存在的事实，详细地占有材料，在马克思列宁主义一般原理的指导下，从这些材料中引出正确的结论。”⑤ 以马克思主义为指导，不是一句空话，而是实实在在的方法论指导。要深入学习马克思主义特别是习近平新时代中国特色社会主义思想，把握其科学内涵和精髓要义，提高政治站位，提领思想认识，提升思维层次，保证革命军人精神动力研究的正确方向。

（二）树立问题中心意识

当代社会科学发展的一个重要趋势就是注重“问题意识”，反对空而论道，见物不见人。问题是时代的声音，问题是工作的导向。革命军人精神动力研究，离开了军人军事实践的历史活动，离开了当今世界每天正在发生着的深刻而剧烈的变化，离开了对军人精神动力开发现实问题的深度关注，就注定沦为言语的游戏，不会对现实产生真正意义上的指导作用。正如马克思

---

① 毛泽东选集：第1卷［M］. 2版. 北京：人民出版社，1991：212.

② ［英］巴勒克拉夫. 当代史学的主要趋势［M］. 上海：上海译文出版社，1987：261.

③ 习近平. 在纪念马克思诞辰200周年大会上的讲话［N］. 人民日报，2018-5-5.

④ 马克思恩格斯全集：第39卷［M］. 北京：人民出版社，1963：406.

⑤ 毛泽东选集：第3卷［M］. 2版. 北京：人民出版社，1991：801.

和恩格斯所言："这些抽象本身离开了现实的历史就没有任何价值。它们只能对整理历史资料提供某些方便，指出历史资料的各个层次的顺序。"① 研究革命军人精神动力，我们将在充分占有军内外已有研究成果的基础上，立足我们党领导强军兴军的伟大实践及我军成长壮大的光辉历程，聚焦新时代全军上下矢志打赢、练兵备战中的重难点问题，从现实与历史、理论与实践相结合的角度进行系统分析。本书将力求秉承学术研究要旨，多一些对现实性问题的批判性反思，少一些对无关痛痒性问题的一般性描述；多一些对当代革命军人生活世界的鲜活描画，少一些贪大求全式的宏大叙事，旨在对革命军人精神动力生成机理进行深入剖析，为新时代革命军人精神力量建设提供理论支撑和创新思路。

（三）坚持历史与逻辑相统一

历史考察的方法，是指按照事物发展的自然历史进程来研究和揭示事物本质和规律的方法。逻辑分析的方法，是指经概念体系的理论演绎揭示事物本质和规律的方法。离开了逻辑分析，对革命军人精神动力的历史考察就会流于简单化列举，沦为事实材料的堆砌；而离开了历史溯源，对革命军人精神动力开发的逻辑分析就会流于抽象化表达，沦为学术概念的游戏。正如马克思和恩格斯所言，科学研究"充其量不过是从对人类历史发展的考察中抽象出来的最一般的结果的概括"②，离开了历史实践的事实支撑和融入历史的深度思考，科学研究的信度和效用就会大打折扣。本书既需要对我党和我军历史上精神动力开发的成败得失进行反思，又需要借助逻辑的方法揭示、再现我党和我军精神动力的生成机理和开发规律。要深入研究梳理古今中外军队进行精神动力开发的有益做法，特别是要深入提炼总结我军在锻造官兵精神支柱、培育官兵战斗精神方面的宝贵经验，坚持论从史出、史论结合，做到论事鞭辟入里、析理于史有据。

学术研究的生命在于现实的需要，理论发端于实践，又能动地指导着实践。开展革命军人精神动力研究既是新时代强固革命军人精神之钙、培养"四有"新时代革命军人的理论需要，又是创新发展军事科学特别是军队政治工作理论的现实需要。马克思指出："哲学家们只是用不同的方式解释世界，

---

① 马克思恩格斯选集：第1卷［M］. 2版. 北京：人民出版社，1995：74.

② 马克思恩格斯选集：第1卷［M］. 2版. 北京：人民出版社，1995：73.

问题在于改变世界。”① 科学研究的目的不仅在于认识世界，更重要的在于改造世界，理论建设的核心价值在于对现实社会实践的前瞻性指导和积极推动。革命军人精神动力，是我军官兵内在具有的信仰信念、价值观念、理想追求等精神力量的具体体现，源于人民军队政治上的先进性，是构成我军战斗力的重要因素。随着时代的进步，精神因素在经济社会生活中的地位日益重要。加强革命军人精神动力研究，探索革命军人精神动力的要素构成、结构功能、性质特点以及生成机理，对于创新发展军队政治工作、夯实强军兴军的精神根基和政治保证，具有重要的理论意义和实践价值。基于此，本书在从精神品质、结构范式、核心要素、实践表征、生成机理诸方面厘清革命军人精神动力基本内涵的基础上，科学定位革命军人精神动力，从信息化、全球化、现代化、知识化的视野中审视和把握革命军人精神动力的时代内涵和实践要求，进而深入分析当前加强革命军人精神动力开发的现实必要性，并站在时代发展和军事发展的高度对加强革命军人精神动力开发提出了创新性的意见与建议，旨在为激发革命军人精神动力、巩固革命军人精神支柱提供理论支撑和实践指导。

① 马克思恩格斯选集：第1卷［M］. 2版. 北京：人民出版社，1995：57.

第一章
革命军人精神动力的精神品质

根据《现代汉语词典》的解释，精神指宗旨和主要的意义①，品质指行为、作风上所表现的思想、认识、品性等的本质②。所谓革命军人精神动力的精神品质，即指贯穿于革命军人精神动力之中固有的反映其内在规律性的鲜明特质，是革命军人精神动力本身所特有的从根本上决定精神动力发生、发展与变化的属性。它是全面、正确反映当代革命军人精神动力系统并科学预测这一动力系统运动变化方向的基础，是我们正确把握革命军人精神动力基本内涵并在此基础上促进精神动力生长发展的前提。

一、旗帜鲜明的政治导向

马克思在论述美国内战时毫不讳言战争的政治属性，他指出："危机的军事原因在某种程度上是和它的政治原因联系着的。"③ 列宁认为："战争不仅是政治的继续，而且是政治的集中。"④ 毛泽东认为："政治是不流血的战争，战争是流血的政治。"⑤ 战争自出现之日起就与政治相伴而行。军事是政治的工具，战争是政治的继续。作为从事战争实践主体力量的军人，其从事战争实践背后的精神动力当然内在地浸润着醇厚而浓烈的政治属性。列宁指出，国家政权问题"是全部政治的基本问题、根本问题"，这个问题"比其他任何问题更加牵涉统治阶级的利益（在这一点上它仅次于经济学中的基本问

① 中国社会科学院语言研究所词典编辑室. 现代汉语词典［C］. 6版. 商务印书馆，2015：686.
② 中国社会科学院语言研究所词典编辑室. 现代汉语词典［C］. 6版. 商务印书馆，2015：998.
③ 马克思恩格斯军事文集：第5卷［M］. 北京：战士出版社，1982：41.
④ 列宁全集：第30卷［M］. 北京：人民出版社，1957：193.
⑤ 毛泽东军事文集：第2卷［M］. 北京：军事科学出版社、中央文献出版社，1993：308.

题）"①。军队是国家政权的重要组成部分，是统治阶级利益的维护者与捍卫者，是经济上居于统治地位阶级的政治工具。用统治阶级的思想意志影响控制军队，是古今中外各国的普遍做法，也是一个国家政权存在发展的基本前提。为了赢得战争、巩固政权、维护本阶级的根本利益，大部分国家会建立自己的军队并将对军队的政治控制当作军队建设的一项首要任务来抓。政治上的合格与否是衡量一支军队战斗力高低的前提条件。试想，一支军队政治上不可靠，装备再精良也只能是摆设。苏联解体的原因是多方面的，但不可忽视的重要一点就是苏军的去政治化。尽管苏军与美军同为当时世界上最强大的军队，但因脱离了党的领导，苏军不但不能有效担负起捍卫社会主义政权的历史使命，反而在某种程度上对苏联解体起到了推波助澜的作用。可见，军队建设政治导向的旗帜鲜明，不仅是国家政权存在发展的基本前提，同时也是军队自身进步发展的必要条件。战争及军队的政治属性决定了军人精神动力的强烈政治性。与军队强烈的政治性相对应的，是军队中每一个个体的政治属性。我军作为无产阶级专政国家机器的重要组成部分，是当代中国社会最为先进的群体之一，具有强烈的党性与人民性，由此决定了革命军人精神动力政治导向的旗帜鲜明。

在当代中国，革命军人精神动力政治导向旗帜鲜明的重要标志就是坚持党对军队的绝对领导。坚持以党的旗帜为旗帜，以党的方向为方向，以党的意志为意志，是党对我军的最高政治要求，同时也是革命军人精神动力得以顺利生长的必要前提。我们党历来重视从政治上建设和掌握军队。1927 年 8 月 1 日南昌城头的一声炮响，揭开了我们党独立领导武装斗争的序幕。著名的"三湾改编"确立了"支部建在连上"的制度，为党对军队的绝对领导提供了组织保证。1932 年红军总政治部提出了"党在红军中的绝对领导"的问题。1938 年毛泽东在党的六届六中全会上指出："共产党员不争个人的兵权（绝不能争，再也不要学张国焘），但要争党的兵权，要争人民的兵权。"②"我们的原则是党指挥枪，而决不容许枪指挥党。"③ 1975 年邓小平指出："我

① 列宁选集：第 4 卷［M］. 3 版. 北京：人民出版社，1995：25－26.

② 毛泽东选集：第 2 卷［M］. 2 版. 北京：人民出版社，1991：546.

③ 毛泽东选集：第 2 卷［M］. 2 版. 北京：人民出版社，1991：547.

们这个军队是党指挥枪，不是枪指挥党。”① 江泽民与胡锦涛出任党、国家和军队的最高领导人后也多次强调了党对军队绝对领导的根本原则与制度。进入新时代，军委习近平主席深刻指出：“我军之所以能够战胜各种艰难困苦、不断从胜利走向胜利，最根本的就是坚定不移听党话、跟党走。这是我军的军魂和命根子，永远不能丢。”② 坚持党对军队的绝对领导，是由我们党的阶级属性决定的。我党是无产阶级的先锋队，我军是我党一手缔造与绝对领导的军队，是无产阶级国家政权的重要组成部分。世界上从来没有超阶级、超政治的军队，我党我军的内在共生关系决定了坚持党对军队绝对领导的客观必然。党对军队的绝对领导保证了革命军人精神动力政治导向的旗帜鲜明，我军官兵精神动力生长壮大的历史也对此给予了有力而充分的证明。

人的政治性是与生俱来的，人天生就是政治动物。正如马克思所言：“人是最名副其实的政治动物，不仅是一种合群的动物，而且是只有在社会中才能独立的动物。”③ 任何社会历史阶段中的任何个体，自他一出生起，就隶属于一定的社会阶层，就有属于那个阶层的政治信仰、政治观念与政治行为，因而社会生活中处于不同社会阶层的人，其精神动力也各相殊异。精神力量总是与一定的社会政治、经济地位相联系的，占统治地位的精神力量必然反映着统治阶级的思想，处于边缘地位的精神力量必然反映着一个社会中被边缘化的阶级阶层的思想。马克思和恩格斯指出：“统治阶级的思想在每一时代都是占统治地位的思想。这就是说，一个阶级是社会上占统治地位的物质力量，同时也是社会上占统治地位的精神力量。”④ 精神力量与阶级地位的密不可分决定并且表明了精神力量强烈的政治属性。精神动力作为精神力量的重要内容，同样具有强烈的政治性。作为无产阶级国家政权的坚定捍卫者，革命军人精神动力的生长与发展始终是与中国最广大人民的根本利益紧密相连的，反映着党和人民的政治意志，反映着作为统治阶级的工农联盟的价值取向。邓小平指出：“政治觉悟越是高，为革命学习科学文化就应该越加自觉，

---

① 邓小平文选：第2卷［M］. 2版. 北京：人民出版社，1994：1.

② 习近平在接见全军党的建设工作会议代表时强调：不断提高军队党的建设科学化水平，为实现强军目标提供坚强思想和组织保证［N］. 人民日报，2013-11-7.

③ 马克思恩格斯选集：第2卷［M］. 2版. 北京：人民出版社，1995：2.

④ 马克思恩格斯选集：第1卷［M］. 2版. 北京：人民出版社，1995：98.

越加刻苦。”① 正是由于我军始终置于党的绝对领导之下，才使得马克思列宁主义、毛泽东思想、中国特色社会主义理论体系特别是习近平新时代中国特色社会主义思想能够转化为革命军人的政治信仰与坚定信念，转化为革命军人精神动力生生不息的不竭源泉，转化为我军在中国革命、建设及改革开放的不同历史时期的先进战斗力。也正是由于始终坚持党对军队绝对领导的根本原则和制度，才使得全军广大指战员始终胸怀实现共产主义的远大理想与建设社会主义的坚定信念并由此迸发出强大的精神动力，从而加速了中国革命的进程并且给予强军兴军事业发展以有力的推动。

二、恢宏磅礴的世界眼光

革命军人精神动力发端于 1927 年南昌起义，历经半个多世纪的淬火历练，显示出其助力国家富强的豪迈气概与矢志民族复兴的博大胸怀，展现出其通古贯今、经天纬地的世界眼光。世界眼光既是革命军人精神动力的基本要素，也是其成长壮大的客观前提。没有世界眼光，当代革命军人精神动力的内涵就不会在深入汲取、充分反映我军优良传统与政治优势的基础上得到丰富与发展，就不会生发并形成为与强军兴军伟大实践相适应、与打赢具有智能化特征的信息化战争相协调和与建设先进军事文化相一致的世界观、人生观与价值观。列宁指出：“工人阶级抱有最崇高的、具有世界历史意义的目的：把人类从各式各样的压迫和人剥削人的制度下解放出来。”② 目的即是主观上的追求，也即我们所说的精神动力。列宁的这句话明确地指出了工人阶级精神动力所具有的世界历史意义，即拥有恢宏磅礴的世界眼光，是工人阶级精神动力内在固有的精神品质。我军作为中国共产党领导下的无产阶级人民军队，这一政治属性决定了我军官兵的阶级本质，拥有恢宏磅礴的世界眼光同样是革命军人精神动力的精神品质。我军成长壮大的光辉历史已经对革命军人精神动力所具有的世界眼光的内在特质进行了最好的诠释。中国革命、建设及我军成长壮大的伟大实践与世界范围内无产阶级解放运动及社会主义事业发展的历史命运的不可分离，即是革命军人精神动力所具有的纵览天下

① 邓小平文选：第 2 卷［M］. 2 版. 北京：人民出版社，1994：104.

② 列宁全集：第 8 卷［M］. 北京：人民出版社，1986：5.

的世界眼光的生动体现。中国革命、建设是在一种世界局势风云变幻的环境下进行的。无论是在革命战争年代，还是在和平建设时期，我军都在引导官兵将个人命运与祖国、人民的前途命运一起思考的前提下，促使他们主动坚持用马克思主义的宽广眼界观察世界，引导他们自觉将中国人民的解放事业纳入整个人类社会发展进步的崇高事业与世界历史发展的大背景下进行思考，由此激发他们为革命献身的荣誉感和幸福感，进而迸发出为了党和人民事业而英勇奋斗的强大动力。我军在各个不同历史时期所取得的巨大历史成就见证了革命军人精神动力世界眼光的恢宏磅礴。自我军诞生以来，我军官兵训练作战、建军作战、练兵备战就与世界范围内的民族解放运动、世界反法西斯战争、维护世界和平等宏大目标紧紧联系在一起，从而以无可辩驳的历史事实证明了革命军人精神动力所内含的世界眼光。

中国革命、建设及军队发展的伟大实践既是革命军人精神动力所具有的纵览天下的世界眼光的生动体现，同时也是革命军人精神动力与世界眼光有机统一的现实演绎。邓小平指出："经验证明，关起门来搞建设是不能成功的，中国的发展离不开世界。"① 土地革命时期，正是由于我军官兵对于"星星之火，可以燎原"客观规律有深刻认识，全军指战员对于其他国家革命斗争经验教训有批判性学习，才使得广大官兵在极其恶劣的条件下始终保持旺盛的革命斗志与强大的精神动力，成功地走出了一条"农村包围城市"的全新革命道路。抗日战争时期，也正是由于我军广大官兵对于中国、日本两国政治、经济、军事的国际生态的科学认识与对于世界范围内反法西斯运动大势的正确把握，才使得在遭遇强敌入侵、中华民族处于危急存亡之时依然能够保持顽强的战斗意志与大无畏的革命英雄主义，并将这种精神动力转化为全国军民勠力同心坚持抗战、最终赶走日寇的强大战斗力。解放战争时期，还是由于我军广大官兵对于世界范围内民族解放运动与共产主义运动形势的科学判断，才使得我军官兵迸发出空前强大的精神动力，部队士气高昂、作战顽强，建立了人民当家作主的社会主义新中国。抗美援朝时期，同样是由于我军官兵对于"出国作战，保家卫国"国际意义的深刻认识，才使得我军官兵在与强大的敌人作战时依然能够焕发出空前旺盛的作战热情与英勇顽强的战斗作风，从而有效地弥补了我军武器装备等诸多方面与敌军的巨大差距，并最终迫使美军指挥官

① 邓小平文选：第3卷［M］. 北京：人民出版社，1993：78.

克拉克上将成为美国历史上第一个在没有取得胜利的停战协定上签字的将军。此后的对越自卫反击战、对印自卫反击战、中苏珍宝岛之战以及其他一些捍卫国家统一、主权与领土完整的战争，无一不内在地包含着广大官兵对于国际政治经济形势的正确认识与打赢反侵略战争对于中华民族伟大复兴意义的深刻认识以及由此而迸发的强大精神动力。纵观我军的光辉战绩，充分展示出革命军人精神动力所具有的纵览天下的世界眼光。养兵千日，用兵一时，战场上的胜利来源于平时军队建设的积累。我军在各个不同历史时期所取得的巨大历史成就同样见证了革命军人精神动力所内含世界眼光的恢宏磅礴。

历史唯物主义认为，人类社会在各种社会矛盾的相互作用下，总是处于不断发展的运动变化之中，每一历史阶段呈现出的特定时代特征，反映并构成了这一具体阶段的历史规定性与时代主题。革命军人精神动力要得以维持、发展与丰富，必须与时俱进，关注时代变化，把握人类社会发展大势，把世界上的一切优秀文化纳入自己的视野，从中汲取新的精神养料。离开了世界眼光，革命军人精神动力的生长壮大与丰富发展就是一句空话。奈斯比特指出："在这新经济时代，世界上所有国家都越来越互相依赖，……目前出现了一句流行的名言：'考虑问题要胸怀全球，行动要始于足下'。"① 放眼世界，以信息技术为核心的现代科学技术发展的突飞猛进，经济全球化的深入发展，正在广泛而深刻地改变着旧的国际经济政治格局，不断孕育与塑造着新的国际军事战略生态，这对革命军人坚持用世界眼光来思考问题、激发动力提出了新的更高的要求。2013 年 1 月 28 日，习近平总书记在十八届中共中央政治局第三次集体学习的发言中指出："我们要坚持从我国实际出发，坚定不移走自己的路，同时我们要树立世界眼光，更好把国内发展与对外开放统一起来，把中国发展与世界发展联系起来，把中国人民利益与各国人民共同利益结合起来。"② 世界眼光需要有一种不甘落后、奋发进取的精神状态，一种广阔的胸怀和精神境界。"不谋万世者，不足谋一时；不谋全局者，不足谋一域。"③ 站立点的不同，决定了眼界的开阔度。拥有世界眼光，需要广大官兵既要具有战略思维，从全局出发，又要具有开放意识，海纳百川。当前，世界新军

---

① ［美］奈斯比特．大趋势［M］．北京：中国社会科学出版社，1984：55.

② 习近平．习近平谈治国理政：第 1 卷［M］．2 版．北京：外文出版社，2018：248.

③ （清）陈澹然，《寤言二·迁都建藩议》。

事革命正在深入发展，如何发挥后发优势，赶上世界军事发展的潮流，需要广大官兵具备世界眼光。舍此，就不能充分认清我军建设所处的历史方位，进而生发出“忘战必危”“落后就要挨打”的忧患意识，并催生出艰苦奋斗的拼搏精神与革故鼎新的创新意识，军队建设的战略性转型也就会沦为书生意气的华美说辞。革命军人精神动力的世界眼光首先表现为革命军人对世界大棋局和历史大趋势的科学认识与准确把握。拥有世界眼光，要求革命军人具备一种大局意识与战略意识，在世界军事领域风云变幻中始终拥有清醒的头脑、博大的胸怀、广阔的视野、高远的境界、坚定的信念，跟上当代世界军事科技发展的步伐，顺应世界新军事革命的潮流，科学把握世界军事发展的总体态势与发展动向，正确认识在和平与发展成为时代主题的历史条件下霸权主义与强权政治的新表现及其对我国国家安全及军事安全可能造成的影响，增强忧患意识，激发进取动力，凝聚强军兴军的强大正能量。

三、厚重久远的历史积淀

革命军人精神动力之所以能够历经磨难而益发雄峻、直面风雨而日见壮丽、搏击风浪而愈挫愈勇，不仅在于其无私无畏、坚定永恒的革命信念与始终如一、披荆斩棘的政治理想，还在于其源于历史而又不囿于历史、顺应历史大势而又反映时代要求的厚重久远的历史积淀。革命军人精神动力的历史内涵不仅表现在其对于中华民族优秀传统思想文化的批判吸收与对于武德精神的有效整合，更体现在我军官兵在对历次革命战争以及军队发展壮大的历程中所表现出的强大精神动力的坚定发扬。社会存在决定社会意识，由于社会存在的历史性与不可选择性，因而人的意识也必然打上了深深的历史烙印，任何时代、任何个人精神动力的背后总可找到蕴藏的历史底色，革命军人的精神动力更是如此。这是因为革命军人精神动力以马克思主义为思想营养，批判吸收了世界上一切优秀的思想文化资源。马克思认为：“历史从哪里开始，思想进程也应当从哪里开始，而思想进程的进一步发展不过是历史过程在抽象的、理论上前后一贯的形式上的反映：这种反映是经过修正的，然而是按照现实的历史过程本身的规律修正的。”① 鲁迅指出：“历史上都写着中

---

① 马克思恩格斯选集：第2卷［M］. 2版. 北京：人民出版社，1995：43.

国的灵魂，指示着将来的命运”[①]。历史既绵延不息，又变动不居。唯其绵延不息，革命军人精神动力才总可以找寻其历史的根由；唯其变动不居，革命军人精神动力才能既继承中国历代文化精神与武德要义及革命传统，又有所突破，形成发展为强军兴军伟大历史进程中的精神瑰宝。

中华文化博大精深的思想精华是革命军人精神动力的重要来源。中国传统文化源远流长，绵亘数千年，其中所蕴含的精神要义历来是中国人修身、齐家、治国、平天下的精神动力。中国传统文化内存于人们的心理习惯、思维方式、价值取向、道德观念、行为方式乃至全部社会生活的诸文化因素之中，对革命军人的世界观、人生观、价值观和军事实践活动起着潜移默化的影响。中华文化强调精神动力对于事业发展的推动作用，不论是“天行健，君子以自强不息”，还是“夫志，气之帅也，人之命也，木之根也，水之源也。源不浚则流息，根不植则木枯，命不续则人死，志不立则气昏”[②]，无不反映了历代仁人志士对于精神动力在人生实践中重要作用的肯定。传统文化对“修身养性”“内圣外王”的推崇则彰显出传统文化对于伦理道德作为精神动力源泉作用的首肯。孔子认为：“志士仁人，无求生以害仁，有杀身以成仁。”[③] 孟子则认为：“生亦我所欲也，义亦我所欲也；二者不可得兼，舍生而取义者也。”[④] 中国古人重义轻利、心系社稷的思想延续至今，转化为革命军人为祖国人民利益而英勇作战的牺牲奉献精神，革命军人在战争年代大无畏的革命英雄主义精神无不与此有一定的关系，我军成立以来广大官兵为了军队的发展和壮大而殚精竭虑、栉风沐雨的工作状态则与此一脉相承。尽管中国古人囿于时代的局限，其所秉持的传统精神伦理中一些过时的封建糟粕不值得提倡，但其所内含的“先天下之忧而忧，后天下之乐而乐”的崇高境界及精忠报国、自强不息、厚德载物、博大宽和、兼容并蓄、勤奋睿智、刚健有为、坚忍不拔的民族精神则永远不会过时，始终是当代中国军人精神动力的思想精华所在。

中国传统武德思想是革命军人精神动力的另一来源。武德，即“用武、

---

① 鲁迅全集：第3卷［M］. 北京：人民文学出版社，1981：17.

② （明）王守仁. 王文成公全书：示弟立志说［M］. 王晓昕，赵平略，译. 北京：中华书局，2016.

③ （春秋）孔丘，等，《论语·卫灵公》。

④ （战国）孟轲，等，《孟子·告子上》。

从武之德行”。早在春秋时期，楚庄王就对军人道德的一般要求进行了阐述，他说：“夫武，禁暴、戢兵、保大、定功、和众、丰财者也。”① 保持强大的战斗力，随时准备战争，不战则已，一战必胜，以此慑止战争，是治军练兵的要旨所在，同时也是革命军人精神动力的直接来源。而对于军队应该而且必须为国家及社会的发展提供稳定的安全保障这一功能价值的强调，则是中国传统武德的基本内涵，也是革命军人致力于维护国家安全与发展利益不受侵犯的精神动力的历史缘由。正如尉缭子在《尉缭子·兵教》中所言：“兵教，所以开封疆、守社稷、除患害、成武德也。”孙武则在《孙子兵法·计篇》中指出：“兵者，国之大事，死生之地，存亡之道，不可不察也。”西汉名将马援曾说：“男儿要当死于边野，以马革裹尸还葬耳。”② 清代林则徐认为：“苟利国家生死以，岂因祸福避趋之。”③ 正是中国传统武德一贯追求的道德境界及内在蕴含的爱国情怀与当代中国革命与军队建设的实践相结合，才使得革命军人精神动力有了厚实的历史积淀与广阔的发展空间。

与我军为中国革命胜利与建设发展建立卓越功勋的光辉历程相伴而生的，是我军官军所特有的革命精神与道德情操的孕育、生长与发展。这一特有的革命精神与道德情操，是革命军人精神动力的主要来源。我军在革命、建设的不同历史时期，形成了一系列特色鲜明的革命精神，这些在不同历史时期推动着中国革命与我军各项建设不断前进的革命精神，构成了革命军人精神动力的基本框架，是革命军人精神动力的主要思想营养。这些精神诸如：井冈山精神、长征精神、延安精神、南泥湾精神、上甘岭精神、抗洪精神、五种革命精神等。坚定的理想和信念是我军官兵革命精神的不竭源泉，正是这种革命精神，才使得无数革命先烈为了民族的解放事业能够抛头颅、洒热血，前仆后继，视死如归。正如毛泽东在论及秋收起义后的革命斗争时说：“他们从地下爬起来，揩干净身上的血迹，掩埋好同伴的尸首，他们又继续战斗了。”④ 邓小平指出：“毛泽东同志说过，人是要有一点精神的。在长期革命战争中，我们在正确的政治方向指导下，从分析实际情况出发，发扬革命和

① （春秋）左丘明，《左传·宣公十二年》。
② （南朝宋）范晔，《后汉书·马援传》。
③ （清）林则徐，《赴戍登程口占示家人》。
④ 毛泽东选集：第3卷［M］. 2版. 北京：人民出版社，1991：1036.

拼命精神，严守纪律和自我牺牲精神，大公无私和先人后己精神，压倒一切敌人、压倒一切困难的精神，坚持革命乐观主义、排除万难去争取胜利的精神，取得了伟大的胜利。”① 习近平总书记指出：“井冈山精神和苏区精神，承载着中国共产党人的初心和使命，铸就了中国共产党的伟大革命精神。这些伟大革命精神跨越时空、永不过时，是砥砺我们不忘初心、牢记使命的不竭精神动力。”② 革命精神传统是我军发展壮大历史的产物，同时又给予我军建设的方方面面以积极影响；革命军人精神动力来源于优良革命精神传统，同时又结合时代的发展进步及军队建设使命变化有所突破与创新。

四、务求全胜的实践指归

军队的生命力在于战斗力。军队的根本职能是打仗，是进行战争并确保战争的胜利。毛泽东说：“人民解放军永远是一个战斗队。”③ 无论是在土地革命战争时期，还是在抗日战争时期与解放战争时期，我军都较好地发挥了战斗队的作用。致力于战场上的胜出，是我军一切工作的根本落脚点。军人生来为战胜，这是一条亘古不变的真理，同时也是革命军人精神动力的价值信条与实践指归。邓小平曾多次对来访的外国客人说：我是一个军人，我真正的专业是打仗。正是由于革命军人精神动力开发始终以务求全胜为实践指归，才使得我军在历次革命战争中面对比自己强大得多的敌人时，能够以弱胜强，以劣胜优。军队的战斗队职能不会自然而然实现，要从政治素质、武器装备、体制编制、军事思想、后勤保障等方面着手提高军队建设质量才会实现，加强革命军人精神动力的开发是其中一个重要方面。刘伯承认为：“军队战斗力的组成有四个条件：政治质量，这是先决条件；军事素养；物质保证；严格纪律。四者缺一不可。”④ 在这里，政治质量被视作影响战斗力生成的先决条件，而政治素质历来是革命军人精神动力的核心之源。可见，解决好革命军人精神动力的问题，就解决了影响官兵走向战场、不辱使命的深层

---

① 邓小平文选：第2卷［M］．2版．北京：人民出版社，1994：367－368.

② 习近平总书记在江西考察并主持召开推动中部地区崛起工作座谈会［N］．人民日报，2019－5－23（1）.

③ 毛泽东选集：第4卷［M］．2版．北京：人民出版社，1991：1426.

④ 刘伯承军事文选［M］．北京：战士出版社，1982：519.

次矛盾，这样一切与打仗不相适应的松散现象就会得到有效克服，我军就能在未来的战争中更好地履行战斗队的根本职能，做到战则必胜。

把战斗力建设纳入革命军人精神动力开发的视野，将追求战争胜利作为革命军人精神动力的重要内涵，是我军建设的一条基本经验。早在1938年1月，周恩来就指出："革命军队的政治工作的基本目的，是提高革命军队的战斗力，保证战争的胜利，是使军队本身团结起来，军队与人民结合起来。"① 对军队建设这条基本规律的把握、对革命军人精神动力这个基本内涵的认识，我们并不是始终处理得恰当与到位的，而认识把握的不准反过来又对革命军人精神动力的健康成长与有效开发以及军队建设造成不良影响。"文化大革命"时期，由于"突出政治"路线在部队的全面实施，不但削弱了部队战斗力，而且也损坏了政治工作的声誉。为"政治工作"而"政治工作"，导致革命军人精神动力开发指导思想误入歧途，革命军人精神动力与务求全胜实践指归的有机统一与内在和谐遭到了人为的强制拆分与剥离，一定程度上导致了革命军人精神动力的窒息与停顿。脱离了战斗力的价值导向，摒弃了务求全胜的实践指归，革命军人精神动力不但因失去了固有的深层浓烈的军事底蕴而光彩不再、颓势尽显，同时也因失去了维系其生存的军事实践的磨砺而陷入停滞与衰退。1975年邓小平主持军委工作以后，深刻把握我军建设问题症结，强调要提高军队战斗力，把战斗力建设作为部队各项工作的中心来抓。在1988年12月中央军委扩大会议上，他明确指出：必须把提高战斗力作为军队改革和建设的落脚点，作为检验军队各项工作的根本标准。江泽民在1999年召开的全军政治工作会议上明确指出：军队思想政治建设要为打得赢提供强大的精神动力。战斗力标准的确立，务求全胜的实践指归的明确，对于指导新时期我军各项建设具有重要的理论和实践意义，同时也给革命军人精神动力的健康生长创造了适宜的环境条件。

革命战争年代，考虑到我军性质使命及后勤补给的需要，我军还提出了"工作队与生产队"的口号，这是在特定历史条件下我党为了更好地把中国革命推向前进而赋予我军的重要政治任务。无论是工作队还是生产队，都是为了更好地巩固革命成果并为部队打胜仗提供坚实支撑，全国解放战争的伟大胜利就是很好的佐证。中华人民共和国成立后，由于相当长一段时期国家军

① 周恩来选集：上卷［M］. 北京：人民出版社，1980：95.

费投入不足，军队开展了一些生产经营活动以缓解经费不足的压力，但这也客观上形成了与民争利的局面并在一定程度上影响和冲击了军队的主责主业。1998 年，党中央、中央军委作出军队不再从事经商的决定，这是为了从根本上提高我军战斗力而作出的战略决策。特别是党的十八大以来，党中央、中央军委作出军队退出一切生产经营活动的决定，全军聚焦主责主业的导向更加鲜明。当今时代，以信息技术为核心的高新技术在现代战争中的广泛应用已经引起了战争形态、作战方式、指挥机构等一系列深刻而重大的变化，军事活动的专业化要求越来越高，军队通过从事经济活动弥补经费不足无异于饮鸩止渴。纵观我军成长壮大的光辉历程，不以战斗力建设为根本的价值归宿，不以打赢战争为最终的实践指归，革命军人精神动力就不可能得到有效开发并迸发出勃勃生机。正是由于我军自创立之初就始终把战斗力建设作为中心任务，革命军人精神动力才能得到有效激发。

天下虽安，忘战必危。长期的和平环境容易使军人淡忘打仗职能，弱化国防观念，产生麻痹思想，放松战争准备，松懈战斗意志。战争是私有制和阶级的产物，世界上只要有私有制、阶级、国家存在，就要建立军队以维护一定的阶级、民族与国家的生存与发展利益。尽管和平与发展成为时代主题，但这绝不意味着可以“马放南山、刀枪入库”，当今世界还远远没有达到可以“铸剑为犁”的地步。政权的兴起与军队军人的精神动力存在着高度的正相关，而政权的衰落同样与军队军人的精神动力存在着高度的负相关。太平天国成立初期，太平军势如破竹，一个重要原因就在于太平军将士有着高昂的战斗士气做支撑。而太平天国的覆灭，则与太平军内部精神动力的蜕变不无关系。和平年代，革命军人依然需要居安思危，常备不懈，始终具备强烈的职能意识和忧患意识，保持高度的战斗警惕性，以“仗剑扶犁”的姿态随时准备打仗，这是历史留给我们的宝贵启示。牢记我军永远是战斗队的根本职能，坚持革命军人精神动力务求全胜的实践指归，这一点在任何时候都不能动摇。

五、全面发展的主体向度

人的全面发展首先表现为对于创造美好未来的积极追求，有着为他所认为符合人类社会主流价值取向的更好未来而奋斗的精神动力。有无精神动力及精神动力的强弱是衡量一个人全面发展程度的重要尺度。马克思认为："精神世界丰富的人同时也是生活实践充足的人，在其身上表现出了作为其内在需要的本性。"① 精神动力与人的精神世界的发展水平密切相关。人的精神世界的发展水平越高，其对自然、社会及人类思维的一般规律就把握得越准，对于人生的意义及价值就能有更为深刻的洞察力，因而也就能萌生出更为强大与持久的精神动力。人的精神世界的发展水平是衡量人的全面发展程度的一个重要标尺。因此，人的全面发展的程度越高，其精神动力发展的水平也就越高。即一个人的全面发展程度越高，越有利于其精神动力的生长与发展。反过来说，一个人的精神动力越是强大，同样会促进一个人的全面发展。高尔基认为："一个人追求的目标越高，他的才力就发展得越快，对社会就越有益。"② 一个人的精神动力越强，即其为了个人的幸福与社会的进步奋斗的动力就越强，因而也就越能全身心地忘我地投入工作与学习，并在工作与学习的过程中不断提高自身的综合素质，充分挖掘自身内在的各种潜能，从而能更有效地向着全面发展的目标迈进。

需要指出的是，如果没有特别注明的话，我们这里所指的精神动力，通常是指有利于社会进步与民生福祉的积极健康的精神动力。换句话说，尽管人的全面发展的程度与精神动力密不可分，但精神动力是否促进人的全面发展，最终取决于其价值指向。如果这种精神动力符合社会发展的客观规律、反映着最广大人民的根本利益，那么这种精神动力就有利于人的全面发展。反之，则不然。历史上不少英雄人物的成长，最根本的一条就在于他顺应了社会历史发展的潮流，反映了当时最大多数人的根本利益，因而他这种除旧布新的精神动力也就成了他实现自己人生价值与社会价值的"助推剂"，并最终表现为其在特定历史条件下最大限度的全面发展。相反，历史上一些逆潮流而动的人，尽管他也有所谓的精神动力，如果这也算得上是精神动力的话，那么这种精神动力充其量只不过是为了一己私利而冒天下之大不韪的负性心理能量。皮之不存，毛将焉附？价值取向的积极向上是人的全面发展沿着正确道路前进的根本。一个人的全面发展与其人生价值是紧密相连的，一个人的人生价值如果离开了社会整体价值的有力支撑，个人的人生价值本身也就

① 马克思，恩格斯．马克思恩格斯早期著作［M］．莫斯科：政治书籍出版社，1956：696.
② ［俄］高尔基．论文学［M］．北京：人民文学出版社，1983：340.

会因为失去活力之源而陷于枯竭、无从谈起。我军官兵作为中国特色社会主义事业的建设者和保卫者，无产阶级的政治属性决定了我军官兵个人利益与国家、社会、民族及人民利益的一致性，决定了我军官兵个人人生价值的实现与社会整体价值实现的密不可分性，因而我军官兵的精神动力是他们全面发展的前提与基石，我军官兵的精神动力内在地含有促进官兵全面发展的因素。

著名作家、社会活动家诺曼·卡曾斯说过："人类生存并无一个简单的处方。但是生存有两个主要因素。其一是，一定不要缩小或低估我们所面临问题的实质。其二是，一定不要缩小或低估我们自己处理问题的能力。人的潜力是地球上认识最少而浪费最大的资源。只要人类能够在智力上、精神上、哲学上获得成长，他们就有机会、极好的机会生存下去。但是，善于控制是发挥潜力的先决条件。"① 这句话表明，每个人都有全面发展的可能，但这种可能性的实现与否或程度如何，则取决于善于控制的能力。我军政治工作作为全面提高官兵素质的重要途径，内在地包含有提高官兵自我控制能力的重要内容。在各个不同的历史时期，我军官兵自从其入伍的第一天起，就接受先进军事文化的熏陶与先进军事实践的磨砺，朝着成长为有灵魂、有本事、有血性、有品德革命军人的目标而不断奋进。显然，我军官兵的精神动力是积极向上并反映着党、国家、人民和军队的根本利益的，因而这种精神动力也就必然有利于最大限度地促进广大官兵个人的全面发展。毛泽东认为："一个人能力有大小，但只要有这点精神，就是一个高尚的人，一个纯粹的人，一个有道德的人，一个脱离了低级趣味的人，一个有益于人民的人。"② 中国共产党全心全意为人民服务的根本宗旨决定了我军政治上的先进性，由此决定了革命军人精神动力不但具有促进官兵全面发展的精神品质，而且其所具有的促进官兵全面发展的精神品质较一般人精神动力的相关特质更为鲜明与突出。

事实上，我军在不同历史时期是作为中国最先进的社会群体、英雄辈出的先进团队和作为全社会精神文明建设与先进文化建设的引路人与领头羊而出现的，这是我军官兵精神动力对于其全面发展具有重要意义的最好佐证。

---

① ［美］诺曼·卡曾斯. 人的选择［M］. 上海：上海人民出版社，1989：11.

② 毛泽东选集：第2卷［M］. 2版. 北京：人民出版社，1991：660.

由于始终秉持为中国人民谋解放、为中华民族谋独立的初心使命，我军官兵在革命战争年代能够坚持从战争中学习战争，不断提高自己的军事技能与文化知识，许多叱咤风云的高级将领就是在炮火硝烟中成长起来的，他们比一般人更为充分地实现了自己的全面发展。对于那些为中国人民解放事业献出了自己宝贵生命的革命先烈来说，虽然他们英年早逝，但他们在自己有限的生命里谱写了华美壮丽的人生乐章。用毛泽东的话说就是，“为人民利益而死，就比泰山还重”①。因而，他们一样比常人更为充分地实现了自己的全面发展。对于那些一直以来默默奉献的普通官兵来说，他们一生中可能没有通常意义上的英雄壮举，但我军成长壮大的辉煌历史同样见证了他们用汗水甚至鲜血浇筑而成的军旅荣光。中华人民共和国建立后，我军革命化、现代化、正规化建设所取得的长足进展同样见证了全体将士的辛勤汗水、无穷智慧与非凡业绩，我军官兵在更广泛的意义上实现了个人的全面发展已为人民军队发展壮大的辉煌历程所证实。长期以来在人民群众心目中形成的“军队是一所培养人的大学校”的良好口碑，正是对革命军人精神动力所具有的全面发展主体向度精神品质的最好诠释。

① 毛泽东选集：第3卷［M］. 2版. 北京：人民出版社，1991：1004.

第二章
革命军人精神动力的结构范式

结构是一事物内部各要素的组成方式，是该事物赖以形成并发挥其应有作用的组织基础。有什么样的结构，就会有什么样的功能。研究革命军人精神动力的内在结构，是深入了解精神动力组成要素及运行机制的前提条件。依照不同的分类方法，精神动力的结构也不尽相同。就精神动力的要素组成特性而言，精神动力可分为认知动力、情感动力与意志动力，三者的系统组合构成了革命军人精神动力的整合结构。就精神动力的目标牵引特性而言，对于真善美的不懈追求，构成了军人精神动力的目标结构。真善美作为一种目标追求，它的动力作用集中体现在对军人行为的外在牵引作用上，表现为对军事社会实践的“拉”力。就精神动力的需要驱动特性而言，生存需要与发展需要的交替作用，构成了军人精神动力的驱动结构。生存需要、发展需要作为军人生命活动的内在规定性，它的动力作用集中体现在对军人行为的内在驱动作用上，表现为对军事社会实践的“推”力。就精神动力的逐层推进特性而言，本能欲望、兴趣爱好、理想信念信仰作为不同层次的精神动力，它们的共同作用构成了军人精神动力的层次结构。

一、整合结构

人的精神是知、情、意的统一体，革命军人的精神动力也包括认知动力、情感动力与意志动力。革命军人精神动力的发挥，不仅取决于主体的认识能力，还取决于主体的情感投入与意志努力。无论情感，还是意志，均离不开对于客观事物的正确认知。在精神动力的三维结构中，认知动力是基础，起着主导作用。而情感动力、意志动力各自发挥着独特的作用，并对认知动力作用的发挥起着促进或阻碍作用，三者的共同作用表现为精神动力对于军事社会实践的推动作用。认知动力、情感动力、意志动力的系统整合，是革命军人精神动力的基本结构。在精神动力对军事社会实践的作用过程中，通常是认知影响情感，情感作用于意志，同时三者交互作用。军事实践的目的性、能动性以及创造性与认知、情感、意志的动力作用的发挥密不可分，离开了知、情、意三位一体的精神动力的作用，军事实践活动就无法进行。要达到军事实践的目的，军人既需要改善自己的认知结构，提高自己的认知能力，还要适时激发自己的积极情感，不断磨砺与增强自己的坚强意志，以充分发挥精神动力对于军事实践的巨大推动作用。

（一）认知动力

认知是军人大脑对于客观外界的主观反映，是作为主体的军人对于客体的积极思考、能动探索与理性把握。认知既可以当作一种认知过程来理解，也可以作为一种认知能力来看待。认知能力反映了军人对客观事物特点规律把握的水平，认知过程是军人认知能力的运用与展开。认知能力内含着已有知识经验的积淀，它对于军人军事实践活动的顺利展开起着关键性的作用。认知动力既是革命军人精神动力一个重要因子，同时也是革命军人精神动力得以发挥作用的基本前提。马克思指出："人则使自己的生命活动本身变成自己的意志和意识的对象。他的生命活动是有意识的生命活动。"① 认知动力是情感动力与意志动力得以产生和发挥作用的基础，离开了对客观事物的科学认知，情感无从产生，意志无从确立。军人认知动力对于军事实践的推动作用主要有以下几点。

一是军人认知能力是军事实践问题产生的前提。军事实践是军人在一定的客观条件下进行的一种合目的性的能动实践。军事实践主体清醒地认识到有一个亟待解决的现实问题的客观存在，是军事行为产生的基本前提。如果这一现实问题不能被军人认识到，那么相应的军事实践就不会产生。只有意识到了的问题，才会引起军人相应的军事实践。而现实问题能否被军人意识到，则与军人的认知能力强弱有着莫大的关系。军事实践问题的提出以及被提出的军事实践问题的价值大小，都与军人认知能力的大小密切相关。军人的认知能力越高，对事物的认识就会越全面，对某一军事现象的看法就会越深刻，因而他就更容易发现问题，并且经由他发现的问题就越有价值。相反，

① 马克思恩格斯全集：第 12 卷［M］. 北京：人民出版社，1962：96.

一个目光短浅、信息闭塞、孤陋寡闻的军人，不但很难发现问题，即使发现问题，也很难从深刻的层面去认识和把握问题，因而该问题的军事价值就会大打折扣。

二是军人认知结构决定着军事实践对象的选择与确立。大千世界，纷繁复杂。人的生命长度与广度的有限性决定了人的社会实践活动的有限性。同样的，每个军人都有适合自身实践能力的有限特定的实践领域与行为空间，任何军人的军事社会实践也都不可能穷尽相对于人的有限主观认识能力以外的无限客观外在世界。每个军人都要从自身、军队及社会的需要出发，在考虑到自身实践能力以及外界条件允许的前提下，对军事实践对象进行选择与确认。这种选择与确认诚然与多种因素有关系，但不可否认的是，军事实践对象的选择与军人认知结构直接相关。认知结构的差异，必然导致对问题理解的不同，而这将带来对自身需求理解的差异以及寻求满足这种需求方法途径的差异，由此必然影响到军事实践对象的选择与确认。人的认知结构是以一定知识的积累为基础的，是以一定知识的有序排列为特征的。而人们对于现实问题的认识以及随之而来的对于实践对象的选择，必然要以实践主体的认知结构为基础。军人的认知结构越完善，其对问题的看法就会越深刻与全面，在此基础上选择的军事实践对象的价值就会越高。反之，实践对象的价值就会越低。

三是军人认知水平影响军事实践材料的有效整合。军事实践活动作为一个不断向目标迈进的动态过程，军人在军事实践中必然不断面临着大量的感性实践材料。对这些感性材料的有效整合与及时处理是军事实践活动得以不断继续的前提。对于军事实践材料的加工处理，需要军人综合运用分析、判断、演绎、推理等多种思维手段，而这些思维手段的有效运用则取决于军人认知水平的高低，即与军人以往的知识积累及实践经验具有相当大的关系。认知水平高的军人，能对浩繁众多的实践材料迅速做出反应，运用最为简便快捷的方式对之进行分类，提炼出对当前军事实践有用的东西，摒弃无用或重复的垃圾信息，使之条分缕析，并将之作为下一步实践的基础。认知水平不同的军人对实践材料的理解力是不一样的。一个认知水平低下的军人，在众多的实践材料面前不能有效分析甄别出有用的信息，到了战时则会陷入战争迷雾而不能自拔，而这必然影响到军事实践活动目的的达成。

（二）情感动力

情感是军人在军事社会实践过程中产生的对于某一客观事物的态度体验，是同军人社会性需要相联系的主观体验，是人类特有的心理现象之一。如果没有热爱与憎恨、喜欢与讨厌等情感力量的作用，军人就不可能对一件事物产生积极或消极的心理体验，进而也就谈不上认知以及随之而来的军事实践活动的展开。情感动力是革命军人精神动力的另一个重要因子。对于情感动力在人类物质生产实践活动中的作用，人们早就认识到并对此给予了高度的肯定。黑格尔认为热情是人类一切活动的“原动力”，他说：“假如没有热情，世界上一切伟大的事业都不会成功。”[①] 马克思认为：“热情就是一个人努力达到自己目标的一种积极力量。”[②] 积极的情感体验能推进军人军事社会实践的进程，因而是革命军人精神动力的积极因子。而消极的情感体验则对军人军事社会实践的顺利推进起着阻碍作用，不利于革命军人精神动力作用的有效发挥。情感动力的存在是一个不容否认的客观事实。情感源于认知，认知只有上升到理性的高度，才能产生更为稳定、持久与深刻的情感体验，并在实践中不断得到强化与升华。情感的有无、强弱及积极与否，反过来将会对认识的过程产生促进或阻碍作用。情感可以强化或抑制认知的发展过程，并影响和制约认知活动的发展方向。就认知动力与情感动力的关系而言，认知动力是基础，而情感动力反过来也对认知动力起着促进或抑制的作用。情感是军人认知活动得以进行的前提，是认知活动必不可少的组成要素，伴随着人的认知发展过程的始终。皮亚杰和英海尔德指出：“没有一个行为模式（即使是理智的），不含有情感因素作为动机。”[③] 认知与情感共同推动着实践的发展，认知组成了行为的结构，情感则构成了行为的动力，结构与动力共同构成了实践，而意志则是情感与认知的统一体，与实践相伴而行。对某一目标的执着追求，既离不开对于该事物的认知及在此基础上的确信，同时也离不开对于该事物的积极的情感体验。列宁认为：“没有‘人的感情’，就从来没有也不可能有人对于真理的追求。”[④] 情感动力与意志动力也密切相关。光

---

① ［德］黑格尔．历史哲学［M］．上海：三联书店，1956：62.

② 马克思恩格斯全集：第23卷［M］．北京：人民出版社，1972：644.

③ ［瑞士］皮亚杰，英海尔德．儿童心理学［M］．北京：商务印书馆，1986：118.

④ 列宁全集：第20卷［M］．北京：人民出版社，1958：255.

有一腔热情，如果没有坚强的意志，情感动力的效果就会大打折扣。反过来，情感动力对于意志动力的影响也很大。如果没有对某种事物的强烈情感，很难想象会产生为这种事物而奋斗的坚强意志。情感动力是革命军人精神动力的重要组成部分。恩格斯指出："在社会历史领域内进行活动的，是具有意识的、经过思虑和凭激情行动的、追求某种目的的人。"① 情感动力能有效地激发军人的内在需要，这种需要反映到意识中，将会引起意识焦点与注意力的选择性集中。马克思认为："忧心忡忡的穷人甚至对最美丽的景色都没有什么感觉，贩卖矿物的商人只看到矿物的商业价值，而看不到矿物的美和特性，他没有矿物学的感觉。"② 情感根据自身的性质，对信息的流程进行控制，推动符合情感意愿的信息的采集、储存、处理和反馈环节的向前发展，而对不符合情感意愿的信息则给予抑制。军人军事实践效果与情感并不一直呈现为线性正比关系，而是呈现为倒U字形的相互作用关系。情感过大，超过了军人生理所能承受的范围，则情感越大，越不利于符合该情感性质的信息的处理。过度的不加以调控的兴奋，只会对实践目的的达成产生相反的作用。军事实践中常有的"被胜利冲昏了头脑"即是一种典型的因过度兴奋而导致的对现实判断的非理性，而这不仅不会促进军事社会实践的有效开展，还会阻碍军事实践的正常进程。由于情感动力的价值指向性，军人对客观事物的信息加工将不可避免地带上主观情感取向的特征。对客体信息加工的一个重要环节就是对客体的概念化。概念化不是原封不动地关于客体的复制与再现，而是对客体信息的加工、重组的综合过程。情感的方向性，决定了军人对客体的概念化过程往往带有强烈的主观色彩。正如黑格尔所言：科学家们所谈论的只是他们所看到的东西，但"这不是真的，他们是不自觉地通过概念改变着直接看到的东西"，列宁认为这个观点"非常正确而且重要"③。军人情感蕴含着一种价值取向，这种价值取向不仅规定了认知活动的方向，还对意志活动的方向性给予规定，进而在总体上，军人情感动力的作用方向规定了精神动力的作用方向。

（三）意志动力

意志是军人有意识、有目的地调节和控制自己的思想行为，克服困难，

① 马克思恩格斯选集：第4卷［M］. 2版. 北京：人民出版社，1995：247.

② 马克思恩格斯全集：第42卷［M］. 2版. 北京：人民出版社，1979：126.

③ 列宁全集：第38卷［M］. 北京：人民出版社，1959：290.

向着预定目标矢志奋斗、不断前进的一种执着心理。意志动力是军人能动性的集中体现，是军人在军事社会实践中不可缺少的驱动力，是革命军人精神动力的又一个重要因子。意志动力对军人实践活动的成功与否至关重要。马克思认为，“作为注意力表现出来的有目的的意志，是劳动生产顺利进行的必要因素和重要动力”①。我们知道，军人从事任何一项军事实践活动，都会遇到这样或那样的困难。这个时候是知难而退，还是迎难而上，则完全取决于军人意志的动力作用。坚强的意志，是军人在追求某种目标理想时所表现出来的自我克制、过人毅力、超强信心以及顽强不屈的精神状态，是军事社会实践活动得以顺利展开的重要保证。意志动力对于军事实践的推动作用主要体现在坚韧不拔、持之以恒的不懈追求上，这种百折不挠的意志品质是任何一项实践活动最终走向成功、达成目的的重要前提。意志力对推动军事实践的发展起着关键作用，在某些情况下甚至决定实践活动的成败。爱迪生认为：“很多生活中的失败，是因为人们没有认识到，当他们放弃努力时，距离成功是多么近。”军人意志是一种目的性非常强的心理取向，军人意志动力同样具有非常强烈的目的性。目的的存在是意志得以产生的一个前提，正如黑格尔所言：“如果世界已是它应该的那样，则意志的活动将会停止。”② 军人意志既产生于一定的军事目的，同时又服务于一定的军事目的，意志与目的密不可分。正如马克思所言：劳动者“不仅使自然物发生形式变化，同时他还在自然物中实现自己的目的，这个目的是他所知道的，是作为规律决定着他的活动方式和方法的，他必须使他的意志服从这个目的”③。意志动力对于军人认知动力的发挥有着重要的影响。积极的意志品质如自觉、执着、自制、坚韧，能够有效促进军人认知能力的发展。而消极的意志品质如退缩、动摇、怯懦、偏执，则是军人认知能力发展的巨大障碍。认知过程本身的复杂性与艰巨性，决定了意志品质的不可或缺。主观对客观的相对独立性决定了军人认知过程不可能是一帆风顺的，军人的军事实践水平以及客观世界的复杂性同样决定了军人认知过程是一个艰难、曲折的过程。倒退与前进的反复、挫折与成功的交织、认识与实践的循环，是认知过程的常态。意志的动力作用，

---

① 马克思恩格斯全集：第 23 卷［M］．北京：人民出版社，1972：202.

② ［德］黑格尔．小逻辑［M］．北京：商务印书馆，1980：420.

③ 马克思恩格斯全集：第 23 卷［M］．北京：人民出版社，1972：202.

对于克服前进道路上的各种困难，发挥军人的创造精神与能动品质，达成主观与客观的统一、认识与实践的协调，具有决定性的意义。意志动力对情感动力作用的发挥，同样有着重要的作用。光有热情，如果没有坚持不懈的可贵品质，最后的目的也只能落空，人们常说的“心血来潮”就是对这种热情的最好描述。如果有坚强的意志做支撑，这样的“心血来潮”就会变成军事社会实践活动顺利推进的持久动力。而如果失去了意志的保证作用，“三天打鱼，两天晒网”，再炽热的情感也会消退。之所以发生这样的情况，是因为情感总是与人的一定需要相联系的。当军人感到自己的需求实现的可能性很小时，军人的热情就会消减。而军人对于需要实现可能性的感觉，取决于目标实现过程中对于困难、挫折不断克服之后的实践的发展。而离开了坚强的意志，军人对于实践中的困难就会采取绕道走与打退堂鼓的做法，而这无疑会加重军人的无助感，进而导致先前热情一步步地被销蚀。意志动力作用于认知动力与情感动力，同时意志动力要发挥作用又离不开认知动力与情感动力的存在并发挥积极的作用。恩格斯指出：“意志自由只是借助于对事物的认识来做出决定的那种能力。”[①] 坚强的意志是以对目标及实现目标过程的科学认知为基础的，而对该目标及实现该目标的情感取向则是意志能否产生以及坚强与否的另一个重要条件。意志动力发挥作用的大小，首先取决于军人的认知能力。军人对于外界的认知越接近于客观世界，其意志越符合于客观规律，那么其军事实践的成功可能性就会越大。意志动力最终能否达成实践目的，还离不开情感动力的积极作用。没有一个积极向上的情感取向，则其实践往往逃脱不了误入歧途的结果。

二、目标结构

求真、向善、爱美是人的天性，古今中外皆然。自从人类有文字记载的历史以来，人们就一刻没有停止对于真善美的追求。爱因斯坦指出：“我从来不把安逸和享乐看作生活目的本身——这种伦理基础，我叫它猪栏理想。照亮我的道路并且不断地给我新的勇气去愉快地正视生活的理想，是善、美和

---

① 马克思恩格斯全集：第20卷［M］. 北京：人民出版社，1971：125.

真。”① 真善美既是人类实践活动的产物，同时又是人类实践活动的目标。真善美，内含人类活动的根本性追求，是人们从事社会历史活动的内在尺度。正如马斯洛所言：“对知识的需要，对理解的需要，对哲学沉思生活的需要，对理论参照系统的需要，对价值系统的需要，这些本身都是意动的，是我们原始动物本性的一部分。”② 真善美作为一个历史范畴，在不同时代、不同阶层的人中间有着不同的内涵。真善美的统一，既是人实现自由全面发展的基础与前提，又是人的自由全面发展的具体体现与最终形态，真善美的状态与人的全面发展的境界具有内在的统一性，也正是基于此，真善美自古以来就是人们不懈追求的人生境界，是推动社会进步与人的发展的强大精神动力。无论被视为“天人合一”的和谐境界（“道”的精神），“知行合一”的理想境界（“儒”的风范），还是被看作“情景合一”的完美境界（“释”的禅意），真善美自古以来就是中国人心中的一盏明灯，是人们孜孜以求的人生境界，是人们积极投身于认识世界以及改造世界实践的强大精神动力。从必然王国进入自由王国是人类的最高理想，而对于真善美的追求就是这一理想在科学、社会以及艺术领域内的具体表现。正如卡西勒所言：“科学在思想中给予我们以秩序；道德在行动中给予我们以秩序；艺术则在对可见、可触、可听的外观之把握中给予我们以秩序。”真善美既具有内在的统一性，又相互促进、相互制约。“真”是“善”和“美”的基础，人们只有在掌握客观规律的基础上（求真），才能够为社会做贡献（向善），进而才能够谈得上这种行为能否引起人们的美感（爱美）。“善”是“美”的前提，如果与人民的利益及历史的发展背道而驰，任何一种实践活动都将无法顺利开展，因而也就无从谈起“美”的尺度。“善”是“真”的落脚点，人们对于科学真理的探索与把握，最终还是为了造福人类。如果离开了这一点，求真也就失去了意义。尽管现实中对真善美的追求从来就不是一帆风顺的历史过程，遭遇困难、挫折甚至倒退是常有的事，但是人们对于真善美的追求以及由此而激发的强大精神动力却具有压倒一切困难的气概，从长远来说，真善美终究会取代假恶丑。在这样的一个历史过程中，真善美将随着历史的发展而不断赋予自身新的内涵，并会为社会历史发展指出新的方向、提供新的源源不断的精神动力。就革命军

---

① ［美］爱因斯坦．我的信仰［M］．广州：广东经济出版社，1999：40.

② ［美］马斯洛．人的潜能和价值［M］．北京：华夏出版社，1987：204－205.

人而言，对于真善美的追求，同样是激励广大官兵不懈奋斗的精神动力。真善美作为革命军人精神动力的源泉，它集中表现于对军人行动的目标牵引作用上。

（一）真的追求

革命军人对真的追求，主要表现在对马克思主义科学真理、无产阶级军事理论、先进的军事科技知识等的不懈追求上。真即真理，指反映自然、社会及人类思维的科学知识。真，是军人军事实践沿着正确轨道发展的基础。列宁认为："人在自己的实践活动中面向着客观世界，以它为转移，以它来规定自己的活动。"[①] 认识处于真实状态的军人才能在遵循军事实践客观规律的基础上进行正确的活动，使得军事主客体的统一由观念形态转化为实在形态，使得军人身外的自然由"自在的世界"转化为"自为的世界"。对自然、社会及人类思维知识特别是涉及军事领域的知识掌握得越多，军人就越接近于军事领域的自由王国，因而也就更能体会到自身作为军事实践主体的本质力量，并在事实上具备更强的改造世界的能力与素质。对于未知世界的探索，不满足于已有的知识，不断超越自己，发展自己，是人之为人的本性。对真理的追求，始终是一切追求进步的人士的强大精神动力。"朝闻道，夕死可矣"，生动地表现了人们对于"真"的热烈渴求与积极态度。爱因斯坦认为，追求真理的愿望必须优先于其他一切愿望的原则，是一份最有价值的思想遗产。"对真理和知识的追求并为之奋斗，是人的最高品质之一。"[②] 历史上不少人为了追求真理，不惜以死抗争，充分表现了求真作为一种精神动力的巨大作用。作为中国共产党一手缔造和绝对领导的人民军队，我军历来以政治上的先进性著称于世，广大官兵更是历来以追求真理为自己的人生追求与远大志向。革命战争年代，无数优秀的中华儿女冲破白色恐怖，云集到中国共产党领导的人民军队之中，就是出于对马克思主义科学真理的强烈追求。加入人民军队之后，广大官兵更是从来没有中断过对于马克思主义及其中国化最新成果所蕴含科学真理的渴求及探索。中华人民共和国成立之后，我军官兵在任务环境转换之后始终没有放弃对于马克思主义的学习与钻研。事实证明，正是由于广大官兵对马克思主义科学真理的真诚信仰与孜孜以求，我军官兵才得以在任何情况下与党中央、中央军委保持高度一致，永葆人民军队

① 列宁全集：第38卷［M］. 北京：人民出版社，1986：200.

② 爱因斯坦文集：第3卷［M］. 北京：商务印书馆，1979：190.

的政治本色，进而为我军建设发展以及在历次战争中取得辉煌战绩提供坚强的政治保证。对于马克思主义科学真理的追求还表现在对于无产阶级军事理论的探求上。有了探索无产阶级军事理论奥秘的强大动力，广大官兵才会毅然奔走转战于充满炮火硝烟的战场之上，为的仅仅是“从战争中学习战争”，不断深化自己对于现代战争特点、作战方式、战役战术的认识，为在不同时期有效运用人民战争战略战术厚植理论根基。有了去采摘无产阶级军事理论王冠的人生追求，广大官兵才会积极投身于火热紧张的军事实践中，探索在不同历史时期强军兴军的基本规律，以此为建设一支强大的现代化、革命化、正规化的人民军队提供理论支撑。我军官兵对于真理的追求还表现在广大官兵对于加强军事科技知识学习的迫切要求上。有了对提高自身军事科技知识素养的追求，广大官兵才会在双休日积极参加科学文化知识的学习，平时注意钻研新装备的基本原理、技术特点以及作战数据。各部队“学习型军营”建设的风生水起，“宁可让人才等装备、不要让装备等人才”口号的提出，充分说明了当代中国军人对军事科技知识的渴求以及由此而激发出的强大动力。

（二）善的向往

革命军人对善的向往，主要表现在对于共产主义道德境界及社会主义核心价值观的景仰以及在实践中的身体力行、加以践履。列宁在《哲学笔记》中对黑格尔《小逻辑》中的一段话给予了肯定，他说：“‘善’是‘对外部现实性的要求’，这就是说，‘善’被理解为人的实践。”① “善”的确认和规定只是客体化的静态部分，而人在心灵上对“善”的认同以及由此而来的实践中的践履才是主体化的动态部分。对“善”的追求则是客体化的静态与主体化的动态部分的有机统一。没有一定的人或社会来完成“善”的规定或确认，就谈不上社会中人们对“善”的认同和追求。而如果没有社会中人们对“善”的呼应与实践，人们各行其是，那么“善”的规定与确认也只能是一句空话。因此，“善”最终能成为人们的道德追求，既取决于社会的价值导向，同时也取决于主体的思想水平。作为道德实践的最高境界，“善”最终能成为人们的追求，究其本源还在于它代表着社会大多数人的利益，代表着社会前进发展的方向，代表着人类精神生活的崇高境界。“善”以满足人们的精

① ［俄］列宁. 哲学笔记［M］. 北京：人民出版社，1961：229.

神需要、促进人类社会的整体福祉为价值依归，“善”内在所具有的价值指向，是其成为人们社会实践强大精神动力的根本。而价值作为主体与客体之间需要关系的体现，只有实现了个人需要与社会需要相统一的价值所代表的“善”作为精神动力才会更具持久性、稳定性与深刻性。人是一切社会关系的总和，这决定了个人需要与社会需要具有内在的统一性。马克思认为，人总是“使自己成为衡量一切生活关系的尺度，按照自己的本质去估价这些关系，根据自己本性的需要，来安排世界”①。中华民族历来注重道德的修为，把道德高尚的人视为人人得而敬之的圣人。“修身、齐家、治国、平天下”②，则是自古以来中国仁人志士的一贯追求。“老吾老以及人之老，幼吾幼以及人之幼”③“己所不欲，勿施于人”④，这些中国传统文化中崇尚道德修为的思想，对于当今中国的道德建设依然具有借鉴意义。社会主义社会是人类历史上一种先进的社会制度与社会形态，我军又是这一社会中的先进群体，这一客观现实决定了求善作为革命军人精神动力的必然性。对于革命军人来说，以“善”为尺度指导广大官兵的实践活动，即是用共产主义道德指导广大官兵的实践活动。共产主义道德以无产阶级根本利益为出发点，吸收了历史上人类一切优秀思想文化的精华，摒弃了以往一切旧道德体系与实践的时代不足与阶级局限，实现了人类历史上道德体系与道德实践的革命，因而也就理所当然地成了革命军人追求与践履的对象。事实上，对共产主义道德体系及道德行为的尊崇，一直是革命军人成长进步的精神动力。从为革命事业默默奉献的张思德到全心全意为人民服务的雷锋，从勇救落水老农的张华到与肆虐洪水搏斗的李向群，从三栖尖兵何祥美到排雷英雄杜富国，我军历来是社会主义核心价值观践履者云集的地方，是用共产主义道德进行教化的一所“大学校”。正是由于我军官兵对于共产主义道德的尊崇与追求，我军官兵才能够在革命战争年代壮怀激烈、以身许国，在和平建设时期舍小家为大家、甘守清贫做奉献。当代革命军人对于共产主义道德境界的尊崇与追求，集中体现在广大官兵对于社会主义核心价值观和当代革命军人核心价值观的景仰与实践

---

① 马克思恩格斯全集：第1卷［M］. 北京：人民出版社，1956：651.

② （春秋）曾参，《礼记·大学》。

③ （战国）孟轲，等，《孟子·梁惠王上》。

④ （春秋）孔丘，等，《论语·颜渊》。

上，这一景仰与实践正在转化为官兵矢志强军兴军、聚力备战打仗的浓厚氛围与积极进展。

（三）美的崇尚

革命军人对美的崇尚，主要表现在对军队职业的热爱以及各项工作精益求精的热烈要求上。马克思早在《1844 年经济学哲学手稿》一书中就提出了“人也按照美的规律来建造”的观点。他说：“动物只是按照它所属的那个种的尺度和需要来构造，而人懂得按照任何一个种的尺度来进行生产，并且懂得处处把内在的尺度运用于对象；因此，人也按照美的规律来构造。”① 马克思的这段话表明，人类社会中的“美”主要体现在人们在社会物质生产实践过程中对客观对象的改造上。对“美”的崇尚，与对“真”的追求、“善”的向往，有着内在的一致性。按“美”的尺度进行实践的成效如何，首先要看这一实践是否建立在对客观世界的科学认知基础之上，而这必然离不开对“真”的追求。而实践活动能否在人们心中产生美感，还取决于该实践活动是否符合人们的利益并且有利于社会的发展进步，而这离不开对于“善”的崇尚。因此，所谓“美”，即是以“真”与“善”为前提的实践尺度。对“美”的追求，体现了合目的性与合规律性的统一，通过在实践中寻求主体与客体之间的融洽与协调，使人在对实践对象的改造过程中直观自身创造性的本质力量，进而产生心理的满足与精神的愉悦，美感油然而生。黑格尔认为：“人还通过实践的活动来达到为自己（认识自己），因为人有一种冲动，要在直接呈现于他面前的外在事物之中实现他自己，而且就在实践过程中认识他自己。人通过改变外在事物来达到这个目的，在这些外在事物上刻下他自己内在生活的烙印，而且发现他自己的性格在这些外在事物中复现了。”② 正是由于“爱美”的过程就是人的本质力量显现的过程，是作为一种具有内在的自我超越本性的人创造力量外化的过程，是人不断朝着全面发展的道路迈进的过程，因而它也就理所当然地成了人们实践活动中的强大精神动力。正如马克思所言，这样做“不仅使自然物发生形式变化，同时它还在自然物中实现自己的目的”③。就革命军人而言，“美”则表现为我军官兵对于各项任务的精益求

① ［德］马克思. 1844 年经济学哲学手稿［M］. 北京：人民出版社，2000：58.

② ［德］黑格尔. 美学：第 1 卷［M］. 北京：商务印书馆，1982：38.

③ 马克思恩格斯全集：第 23 卷［M］. 北京：人民出版社，1972：202.

精之上。这主要表现在：其一，我军官兵的各项实践活动同样是建立在对于客观世界内在规律把握的基础之上的，这是我军官兵能够顺利完成各项任务的前提。很显然，如果不懂得基本的战术动作，就不能在一场战斗中有效地发扬火力，以达到“保存自己、消灭敌人”的目的。其二则是我军官兵的各项实践活动同样有着正确的价值导向，这就是我军的一切工作都应该致力于先进战斗力的生成，致力于打赢具有智能化特征的信息化条件下的人民战争，致力于为中国特色社会主义事业提供坚强的安全保障。只有体现党和人民的利益和意志，军事实践才能保持正确的前进方向并能取得预期进展。否则，任何一项行动都失去其存在的意义，因而也就无所谓以“美”的尺度来指导实践的问题。正如马克思所言：“人通过自己的活动按照对自己有用的方式来改变自然物质的形态。”① 其三，在“求真”与“向善”的前提之下，刻苦钻研业务，努力完成工作，则是革命军人在实践中“爱美”精神的具体体现。这种“美”一方面体现在用尽量少的时间，办尽量多的事上，即符合“奥卡姆剃刀”的经济原则。对此，亚里士多德早在两千多年前就指出：“在用很少就可以完成的地方却用了很多是无谓的。”另一方面则体现在对于所完成任务的高质量与高标准上。换句话说，革命军人在合规律性与合目的性的基础上实现了军事实践活动的高效有序，是军事实践活动贯彻“美”的要求的集中体现，是革命军人“爱美”精神的直接现实化。

三、驱动结构

需要是指有机体由于某种缺乏和不平衡而引起的紧张状态，是人的生命活动的内在规定性，是个体活动积极性的源泉，是人的精神动力的直接现实基础。马克思认为：“需要即他们的本性”②，“你自己的本质即你的需要”③。正因为需要是人的本质之所在，因而由此而产生的精神动力也同样是人的本质表现，与需要紧密联系的精神动力是人类一切实践活动的根本原因。需要是联系人的主观世界与客观外界最直接的中介与桥梁，是一切思想与行为的

① 马克思恩格斯全集：第23卷［M］．北京：人民出版社，1972：87.
② 马克思恩格斯全集：第3卷［M］．北京：人民出版社，1960：514.
③ 马克思恩格斯全集：第42卷［M］．北京：人民出版社，1979：34.

直接基础与终极动因。马克思指出："任何人如果不同时为了自己的某种需要和为了这种需要的器官做事，他就什么也不能做。"① 恩格斯也说过，应该"用他们的需要来解释他们的行为"②。需要成为人们行为的精神动力，首先在于需要对于主体的有用性，其次则在于需要为主体意识到，最后则在于满足这种需要具有现实的可能性。一般来说，当人产生某种需要而又没有得到满足时，会产生一种不安与紧张的心理状态。这种紧张的心理状态就形成一种动机，驱动人去从事某种活动，以实现满足这种需要的目标。这个需要满足后，原有的紧张状态解除，这时人又会产生新的需要，从而开始新一轮的需要、动机、行动以及需要满足的循环。现实生活中，需要的满足状态总是暂时与相对的，而不满足的状态则是永恒与绝对的。人的需要是一个处于不断发展变化的动态结构，永远不会停留在一个水平上。正如马克思所言："已经得到满足的第一需要本身、满足需要的活动和已经获得的为满足需要用的工具又引起新的需要。"③ 一般来说，后续的需要无论量还是质，其丰富性与深刻性都要更高。而一个更高层次需要的产生，将在某种程度上降低较低层次需要对人们实践活动的驱动作用，而这种更高层次的需要将比以往低层次需要的动力作用发挥得更为强烈与持久。我党我军早就意识到了这一点，并在中国革命和建设的伟大实践中给予了充分的运用。在尊重官兵正当物质利益需要、满足官兵基本生存需要的基础上，我党我军历来十分重视开发官兵的精神需要，提高官兵的精神需要层次，启发他们将个人发展与国家、民族的命运前途放在一起思考，激发他们为国奉献的崇高荣誉感与强烈责任感，进而为军队建设发展提供更为强大和持久的精神动力。

生存需要是军人的基本需要。尽管需要多种多样，但究其性质而言，却都可以归结为生存需要与发展需要两类，这两类需要共同构成军人实践活动的精神动力。军人自身的生存与发展需要既是军人一切实践活动的原动力，同时也构成了推动军队建设和社会发展的基本动力。生存需要主要表现为物质需要，发展需要则主要表现为精神需要，是在生存需要得到基本或部分满足之后追问生命意义或者说寻求终极关怀的需要。生存需要是人的本能需要，

---

① 马克思恩格斯全集：第3卷［M］. 北京：人民出版社，1960：286.

② 马克思恩格斯选集：第4卷［M］. 2版. 北京：人民出版社，1995：381.

③ 马克思恩格斯全集：第3卷［M］. 北京：人民出版社，1960：32.

人们活在世上，首先要解决的问题就是生存问题，即生活资料的生产与再生产。马克思指出："人们为了能够'创造历史'，必须能够生活。但是为了生活，首先就需要吃喝住穿以及其他一些东西。因此第一个历史活动就是生产满足这些需要的资料，即生产物质生活本身。"① "没有需要，就没有生产。"②此外，还需解决人的生产与再生产的问题，以保持整个种族的延续与生存。生存需要是人的基础需要，也是人的第一需要。离开生存需要的满足，其他一切需要的满足都无从谈起。"人的需要中最基本的、最强烈、最明显的一种，就是对生存的需求。"③ "像野蛮人为了满足自己的需要，为了维持和再生产自己的生命，必须与自然进行斗争一样，文明人也必须这样做；而且在一切社会形态中，在一切可能的生产方式中，他都必须这样做。"④ 生存需要的问题解决了，精神需要的产生才会成为可能。"仓廪实则知礼节，衣食足而知荣辱"⑤，就说明了生存需要对人的其他需要产生与发展的基础性作用。

发展需要是人的高层次需要，是在人的生存需要得到基本保障的前提下产生的高级需要。需要的发展，是"人的本质力量的新的证明和人的本质的新的充实"⑥。在生存需要得到基本满足的前提下，发展需要对于生存需要具有统摄作用，即由发展需要激发的精神动力更为强大与持久，能对人的思想与行为产生更为稳定与深刻的影响。正如马斯洛所言："越是高级的需要，就越为人类所特有"⑦，"高级需要比低级需要具有更大的价值"⑧。发展需要之所以能够更具统摄性，是因为发展需要作为一种高层次的精神动力，是以实现个人价值为旨归的，它能有效回答个体对于生命意义的追问，很好地解决人的终极关怀问题，给人的精神家园以应有的抚慰。物质生活的根本目的是维持人的生存，是追求合乎人的生产与再生产的身外之物，是一种对外在目的的追求。而发展需要是以发展人自身的能力的内在目的为基础，是为了

---

① 马克思恩格斯选集：第1卷［M］. 2版. 北京：人民出版社，1995：79.
② 马克思恩格斯选集：第2卷［M］. 2版. 北京：人民出版社，1995：9.
③ ［美］戈布尔. 第三思潮：马斯洛心理学［M］. 上海：上海译文出版社，1987：40.
④ 马克思恩格斯全集：第25卷［M］. 北京：人民出版社，1975：926.
⑤ （春秋）管仲，等，《管子·牧民》。
⑥ 马克思恩格斯全集：第42卷［M］. 北京：人民出版社，1979：132.
⑦ ［美］马斯洛. 人的潜能和价值［M］. 北京：华夏出版社，1987：201.
⑧ ［美］马斯洛. 人的潜能和价值［M］. 北京：华夏出版社，1987：202.

"发展不追求任何直接实践目的的人的能力和社会的潜力（艺术，科学等等）"①。因此，它对提高军人的精神境界，促进军人的成长进步，推动军人人性的丰富与完善，更具十分重要的意义。物质需要的部分满足，不影响发展需要对于人的思想与行为的强大驱动作用。尽管发展需要在物质需要的基础上产生，但发展需要动力作用的发挥却不依赖于生存需要的充分满足。发展需要的不断满足，才会使人生更加幸福，全面发展程度更高。我军官兵在各个不同历史时期物质生活不仅谈不上丰裕，相反在大部分时间还十分贫乏。中华人民共和国成立后，随着国家经济实力的增长，军人的生活待遇已经有了很大提高。但总体来说，军人的物质待遇与其劳动付出相比还处于偏低的状态。但就在这种情况下，我军官兵依然能在战争年代节衣缩食、出生入死，和平时期艰苦奋斗、默默奉献，原因何在？这是因为：中国革命及建设事业为官兵提供了极好的实现人生价值的广阔舞台，官兵发展需要得到了充分的满足，因而他们能够安贫乐道，坦然面对物质待遇的菲薄，精神振奋，斗志昂扬。发展需要在生存需要得到一定满足的基础上才会产生，发展需要在生存需要至少得到部分满足之后才会发展。发展需要产生并得到一定满足时会降低军人对于生存需要满足的渴求，提高生存需要的心理满足感，并可在客观上创造生存需要得到更好满足的条件。无数从战争年代成长起来的革命前辈，自从步入军旅生涯的第一天起，就一直以国家、民族的解放和发展为自己的使命，并把自己的全部精力都投入其中，忘我工作，以苦为乐。随着中国革命的胜利和军队建设的不断发展以及个人在此过程中人生价值不断得到实现即发展需要不断得到满足的同时，他的生活水平也在不知不觉中得到提高。

由此可见，对于个人发展的追求会带来生存需要的满足，不管这种满足是你有意为之还是无意为之。应该说，社会成员发展需要的提高，将会加速社会发展进步的步伐。社会发展的加速，无疑会给其成员提供更好的生存条件。就总体和长远而言，个人发展需要的产生及发展会促进生存需要的满足。

重视发展需要，并不表示对于官兵生存需要的漠视。生存需要主要表现为物质需要，在全社会大力崇尚自我实现、追求舒适的物质生活的今天，千万不能无视广大官兵正当而合理的物质需求，因为合理的物质需要的被排斥

① 马克思恩格斯全集：第47卷［M］. 北京：人民出版社，1980：215.

而影响官兵的发展需要，无论对于军人个人，还是对于整个军队建设，都是一件得不偿失的事。毛泽东指出："一切群众的实际生活问题，都是我们应当注意的问题。假如我们对这些问题注意了、解决了，满足了群众的需要，我们就真正成了群众生活的组织者，群众就会真正围绕在我们的周围，热烈地拥护我们。"[①] 邓小平对官兵正当的物质需要给予了高度的肯定，他说："革命精神是非常宝贵的，没有革命精神就没有革命行动。但是，革命是在物质利益的基础之上产生的，如果只讲牺牲精神，不讲物质利益，那就是唯心论。"[②] 对此，我们必须有清醒的认识。如果因为合理正当的物质利益长时间不能得到基本满足，广大官兵聚焦备战打仗的注意力就会因基本生计问题困扰而弱化，就不容易产生敬业、荣誉、责任、理想等高层次的精神需要，热爱军队、献身国防就有可能流于空谈。马克思指出："在现实世界中，个人有许多的需要，正因为如此，他们已经有了某种职责和某种任务……譬如说无产者吧，他的职责就是要像其他任何人一样满足自己的需要。"[③] 生存需要的满足应以适当为限，在此基础上大力激发官兵的发展需要，这应当成为精神动力建设的基本原则。过度注重生存需要，不加选择地强调满足官兵的物质利益需求，就有可能使得官兵沉溺于畸形的物欲泥潭而不能自拔，而这将损害军队建设与发展的根基。一旦作为军队细胞的军人耽于声色犬马、酒绿灯红而不再萌生发展自我、成就自我的念头，并失去对于生命价值与人生意义的追求时，这支军队将会腐化变质、不堪一击，毫无战斗力可言。历史上无数胜利之师败落的惨痛教训就是明证。丹尼尔·贝尔对于社会失去精神支柱、工作失去理想追求的后果曾经做过描述，他说："一旦社会失去了超验纽带的维系，或者说当它不能继续为它的品格构造、工作和文化提供某种终极意义时，这个制度本身就会发生动荡。"[④] 因此，对于官兵生存需要的满足应该以合理、正当为度，在此基础上，努力开发官兵的发展需要，激发他们立足军营、建功立业的责任感与自豪感，以此实现官兵个人发展与军队建设进步的有机统一。强调物质对于精神的第一性，这是唯物主义无可非议的基本原则。

---

① 毛泽东选集：第1卷［M］. 2版. 北京：人民出版社，1991：137.
② 邓小平文选：第2卷［M］. 2版. 北京：人民出版社，1994：146.
③ 马克思恩格斯全集：第3卷［M］. 北京：人民出版社，1960：326.
④ ［美］丹尼尔·贝尔. 资本主义文化矛盾［M］. 上海：三联书店，1980：67.

但看不到精神对于物质的能动性，在工作实践中以物质利益的满足取代精神教育的作用，则又会因陷入机械唯物主义的泥潭而走向另一个错误的极端。全面把握物质与精神的关系是科学运用唯物主义方法论原则的基本要求，而辩证把握生存需要与发展需要、物质需要与精神需要的关系，则要求坚持用马克思主义的立场观点方法思考和分析问题。我军历来重视官兵基本生存需要的满足，在此基础上，通过加强官兵的理想信念教育，激发官兵为国奉献、爱军习武的精神动力，努力发挥发展需要对于官兵军事实践的深层动力牵引作用。军队政治工作作为我军的看家本领与鲜明特色、政治优势，一个重要功能就是用科学理论武装全军，培养“四有”新时代革命军人，提升革命军人发展的层次和境界。正是由于我军历来重视发展需要对官兵从军报国、为民建功的深层动力激发作用的有效发挥，自我军成立以来，无数革命军人才能为了军队的建设与发展而默默奉献、忘我工作，在对工作的全心投入与精益求精中不断成就自我，实现自我。而这正是我军在极其艰难困苦的条件下能够不断发展壮大、战无不胜、取得一个又一个伟大胜利的根本原因。

四、层次结构

黑格尔指出：“那个使他们行动、给他们决定的存在的原动力，便是人类的需要、本能、兴趣和热情。”① 革命军人精神动力作为推动军人军事社会实践的强大力量，既包括由理想信念信仰而激发的深层精神动力，又包括由兴趣爱好而激发的中层精神动力，还包括由本能欲望而激发的表层精神动力。尽管它们对于军人社会实践的推动作用大小各异，但正是由于它们的共同作用，才汇成了军人行为的动力之源。

（一）表层动力系统：本能欲望

本能欲望作为军人的表层动力系统，对军人行为的影响无所不在。马克思指出：“人作为自然的、肉体的、感性的、对象性的存在物，同动植物一样，是受动的、受制约的和受限制的存在物，就是说，他的欲望的对象是作为不依赖于他的对象而存在于他之外的；但是，这些对象是他的需要的对象；

① ［德］黑格尔. 历史哲学［M］. 上海：三联书店，1956：61.

是表现和确证他的本质力量所不可缺少的、重要的对象。”① 本能欲望是被军人意识到的、与军人的生理需要相联系、突出表现为感官满足与物质享受的目的和动机。本能欲望是人类社会发展的原动力，是军人行为最基本的精神动力。军人的本能欲望之所以能转变为动机，并成为军人行动的精神动力，是因为它能为军人意识到，“意识代替了他的本能”②，即军人的本能是被意识到的本能。动物因为没有意识，因而对于它们来说，本能就是本能，而不可能存在精神动力之说。正如恩格斯所言：“绝不能避免这种情况，推动人去从事活动的一切，都要通过人的头脑，甚至吃喝也是由于通过头脑感觉到饥渴而开始，并且同样由于通过头脑感觉到饱足而停止。”③ 军人的本能欲望是和生理需要紧密相连的，军人的生理需要是军人生理有机体的需要，它主要由性欲和物欲组成。马克思指出：“人来源于动物的事实已经决定人永远也不能摆脱兽性，所以问题永远只能在于摆脱得多一些或少一些，在于兽性和人性的差异。”④ 本能欲望对社会历史发展的影响是不可忽视的。如果没有性欲的存在，血缘关系、婚姻关系就无从谈起，整个社会能否存在并有效运转都将是个未知数。黑格尔认为：“这种自然的冲动，比起维护秩序和自制，法律和道德的人为的、讨厌的纪律训练，对于人们有一种更直接的影响。”⑤ 恩格斯指出：“在黑格尔那里，恶是历史发展的动力的表现形式。……自从阶级对立产生以来，正是人的恶劣的情欲——贪欲和权势欲成了历史发展的杠杆，关于这方面，例如，封建制度的和资产阶级的历史就是一个独一无二的持续不断的证明。”⑥ 康德将这种本能欲望称为“非社会性的社会性”⑦ 的欲望，认为，正是“有这种竞相猜忌的虚荣心，有这种贪得无厌的占有欲和统治欲”⑧，“推动人们重新鼓起力量”⑨，“投身到艰辛和困苦之中”⑩。弗洛伊德将代表着

---

① ［德］马克思．1844年经济学哲学手稿［M］．北京：人民出版社，2000：105．
② 马克思恩格斯全集：第3卷［M］．北京：人民出版社，1960：35．
③ 马克思恩格斯选集：第4卷［M］．2版．北京：人民出版社，1995：232．
④ 马克思恩格斯全集：第20卷［M］．北京：人民出版社，1971：110．
⑤ ［德］黑格尔．历史哲学［M］．上海：三联书店，1956：59．
⑥ 马克思恩格斯选集：第4卷［M］．2版．北京：人民出版社，1995：237．
⑦ ［德］康德．历史理性批判文集［M］．北京：商务印书馆，2005：7．
⑧ ［德］康德．历史理性批判文集［M］．北京：商务印书馆，2005：8．
⑨ ［德］康德．历史理性批判文集［M］．北京：商务印书馆，2005：8．
⑩ ［德］康德．历史理性批判文集［M］．北京：商务印书馆，2005：8．

性欲的“力比多”确定为推动人的一切行为与全部社会历史发展的精神动力，未免有夸大之嫌。但他的理论的提出、传播以及在世界范围内的广泛与深远影响则从一个侧面反映出本能欲望作为一种精神动力的强大作用与基础价值。军人一旦失去了本能欲望，其生命的活力与激情也必然随之而去，而一个失去了生命活力与激情的人怎么可能生活下去，这样的人更不能奢谈什么为军队建设做贡献了。

承认本能欲望的客观存在及其基础作用，并不意味着我们对于本能欲望的迁就纵容。事实上，本能欲望作为一种人体内部自发的具有极强动物性的心理欲求，具有强烈的非理性的特征。如果对之听之任之，不加制约，则不仅不会有效发挥其作为促进军人实践活动及军队建设发展的精神动力的巨大作用，还会适得其反，导致全社会物欲泛滥。春秋时期齐国思想家晏婴指出：“足欲，亡无日矣。”① 人的本能欲望如果不加以控制，就会使人变得贪得无厌，最终使人沦为本能欲望的奴隶，这样的事例在历史上不胜枚举。战国末期思想家荀子认为：“虽贵为天子，欲不可尽”②。不可纵欲滥欲，不可任由本能欲望主宰人的社会实践活动，这是长期以来人们对于本能欲望作为社会实践动力的一个基本观点。也应看到，人的本能欲望是社会历史发展的重要动力，本能欲望的永无止境在某种程度上也成为人类社会历史发展永无止境的一个重要原因。马克思指出：“社会的分工，使欲望成为多方面的。”③ 这表明，人类的本能欲望将随着社会分工的发展而不断发展。“人类的欲望是同满足欲望的手段一同发展的，并借着那种手段的发展而发展的。”④ 人是一切社会关系的总和，人的这一本质属性决定其本能欲望的满足必须在社会规范允许的范围内进行。马克思指出：“饥饿总是饥饿，但是用刀叉就熟肉来解除的饥饿不同于白手、指甲和牙齿啃生肉来解除的饥饿。”⑤ 人的本能欲望不论内容还是实现方式内在地具有社会性的特质，革命军人本能欲望的内容及实现方式则内在地贯彻和体现着人民军队的阶级属性。

---

① （春秋）左丘明，《左传·襄公二十八年》。

② （战国）荀况，《荀子·正名》。

③ ［德］马克思．资本论：第1卷［M］．北京：人民出版社，1975：96.

④ ［德］马克思．资本论：第1卷［M］．北京：人民出版社，1975：628.

⑤ 马克思恩格斯全集：第46卷上［M］．北京：人民出版社，1979：29.

（二）中层动力系统：兴趣爱好

兴趣爱好是介于本能欲望与理想信念信仰之间的中层动力系统。之所以把它定位为中层动力系统，是因为兴趣爱好作为人对于某一事物的积极心理倾向，尽管它与本能欲望有着密切的联系，但相比于前者而言，兴趣爱好受社会因素的影响更大，其对人的行为驱动作用更多地包含着社会化的认知、情感与意志。而相比于理想信念信仰来说，由兴趣爱好所产生的精神动力又没有后者那样深刻与持久。兴趣爱好来源于本能欲望，但又超越了本能欲望，是在社会实践领域对本能欲望所作的积极扬弃。兴趣爱好是军人实践活动的重要动力，对于达成目标和实现理想具有重要的意义。关于兴趣爱好对于人的实践活动所具有的精神动力作用，康德曾经有过明确的阐述，他说："从动力的概念中产生出一个兴趣概念，这个兴趣只能被赋予理性的存在者；这个兴趣意味着某种意志的动力，只要这个动力是由理性来表象的。"① 人的某些兴趣爱好天然就来源于人的先天生理素质，内在潜能的展现是人的本性使然。由先天生理优势导致的某种兴趣爱好，是精神动力的一个重要来源。兴趣爱好的另一个重要来源就是社会的影响与塑造。社会上流行时尚的兴替浮沉以及由此而带来的社会成员各类兴趣爱好及内容的变迁发展与潮起潮落，就反映了社会交往与社会生产对兴趣爱好的重要影响。兴趣爱好会对军人的行为产生巨大的推动作用。爱因斯坦认为，兴趣是最好的老师。有了对自己所从事的军事职业的兴趣爱好，广大官兵就会自觉地努力工作、刻苦钻研，而这无疑将有力地推动军队的建设与发展。军人的兴趣爱好是军人力求认识、探究某种事物的积极心理的个性倾向性，这种个性倾向性不只指向事物的表面现象，更指向事物内在的本质与规律。军人兴趣爱好的形成主要受以下几个因素的影响。

一是社会主流价值及军队主导价值的取向。社会及军队的主流价值取向对于军人兴趣爱好的形成具有重要的影响。荣誉感是军人积极进取的强大动力，积极的社会评价及先进的军事文化则是军人荣誉感得以产生的土壤。我军无产阶级人民军队的政治性质，决定了我军官兵以忠诚于党、为人民服务为最高准则和最高荣誉，对于荣誉的渴求是我军官兵内心的一道无形的绝对

---

① KANT I. Critique of Practical Reason [M]. The Liberal Arts Press, 1956: 82.

命令，它促使广大官兵满怀热情投身到能为祖国及人民谋取最大利益、做出最大贡献的工作中去。广大官兵对于军事职业所萌发的强烈兴趣以及由此而产生的炽热情感，正是社会及军队主流价值取向对军人兴趣爱好的选择所具有的强大指引作用使然。

二是军人社会实践及军事社会环境的影响。军人在社会实践过程中能否经常接触到某一事物以及接触的频度如何，在很大程度上决定了军人对该事物的兴趣爱好。康德认为："一切兴趣最终都是实践的兴趣，甚至思辨理性的兴趣也仅仅是有条件的，只有在实践的运用中才是完整的。"① 虽然说接触并不表示一定会产生对于该事物的兴趣，但不接触就不会萌发对于该事物的感性认识，因而也就不可能产生对于该事物的兴趣。近朱者赤，近墨者黑，说明了环境对人的巨大影响与作用。中国古人也对环境对人的巨大影响做了形象的描述，他们认为："与善人居，如入芝兰之室，久而不闻其香，即与之化矣；与不善人交，如入鲍鱼之肆，久而不闻其臭，亦与之化矣。"② 列宁指出，"不能认为人们的思想和感情似乎是偶然出现的"，它们是"一定社会环境中必然产生的"③。作为影响人的环境，主要指社会环境，它是一个在与特定主体的相互作用中不断发展变化的客观存在，是一个动态的具体的历史的社会实践场域。军人在社会实践中经常接触某一事物，就有可能产生对于该事物的愉快心理体验，并产生对于该事物的积极情感，进而产生想要进一步探究其内在本质的强烈欲望，在此基础上军人就会萌生对于该事物的兴趣。当前，广大官兵的主要实践是以强军为主旨的军事社会实践活动，这决定了全面建设世界一流军队以及由此而引发的一切军事社会实践活动，将是广大官兵主要的兴趣关注点，而这反过来将使得强军实践因具备了广大官兵的动力支撑而更加呈现出不可阻遏的强劲发展之势。

三是军人先天素质及发展潜能的影响。一种兴趣爱好的产生与发展，外界影响固然重要，但最终能否发挥作用，还要取决于主体内在的素质。一个五音不全的人，你再怎么让他意识到唱歌的种种好处，并创造各种条件让他学习唱歌，他也不可能产生对于唱歌的兴趣。革命军人兴趣爱好的产生与发

① KANT I. Critique of Practical Reason [M]. The Liberal Arts Press, 1956: 126.

② （春秋）孔丘，等，《孔子家语·六本》。

③ 列宁全集：第1卷 [M]. 北京：人民出版社，1955：383.

展同样如此，它们离不开广大官兵自身的先天素质。但总体来说，我军官兵作为社会中比较先进的群体，加之军队对于广大官兵所具有较强的教育塑造功能，我军官兵的生理素质、政治素质、思想素质、文化素质等都已具备相当的基础，有着发展成广泛兴趣爱好的可能性与基础条件。现如今我们迫切需要做的就是，应着眼部队建设的现实需要，努力发挥军队政治工作对于军人全面发展的促进作用，大力提高官兵的全面素质，在此基础上培养以推动强军实践与备战打仗各项工作深入发展为主旨的各项兴趣爱好，真正使广大官兵的兴趣爱好转化为军队建设与发展的强大精神动力。

（三）深层动力系统：理想信念信仰

理想信念信仰作为革命军人精神动力的深层系统，对军人实践活动的影响最为深远与持久。理想是人们对于现实的超前性反映，是人们关于未来工作、生活、人生的一种蓝图构想，是人们为之不懈努力的奋斗目标。信念是人们对某一思想理论体系或某种事物具有深刻信任感的心理状态，是人们在既有认识基础上的一种确信，其对人们为实现该目标而进行的实践活动具有强大的推动作用。信仰是人们对事关安身立命之本的终极存在的价值目标的极度尊崇与信服，是人们精神追求的最高境界，它对于人们的社会实践所产生的精神动力最为强大与持久。理想是军人对于未来世界的一种美好构想，具有鲜明的价值指向性，或者说，理想就是一种价值目标，是军人在对现实科学分析的基础上对于未来的目标建构。正如美国社会心理学家乔治·米德所言："人类智能的特征正在于根据对未来情景的想象决定当下的行动，未来以观念的形式呈现出来。"① 由此可见，通过把未来的某一目标确定为理想来推动现实的实践活动，是人之为人的本质规定性之一。如果人没有了理想，那也就失去了人之为人的本质规定性，就不能称其为人了。列宁指出，"所谓'理想'不应当是铺设得最好的和最便捷的道路"②。立足现实确立理想，应当考虑到理想目标的挑战性与军事职业的特殊性。既不能用漫无目的的幻想代替科学理性的思考，又要有发展的观点与批判的眼光，只有这样，才能有效而充分地发挥理想目标对军事实践的推动作用。理想多种多样，既有生活理想，又有工作理想；既有事业理想，又有爱情理想；既有短期理想，又有

---

① ［美］乔治·米德. 心灵、社会与自我［M］. 上海：上海译文出版社，1992：106.

② 列宁全集：第1卷［M］. 北京：人民出版社，1955：369.

长期理想；既有个人理想，又有社会理想，等等，诸如此类，不一而足。理想对军人的行为具有强烈的导向作用与驱动作用。缺乏理想，不但会一事无成，而且能否在社会上维持基本的生计都是一个问题。理想作为军人对美好未来的一种向往与追求，既有其美好与完美的一面，否则就不会激起军人为之奋斗的勇气与动力；同时又具有对于现实的超越性特征，唯其如此，理想才会对军人的行为产生一种指导性的牵引作用。正如列夫·托尔斯泰所言："对于人生，理想是不可缺少的。但，理想，只有当它'完美无缺'时，才是理想。它的方向，只有当它指着在现实中并不存在的数学直线时，才能表示出来。"① 理想不是一成不变的，理想本身就是一个动态的发展过程，随着社会实践的不断推进及军人对客观世界认识的不断深入，理想的具体含义也将随之而发生相应的变化，从而更好地发挥其对军人进一步实践的推动作用。

信念产生于军人以往的实践以及在此基础上对客观世界的科学认知，信念是以军人对某一现实或理论的深刻信任为基本特征。信念一经产生，将对军人的行为产生强烈的制约作用与巨大的推动作用。在当事者眼中对现实的科学认知以及合乎逻辑的推理，是信念产生的前提。任何伟大的事业都离不开信念的存在，爱因斯坦指出："相信世界在本质上是有秩序的和可以认识的这一信念，是一切科学工作的基础。"② 罗素把信念称作"有机体的一种状态"③，并把与用行动表示出来的信念相区别的信念叫作"静止的信念"。他说："静止的信念是由一个观念或意象加上一种感到对的情感所构成的。"④ 信念内在地包含着对于目标的一种理性判断（感到"对"）以及由此而产生的情感。信念的关键在于"信"，"信"就是深信与笃信，内心高度信服而不怀疑。信念的产生既与一定的社会历史现实、生产生活方式、经济政治制度、民族文化传统、社会舆论思潮等密切相关，同时更与个体的社会生活实践特别是在此过程中个体的需要有莫大的关系。"人为财死、鸟为食亡""有钱能使鬼推磨"等就以非常直白的方式一语道破了"金钱万能"信念对一些人的

---

① ［俄］列夫·托尔斯泰. 最后的日记［M］. 上海：文艺联合出版社，1955：11.
② 爱因斯坦文集：第1卷［M］. 北京：商务印书馆，1976：284.
③ ［英］罗素. 人类的知识［M］. 北京：商务印书馆，1983：179.
④ ［英］罗素. 人类的知识［M］. 北京：商务印书馆，1983：183.

生活方式及行为方式所产生的巨大影响。尽管对金钱万能的信念与社会主义社会的主导价值观格格不入，但它之所以还会对一些人的思想行为活动产生巨大影响，一个重要原因就在于其在相当大程度上契合了这些人在特定社会实践和社会环境中形成的价值追求，并在一定程度上能够满足这些人由此而产生的特定物质需要和精神需要，尽管这种价值追求以及由此而产生的特定物质需要和精神需要具有不合理的落后因素。而社会主义信念之所以能内化为广大官兵的内心信念并转化为他们积极投身军事社会实践活动的强大动力，同样与中国特色社会主义的成功实践以及广大官兵对代表着广大人民及社会发展根本利益的先进社会制度的内心渴求密不可分。

信仰在信念的基础上产生，是信念的最高形式，它建立在对科学理论或客观事物的极度尊崇与高度信服的基础之上。与信念相比，信仰中包含有更科学的认知成分、更深厚的情感成分与更强烈的意志成分，因而它对于人类的社会物质实践的推动作用更为根本与深刻。对于革命军人来说，马克思主义的崇高信仰始终是我军克服一切困难、战胜一切敌人、不断发展进步的最为强大的精神力量。马克思主义的崇高信仰之所以能发挥如此巨大的作用，与它已内化为广大官兵的内在人格并经由认知动力、情感动力、意志动力整合而成强大精神动力密切相关。弗洛姆认为："信仰是一个人的基本态度，是渗透在他全部体验中的人格特征，信仰能够使人毫无幻想地面对现实，并依靠信仰而生活。"① 信仰既是世界观、人生观及价值观的集中体现，同时又是世界观、人生观及价值观的核心之点，它渗透并影响一个人人格的方方面面。无数革命先烈视死如归、宁死不屈的人格特征，显然是与他们对马克思主义的崇高信仰分不开的。信仰作为人的精神结构的最高层次，一旦确立，将会对人的一切思想行为产生广泛而深远的影响。在特定信仰的激励下，人们不仅斗志倍增，而且可以为此献出一切，包括自己的生命。不管人们有没有意识到，每个人都有自己对于生活及人生的信仰，这个信仰无时无刻不在发挥着对于他的人生的基础性指导作用。

尽管信仰作为人类精神世界中的高级意识形式，对人的一切思想行为具有统摄作用，但只有建立在对客观规律科学认知基础上的信仰，才能真正保证主体实践活动的正确前进方向，并进而以一种比较通畅与顺利的方式发挥

① ［德］弗洛姆．为自己的人［M］．北京：生活·读书·新知三联书店，1988：184．

其对于社会发展及历史进步的巨大推动作用。错误的信仰由于其没有正确反映人类社会运行发展的客观规律，不能代表社会发展潮流及人民的根本利益，因而非但无法转化为积极健康的持续性动力，反而会成为社会历史进步的绊脚石。马克思主义的崇高信仰之所以在各个不同的历史时期能够有效发挥对于我军建设发展的巨大推动作用，原因在于马克思主义作为人类有史以来的最为先进理论体系的真理性与科学性，无论过去、现在，还是将来，马克思主义的崇高信仰始终是激励革命军人积极投身强军事业最为强大与持久的精神动力。

第三章 革命军人精神动力的核心要素

问渠那得清如许，为有源头活水来。以理想、信念、信仰、世界观等为核心的价值观念，是人的精神结构的最高层次，是人的思想和行为的总开关，因而也是精神动力的核心要素，是人们一切思想、行为及社会实践活动的最初原因，对人的工作、事业、生活具有决定性的影响。深层精神结构的变化，必然引起人们思想行为方式诸方面的根本性、长远性变化。研究探讨革命军人精神动力的核心要素，有利于我们在军人精神动力的开发层面上抓住根本，防止出现舍本逐末的现象。认识并了解精神动力核心要素的基本特点及运行规律，对于进一步加强革命军人精神动力的开发具有基础性意义。

一、马克思主义的崇高信仰

信仰是人们对某种事物或思想、主义、理论的极度尊崇和信服，并在实际生活中将之奉为自己的精神归宿，化为自己的行为规则。荣格认为：“就像人的身体需要盐一样，人类的心灵从记忆难及的洪荒年代就感觉到了信仰的需要。”① 信仰作为人类特有的一种精神活动，是生命意义的价值追问和生活世界的精神归宿，是人的意志愿望的高度凝聚与集中体现，是人们进行一定的物质生活实践活动的强大精神动力。通常，信仰对人思想行为的深层统摄作用表现为类似宗教情感的深度浸润，它能给人提供关于生命终极意义追问的价值关怀。信仰对人的思想行为的影响最为深刻与持久，由之激发的精神动力也最为强大与稳固。正如爱因斯坦所言：“宇宙宗教感情是科学研究的最强有力、最高尚的动机。只有那些做了巨大努力，尤其是表现出热忱献身——要是没有这种热忱，就不能在理论科学的开辟性工作中取得成就——的

① ［瑞士］荣格. 心理类型学［M］. 西安：华岳文艺出版社，1989：588.

人，才会理解这样一种感情的力量，唯有这种力量，才能做出那种确实是远离直接现实生活的工作。”① 从原始社会朴素的图腾崇拜、神话信仰，到文明时代狭隘的宗教信仰，到近代以来对于各种思想、理论、学说的信仰，人类一直在找寻精神家园，找寻生活的价值与生命的意义。但直到马克思主义诞生，人类才第一次真正拥有了科学的信仰。宗教信仰依赖于基于广泛的假设与先验的普遍原则之上的主观演绎，它对人们许诺一些现实生活无须兑现并且事实上无法实现的东西，而对人们真正的现实利益与义务却避而不谈，虚妄性与伪善性是其主要特征。宗教信仰奠基于对非科学之物的尊崇，它追求的是一种现实世界的虚构物，表现为用“来世”“天堂”等景物形态来消解人们现实生活中的积极努力。对于宗教信仰建立在非理性基础上所表现出的情感的狂热与理智的盲目，马克思曾指出：“愚蠢本身变成了优点，因为愚蠢是信仰坚定的证据。”② 恩格斯同样认为：“宗教的第一句话就是谎话。”③ 作为人类知识与智慧结晶的典范和集大成者，马克思主义不仅是一种科学理论体系，更是一种科学实践运动。有别于以虚幻与超验为重要标志的宗教信仰，马克思主义信仰具有无可辩驳的科学性。奠基于科学、理性与深厚社会实践的基础之上，这是马克思主义信仰成为革命军人精神动力核心要素的根本原因所在。

不少人曾经对马克思主义作为一种信仰的提法提出了疑问。他们认为，只有对不能被实践检验的学说、理论或思想的尊崇才是真正的信仰，信仰与科学水火不相容，二者不是同一个层面上的东西。一种理论，如果得到证实，它就是知识，而非信仰。如果证明是错误的，那就是谬误，也与信仰无关。只有在尚未被检验或检验后既没有被证实亦没有被证伪的情况，对这个悬而未决的理论或命题的确信才有可能转化为信仰。事实果真如此吗？这种说法的错误之处在于它割裂了科学与信仰的内在联系。马克思主义作为具有鲜明实践品格的科学学说，是在人们的客观物质生产实践基础上形成的关于自然、社会以及人类思维一般规律的科学学说。马克思主义以历史的眼光把握现实，以现实为基础预见未来，通过相对寻求绝对，由暂时推知永恒，从有限看到

① 爱因斯坦文集：第1卷［M］．北京：商务印书馆，1976：282.
② 马克思恩格斯全集：第8卷［M］．北京：人民出版社，1961：309.
③ 马克思恩格斯全集：第1卷［M］．北京：人民出版社，1956：648.

无限，在实践中不断实现应然与实然、理想王国与自由王国的转化与平衡。马克思主义以实践为基础达成了科学与信仰的有机统一。马克思主义信仰是对科学真理的极端尊崇与高度信服，是对扎根于现实世界、符合历史发展客观规律的未来理想社会的热切向往与不懈追求。正如拉法格所言："马克思虽然深切地同情工人阶级的痛苦，但引导他信仰共产主义观点的并不是任何感性的原因，而是研究历史和政治经济学的结果。"① 马克思主义诞生以来所迸发出的强大生命力的奥秘就在于它始终同现实生活保持着密切的联系，始终关注着无产阶级生产、生活和革命运动的实践，始终着眼于为促进社会进步与人的解放的伟大实践中的问题解决开辟道路。离开鲜活生动的实践来谈马克思主义，是没有意义的。正是由于马克思主义直接现实性的实践品格，它才能够被无产阶级确立为自己的科学信仰，成为他们社会实践的行动指南，进而发挥其对于社会历史发展的巨大推动作用。马克思主义不仅揭示了无产阶级庄严神圣的伟大历史使命，而且指明了符合历史发展大势的共产主义的社会理想和奋斗目标。把共产主义的社会理想作为一种形象性的景物形态呈现出来，无疑会以更为直观的形式给人类的实践活动注入强大动力。在马克思主义的指引下，人们不仅会在科学社会主义的运动实践中逐渐享受到更为充分的物质富足，而且必定会体会到由此而带来的精神愉悦。宗教信仰是人类信仰的一种形式，它以颠倒的方式表现了人类信仰的积极本质，这一特点注定了其走向荒谬的结局。马克思主义信仰是被实践反复证明了的科学信仰，它从实践层面上反映了人类信仰的能动作用，在社会实践领域实现了信仰与科学的有机结合。

马克思主义要求自己的理论不仅应能认识与解释世界，更应能作用与改造世界。马克思主义作为一种科学信仰，在其诞生的一百多年间发挥了对于人类社会历史发展的巨大推动作用，并成为矢志推动社会进步的人的强大精神动力。作为科学信仰，对马克思主义信仰是在可信基础上的确信，是可证之信（可信）与不证之信（确信）的辩证统一。在对于科学真理的深刻理解基础上的确信不移，必然会产生对于真理热切向往的积极情感，进而产生践行该真理的坚强意志。毛泽东指出："我一旦接受了马克思主义是对历史的正

① ［法］拉法格. 回忆马克思恩格斯［M］. 北京：人民出版社，1973：2.

确解释以后，我对马克思主义的信仰就没有动摇过。"① 邓小平认为："我坚信，世界上赞成马克思主义的人会多起来的，因为马克思主义是科学。"② 中国革命的伟大胜利、我军在历次战争中的辉煌战绩，都雄辩地证明了马克思主义信仰作为革命军人精神动力的巨大实践价值。毛泽东在全国革命即将胜利之际回顾道："我们党走过二十八年了，大家知道，不是和平地走过的，而是在困难的环境中走过的，我们要和国内外党内外的敌人作战。谢谢马克思、恩格斯、列宁和斯大林，他们给了我们以武器。这武器不是机关枪，而是马克思列宁主义。"③ 邓小平指出："对马克思主义的信仰，是中国革命胜利的一种精神动力。"④ 全国解放后，同样是由于对马克思主义的信仰所焕发出的强大精神动力，我军官兵在抗美援朝战争、中苏珍宝岛之战、对印自卫反击战、对越自卫反击战等一系列维护国家主权与领土完整的战争中战无不胜，塑造和捍卫了我军威武之师、胜利之师的良好形象。而我军整体建设水平的不断跃升，也是与广大官兵对马克思主义的信仰以及由此而产生的强大精神动力分不开的。面对世界军事竞争日益激烈的新形势，加快我军建设的战略性转型，同样需要坚定广大官兵对于马克思主义的崇高信仰，以此为全面建成世界一流军队提供不竭动力。

二、共产主义的远大理想

理想是人们对美好未来的向往和追求，是人们关于美好未来的蓝图规划与愿景设计，是人类精神生活的内在需求。理想作为基于实践发展与现实可能的主观能动性的集中表现，引领着人们努力和奋斗的方向，给人们学习、工作、生活以目标和动力。理想的类型和特性千差万别，在众多的理想中，共产主义是人类社会有史以来最为远大崇高的理想。共产主义理想的伟大与高尚之处在于其彻底的人民性，在于作为其理论支撑的马克思主义与生俱来的科学性与实践性。马克思和恩格斯在深刻研究了资本主义社会运行和人类

① ［美］埃德加·斯诺．西行漫记［M］．北京：生活·读书·新知三联书店，1979：131.
② 邓小平文选：第3卷［M］．北京：人民出版社，1993：382.
③ 毛泽东选集：第4卷［M］．2版．北京：人民出版社，1991：1469.
④ 邓小平文选：第3卷［M］．北京：人民出版社，1993：63.

社会发展客观规律的基础上创立了科学社会主义的理论。科学社会主义认为，从原始社会、奴隶社会、封建社会、资本主义社会到社会主义社会和共产主义社会的社会形态的演变，是人类社会基本矛盾运动的必然结果。生产力与生产关系、经济基础与上层建筑之间的矛盾，是人类社会的基本矛盾。在资本主义社会中，这一基本矛盾表现为生产社会化的不断扩大与生产资料私人占有的日益集中之间的矛盾。随着资本主义社会生产力的不断发展及生产社会化程度的不断提高，这一基本矛盾日益尖锐激化。只有推翻资本主义制度，建立社会主义制度和共产主义制度，资本主义社会内部这一无法调和的矛盾才能得到解决。作为代表着先进生产力发展方向的阶级，无产阶级成了资本主义的掘墓人。建立社会主义政权，解放和发展生产力，实现共产主义，是历史赋予无产阶级的神圣使命。正如马克思和恩格斯所言："资产阶级的灭亡和无产阶级的胜利是同样不可避免的。"① 毛泽东指出："共产主义是无产阶级的整个思想体系，同时又是一种新的社会制度，这种思想体系和社会制度，是区别于任何别的思想体系和任何别的社会制度的，是自有人类历史以来，最完全最进步最革命最合理的。"② 应该说，人类社会发展至今，还没有哪一种社会理想能够像共产主义理想那样，批判地吸收了人类文明的一切思想精华，如此完美地表现出了人类追求美好生活的最高境界。也没有哪一种社会理想像共产主义理想那样，能够集中那么多的人为着一个共同的目标而奋斗，并由此带来有史以来世界范围内最为声势浩大的社会变革运动。事实雄辩地证明了共产主义理想的巨大威力，共产主义作为无产阶级的政治理想，理所当然成了革命军人的崇高理想，社会主义与共产主义的理想信念是革命军人的政治灵魂。

马克思和恩格斯指出："共产主义对我们来说不是应当确立的状况，不是现实应当与之相适应的理想。我们所称为共产主义的是那种消灭现存状况的现实的运动。"③ 共产主义的远大理想，本质上是社会历史发展的实践历程，其所导向的不是一个终极的社会体系，而是一个新的人类纪元的开始。对于这一点，我们并不是一直把握得很好的。中华人民共和国成立初期"大跃进"

---

① 马克思恩格斯选集：第1卷［M］. 2版. 北京：人民出版社，1995：284.
② 毛泽东选集：第2卷［M］. 2版. 北京：人民出版社，1991：686.
③ 马克思恩格斯选集：第1卷［M］. 2版. 北京：人民出版社，1995：87.

运动的发生，原因之一就是对于共产主义理想表面化的理解，把共产主义仅仅理解为一种脱离现实社会历史运动的制度形式，殊不知这恰恰违反了马克思主义的唯物辩证的本性。“大跃进”运动的发生，非但没有实现“跑步进入共产主义”的“理想”，相反还使这一目标变得渺茫。理想与现实的强烈反差，不可避免地损害了人们为了实现共产主义而不懈奋斗的精神动力。马克思主义对于现实永远是从它的暂时性方面去理解，即基于对现存事物必然灭亡的理解。把共产主义作为最高理想，并不意味着将共产主义设定为某种终极存在，把它看作在某时某地可以最终完成的东西，如果作这样的理解，则从根本上违背了马克思主义的基本原理和科学精神。对此，恩格斯曾经作过深刻而详尽的论述，他说：“历史同认识一样，永远不会在人类的一种完美的理想状态中最终结束；完美的社会、完美的‘国家’是只有在幻想中才能存在的东西；相反，一切依次更替的历史状态都只是人类社会由低级到高级的无穷发展进程中的暂时阶段。每一个阶段都是必然的，因此，对它发生的那个时代和那些条件说来，都有它存在的理由；但是对它自己内部逐渐发展起来的新的、更高的条件来说，它就变成过时的和没有存在的理由了；它不得不让位于更高的阶段，而这个更高的阶段也要走向衰落与灭亡。”① 作为一种价值追求，共产主义理想是给人们提供强大精神动力和正确价值导向的关于理想社会的美好愿景，它促使人们为之奋斗、矢志追求，并使人在追求的过程中变得崇高和超然，进而促成人的不断发展与社会不断进步的完美统一。由于共产主义理想以全人类的解放为己任，需要经过无数人的共同努力才能实现，这样每个革命军人就会因个人的事业与最大多数人的事业相一致、与最大多数人的福祉相联系而体验到最大的幸福愉悦并由此产生最为强大且无穷的精神动力。马克思指出：“如果一个人只是为自己劳动，他也许能够成为著名学者、大哲人、卓越诗人，然而他永远不能成为完美无疵的伟大人物。历史承认那些为共同目标劳动因而自己变得高尚的人是伟大人物；经验赞美那些为大多数人带来幸福的人是最幸福的人。”② 革命军人只有牢固树立共产主义的远大理想，并以此统摄指导个人的职业理想、生活理想与道德理想，才能做到既志存高远，又脚踏实地。可见，只有把个人的事业生活与人类历

① 马克思恩格斯选集：第4卷［M］. 2版. 北京：人民出版社，1995：216－217.

② 马克思恩格斯全集：第40卷［M］. 北京：人民出版社，1982：7.

史上最壮丽宏伟的解放事业联系在一起，才能为个人的兴趣爱好、聪明才智和个性发展开辟广阔的空间，在促进强军事业发展的同时有效地实现个人价值。

一个世纪以来，世界范围内共产主义运动风起云涌。这当中既有胜利的喜悦，也有失败的惆怅。但总体说来，共产主义在当今社会产生了广泛而深远的影响，极大改变了世界的政治生态，这本身就是一个巨大的胜利。诚然，20 世纪后期苏联解体及东欧剧变的发生，是世界共产主义运动过程中的一个暂时挫折和插曲。应当看到，历史上任何一种制度的最终确立，任何一种新的社会制度对原有社会制度的取代，从来都未曾一帆风顺过。封建制度代替奴隶制度，资本主义制度代替封建制度，都经历了数百年甚至上千年的时间，曲折与反复交织其间。共产主义社会要消灭一切剥削制度，建立人类历史上一个崭新的社会，其艰巨性与复杂性必然会超过历史上任何一种社会制度的变迁，需要经过若干代人的不懈努力，其间出现曲折甚至倒退是不可避免的，这也是人类社会历史发展的正常现象。对此我们需要有一个清醒的认识。而无论历史如何发展，共产主义的最后胜利始终是不以任何人的意志为转移的客观趋势。对于这一点，我们任何时候都要坚信不移。共产主义的远大理想，曾经孕育并激发了革命先辈勇于献身的战斗精神与艰苦奋斗的创业精神，指引着革命军人为了中国革命与建设事业进行前仆后继、艰苦卓绝的斗争，激励他们在血与火、生与死的战场环境中表现出浴血奋战的英雄气概与宁死不屈的革命气节，使得他们在战斗胜利之际不骄不躁，在遭遇挫折之时斗志依然，在威逼利诱之下不为所动，在时势变幻之秋壮心不已。不论是处在枪林弹雨的战争年代，还是位于歌舞升平的和平时期，我军官兵都能始终用共产主义理想激励自己，永葆革命军人的政治本色。邓小平指出："我们马克思主义者过去闹革命，就是为社会主义、共产主义崇高理想而奋斗。"① 共产主义的远大理想，不论过去、现在，还是将来，永远是我军官兵昂首阔步、奋勇向前的强大精神动力。坚定革命军人共产主义的远大理想，是我军永远应该发扬光大的优良传统与着力强化的政治优势。

① 邓小平文选：第 3 卷［M］．北京：人民出版社，1993：116．

三、社会主义的坚定信念

信念是一个人坚信某一思想观念、理论体系的科学性，并以此统摄与指导自己实践活动的心理倾向。信念就其本质而言，是一种人们关于对象的观念。正如休谟所言："一个对象的观念是对于这个对象的信念的一个必需的部分，但并不是它的全部。我们可以想象许多我们并不相信它们的事物。"① 康德认为："可认识得到的东西有三种：意见的事情、事实、信念的东西。"② 由此可见，信念是介于作为主观认知的"意见的事情"与作为客观实在的"事实"之间的东西，即信念是关于主观上确信一定会成为事实的某种对象的观念或意见。信念的确立有两个前提条件：其一是个人对于某一事物必然出现的科学性的认知，其二是在此基础上对于这一认知的坚信不移。正是由于这两点，信念的确立将会成为推动一个人致力于实现该信念所内含的目标愿景的强大精神动力。一个信念坚定的人，就会在挫折面前不退缩，在压力面前不屈服，在诱惑面前不动摇，在威胁面前不变节。信念反映着一个人的精神状态，崇高的信念和追求信念的进取意志，是一个人从事各项工作与活动的力量源泉。社会主义信念就是对于社会主义理论的科学真理性与科学社会主义实践的历史必然性的确信，并将之化为统摄与指导自己实践活动的执着追求。它是对社会主义前途、命运所持的必胜信心，是坚信社会主义必将最后战胜资本主义并为之而不懈奋斗的精神追求。社会主义的坚定信念，既是中国人民的精神动力，更是革命军人精神动力的核心之源。革命军人社会主义的坚定信念，是我军官兵马克思主义的科学世界观、人生观、价值观的集中体现，是革命军人重要的精神支柱。作为革命军人人生观的灵魂，社会主义的坚定信念是在广大官兵深刻认识社会主义科学性的基础上产生的，是激励广大官兵致力于强军事业的精神动力。

社会主义既指社会主义的理论体系，又指社会主义的社会制度，还指为建立社会主义制度和发展社会主义事业而进行的革命与建设实践。社会主义是对资本主义的否定，是批判地吸收了资本主义社会历史遗产并克服了资本

① ［英］休谟．人性论［M］．北京：商务印书馆，1983：112.

② ［德］康德．判断力批判：下卷［M］．北京：商务印书馆，1993：140.

主义的内在弊病而诞生的高于资本主义的新型社会制度与社会形态。科学社会主义作为一种理论、制度与运动，它的诞生与发展并不是一帆风顺的。如果从1516年空想社会主义的提出算起，社会主义作为一种思潮已经有500多年的历史。而如果以1848年《共产党宣言》的发表为标志，社会主义作为一种科学则已经有170多年的历史，此后无数仁人志士怀着对社会主义的信念，掀起了世界范围内持续不断的波澜壮阔的社会主义革命与社会主义建设运动。1871年巴黎公社的成立、1917年十月革命的胜利、1949年社会主义中国的建立以及在此期间一系列社会主义国家如雨后春笋般的相继诞生，有力证明了社会主义作为一种科学理论对于现实革命运动所具有的巨大指导作用。社会主义运动的迅猛发展，增强了人们对于社会主义的坚定信念。作为一种新生事物，社会主义国家的建设与发展没有现成的经验可以借鉴，没有现成的模式可以套用，一切只能靠自己去摸索。而这种摸索就注定了社会主义事业发展的具体实践过程中会不可避免地出现一些失误、挫折，甚至倒退。20世纪80年代末、90年代初，东欧剧变、苏联解体，是社会主义运动在世界范围内所遭遇的严重挫折。一时胜负决于力，千古成败系于理。列宁认为："把世界历史设想成一帆风顺的向前发展，不会有时向后做巨大的跳跃，那是不辩证的，不科学的，在理论上是不正确的。"① 欧洲在资本主义性质的生产关系开始萌芽300多年后，才在尼德兰首先发起了对于封建主义的抗争。此后又经过了300多年的时间，资本主义才真正确立起统治地位。在英国，资产阶级革命过程中斯图亚特王朝的复辟，导致革命首领克伦威尔的尸体从坟墓中被挖出并吊在绞刑架上，曾经在革命中参与过审判国王的人则被以"弑君"之罪施以绞刑，革命形势一度急转直下。封建主义复辟28年之久，直到1688年资产阶级借助荷兰军队政变成功，才真正确立了资产阶级在英国的统治。而法国资产阶级革命从1789年7月14日攻占巴士底狱到1875年通过法兰西第三共和国宪法，历时86年之久，其间战乱频仍，革命与复辟、共和与帝制、进步与反动反复交织。资本主义取代封建主义尚且经历如此多的曲折反复，而社会主义取代资本主义作为人类有史以来最为彻底的一场革命，其艰巨性与复杂性更不待言。社会主义事业的暂时削弱，并不是社会主义本身的问题，恰恰是一些社会主义国家长期背离社会主义本质的结果。邓小平指出：

① 列宁选集：第2卷［M］．2版．北京：人民出版社，1972：851.

"一些国家出现严重曲折，社会主义好像被削弱了，但人民经受锻炼，从中吸取教训，将促使社会主义向着更加健康的方向发展。"[①] 仅仅看到社会主义发展过程中的某些旋涡和逆流而无视历史长河的大趋势，只能证明观察者的理论浅薄与政治短视。当今世界资本主义的新发展及社会主义的新变化，更应使我们认识到社会主义在全世界最终取代资本主义将是一个长期而复杂的历史过程。诚如马克思所说："无论哪一个社会形态，在它所能容纳的全部生产力发挥出来以前，是绝不会灭亡的；而新的更高的生产关系，在它的物质存在条件在旧社会的胎胞里成熟以前，是绝不会出现的。"[②] 社会主义的发展是一个高潮与低潮交替发展的过程。处于高潮时期，人们的信念容易坚定。而当社会主义陷入低潮时期，一些人的信念就会容易动摇甚至丧失。列宁指出："真正的社会主义者遭受严重失败后，既不应当装腔作势，也不应当悲观失望。"[③] 疾风知劲草，板荡识诚臣。判断一个人社会主义信念的坚定与否，主要不在于看其在事业处于高潮时的信念强弱，而在于看其在事业处于低潮时能否信念弥坚。在低潮时能否坚定社会主义信念的关键在于能否透过历史表象准确把握社会历史发展的内在规律。对于社会主义信念科学性的确认，是加强信念建设的关键。正如恩格斯所言："我们有义务科学地论证我们的观点，但是，对我们来说同样重要的是：争取欧洲无产阶级，首先是争取德国无产阶级拥护我们的信念。我们明确了这一点以后，就立即着手工作了。"[④] 政治上的坚定来自理论上的清醒，理想信念的坚定也只有依赖于对科学社会主义一般规律的深刻把握才能真正得以实现。

走社会主义道路是近代以来中国历史发展的客观必然，只有社会主义才能救中国，只有社会主义才能发展中国，这是一百多年来无数仁人志士经过无数次艰辛探索而得出的历史结论，是已经被历史证明了的客观事实，历史必将继续证明中国特色社会主义道路的客观必然性和无比正确性。邓小平指出："我们过去几十年艰苦奋斗，就是靠用坚定的信念把人民团结起来，为人民自己的利益而奋斗。没有这样的信念，就没有凝聚力。没有这样的信念，

---

① 邓小平文选：第3卷［M］. 北京：人民出版社，1993：383.
② 马克思恩格斯选集：第2卷［M］. 2版. 北京：人民出版社，1995：33.
③ 列宁选集：第1卷［M］. 2版. 北京：人民出版社，1972：490.
④ 马克思恩格斯选集：第4卷［M］. 2版. 北京：人民出版社，1995：197.

就没有一切。”① 坚定的社会主义信念，既是革命军人精神动力的核心要素，同时也是我军具有强大感召力与凝聚力的坚实基点。列宁认为：“只有科学社会主义和阶级斗争的学说，才是革命理论，才能作为革命运动的旗帜。”② 他还指出：“从革命理论中能取得一切信念”③。社会主义信念之所以能够成为革命军人的强大精神动力，是因为它反映并代表了中国最广大人民的根本利益。而我军所内在固有的无产阶级人民军队的本质属性，决定了我军官兵与中国最广大人民根本利益的一致性。脱离中国最广大人民的根本利益去谈社会主义的信念建设问题，没有意义。革命战争年代，革命军人的社会主义信念表现为新民主主义革命和社会主义革命必然胜利的信念。而在和平建设时期，革命军人的社会主义信念则表现为社会主义事业一定胜利、共产主义理想一定实现的信念。具体到当代革命军人的实践取向上，这一信念主要表现为广大官兵甘于默默奉献、乐于艰苦奋斗的行为特征。从某种意义上讲，和平建设时期的社会主义信念不比革命年代的社会主义信念更容易确立与维持。究其原因，是因为在社会主义建设时期，广大官兵身处在一个多元化的社会，信念的保持与强化面临的挑战更为多样而复杂。不仅如此，与社会主义革命的任务相比较而言，社会主义建设的任务对革命军人的信念的坚定性要求更高。诚如列宁所言：“这第二个任务比第一个任务更困难，因为解决这个任务绝不能靠一时表现出来的英勇气概，而需要在大量日常工作中表现出来的最持久、最顽强、最难得的英勇精神。”④ 令人欣慰的是，经过我们党的百年奋斗特别是中华人民共和国成立后 70 多年、改革开放 40 多年的奋斗历程，社会主义在中国展现出无限光明的发展前景。正是由于中国特色社会主义道路的成功开辟，使得当代中国日益走进世界舞台的中央，中华民族距离伟大复兴从来没有如此之近。中国特色社会主义实践的巨大成功和辉煌成就，以无可辩驳的历史事实证明了社会主义信念的科学性品格，而这正是当代中国革命军人社会主义理想信念愈发坚定的现实基础。

---

① 马克思恩格斯选集：第 4 卷［M］. 2 版. 北京：人民出版社，1995：197.

② 列宁选集：第 1 卷［M］. 3 版. 北京：人民出版社，1995：143.

③ 列宁全集：第 4 卷［M］. 北京：人民出版社，1958：187.

④ 列宁全集：第 37 卷［M］. 北京：人民出版社，1986：15.

四、爱国主义的深厚情感

“祖国”一词的含义非常丰富，是由多种层面的要素组合而成的一个集合概念，是处于一定社会阶段、一定地理区域内的一个国家的民众赖以生存、繁衍和发展的社会环境资源的统一体。祖国既包括自然层面的名山大川、湖泊田园以及矿产森林等，文化层面的风俗习惯、价值观念、历史传统等，还包括政治层面的代表统治阶级根本利益的国家、军队等上层建筑的机构制度等。列宁指出：祖国就是本国人民借以生存和发展的“政治的、文化的和社会的散件环境”①。而“爱国主义是由于千百年来各自的祖国彼此隔离而形成的一种极其深厚的感情”②。爱国主义是对祖国最深层的爱，这种爱既体现为炽热的感情，也体现为一种道德责任和伦理义务。黑格尔就曾说过：“如果国家本身，它的独立自主，陷于危殆，它的全体公民就有义务响应号召，以捍卫自己的国家。”③ 爱国，就是爱自己的祖国。这种“爱”的情感基础，源于个体在成长过程中形成的一种介于一般情绪与高级社会情感之间依恋性的心理体验，这种体验是个体自出生后就有的天生的努力寻求与他人（起初是母亲）保持亲密关系以此找到归宿与获得保护的心理倾向。马斯洛认为，归属与爱是人的一种基本需要，一定的情感归宿是人得以健康成长的前提与动力，情感依恋是这种需要的具体体现。爱国的情感则是这种依恋性情感的一种强化与升华，是发自内心与祖国母亲荣辱与共、生死相依的一种高级情感。主义，是关于世界、社会、人生等的系统的价值观念与理论主张，是集理想、情感、行为于一体的完整体系。爱国的思想或爱国的行为，更多时候是以具体、零散与感性的形式存在，而爱国主义则是爱国的情感、意志、心理与行为的理性升华，它植根于包括革命军人在内的全体中国人在长期的社会生产实践中孕育而成的对祖国无比忠诚和深深热爱的真挚情感，是浓厚的爱国之情、坚定的报国之志和崇高的爱国之举的有机统一。爱国主义已经内化为革命军人的精神支柱与价值信仰，并转化为当代中国军人军事实践中的强大精

① 列宁全集：第17卷［M］. 北京：人民出版社，1998：170.

② 列宁选集：第3卷［M］. 3版. 北京：人民出版社，1995：579.

③ ［德］黑格尔. 法哲学原理［M］. 北京：商务印书馆，2009：343.

神动力。

在中华民族生生不息、薪火相传的历史长河中，爱国主义的深厚情感从来就是一种巨大的精神力量，一直是维系海内外中华儿女骨肉亲情的精神血脉，是中华儿女民族意识与民族精神的灵魂与核心。作为一种社会意识，爱国主义的深厚情感产生于中华民族形成发展的社会实践，内含于中华文明漫长悠远的传统文化，同时又给予中国社会的历史发展以巨大的影响。每当祖国母亲处于危急存亡之秋、或者中华儿女为国争光添彩时，爱国主义深厚情感的体验就会异常深刻而持久，并转化为一种维护中华民族生存发展与促进祖国统一、富强的无坚不摧的强大力量。五千年来，全体中华儿女无不对生于斯、长于斯的祖国怀有深深的热爱与眷恋之情，祖国的秀美山河、语言文字、风土人情、道德传统等，无一不是海内外中国人爱国主义情感的文化承载与不竭源泉。这种爱国主义的深厚情感是发自内心的民族自尊心、自豪感与报效祖国的历史使命与无上荣光的有机统一。爱国主义是中华民族五千年文明绵延不绝的重要因素，是动员和鼓舞全体中国人团结奋斗的一面旗帜，是推动中国社会历史发展和进步的巨大力量。邓小平指出："中国人民有自己的民族自尊心和自豪感，以热爱祖国、贡献全部力量建设社会主义祖国为最大光荣，以损害社会主义祖国利益、尊严和荣誉为最大耻辱。"① 恩格斯曾对中华民族不甘屈服、誓死抵御外侮的爱国主义精神做过论述，他说："英国政府的海盗政策已引起了一切中国人反对一切外国人的普遍起义，并使这一起义带有绝灭战的性质。"② 爱国主义既是全国各族人民共同的精神支柱，是社会主义现代化建设的强大力量，同时也是革命军人献身军营、建功立业的精神动力，是我军官兵在强军兴军的伟大实践中不畏艰难、矢志不渝的深层动力。

爱国主义是一个历史范畴，在不同的历史阶段因国家处于不同的发展阶段与面临着不同的时代主题而有不同的历史意义与具体内涵。毛泽东指出："爱国主义的具体内容，看在什么样的历史条件之下来决定。"③ 先秦时期的爱国主义主要是围绕着建立统一的多民族国家、奠定中华民族作为一个统一

① 邓小平文选：第3卷［M］. 北京：人民出版社，1993：3.

② 马克思恩格斯全集：第12卷［M］. 北京：人民出版社，1962：232.

③ 毛泽东选集：第2卷［M］. 2版. 北京：人民出版社，1991：520.

民族国家的生活基础（居住地域、经济环境、文化观念、历史传统等）而展开的一系列朴素的民族情感交融活动与文化聚合实践，屈原投江自尽、荆轲刺秦王则是这一时期爱国主义精神的典型表现。此后古代中国的爱国主义是各民族在共同居住的大一统国度里，在相互融合交流的过程中产生并发展起来的带有一定乡土情绪与民族情感特色的爱国主义，它集中表现为世世代代居住于中华大地上各民族为了各自的生存与发展抵抗外来侵略并维护中华民族统一与发展的历史。中华民族自古以来就是一个多民族融合发展、团结御侮的共同体，民族团结与统一、融合，始终是历史的主流。鸦片战争以来近代爱国主义的发展实践，是中华儿女在国家处在内忧外患、风雨飘摇之际，奋起维护民族独立与解放的历史，主要表现为爱国志士为了国家独立富强与人民翻身解放而开展的反对帝国主义、封建主义和官僚资本主义的救亡图存的风起云涌的革命运动。太平天国运动、洋务运动、戊戌变法、义和团运动、辛亥革命、五四运动代表着中国共产党成立以前爱国主义运动的高峰。我们党成立之后团结带领全国各族人民胜利完成新民主主义革命、建立社会主义新中国的历史壮举则将中华民族的爱国主义实践推向了一个新的高度。在现阶段，爱国主义主要表现为致力并献身于建设中国特色社会主义、致力并献身于促进祖国统一的事业。邓小平指出：“为社会主义中国的前途而奋斗是当代青年的最崇高的使命和荣誉”①。革命军人的爱国主义情怀一旦受到激发，将会比常人表现得更为激昂与有力。这种爱国主义情感产生的一个重要前提，则是革命军人意识到自己是为人民扛枪、为人民打仗，意识到自己从事的是一项崇高而正义的事业。可见，爱国主义精神就是革命军人奋不顾身、英勇战斗的动力源泉。在战争时期，爱国主义所具有的强大精神动力能否有效激发，关键在于战争是否具有正义性。毛泽东指出：“我们的口号是：武装保卫平津华北！为保卫国土流最后一滴血！”② “为保卫祖国流最后一滴血。”③ 正是因为革命军人始终坚持在党的旗帜下战斗，始终坚持为人民而战，因而能够极大地发挥爱国主义对于官兵战斗精神生成的促进作用，为革命军人在历次革命战争中不畏强敌、敢打必胜提供源源不断的精神力量。

---

① 邓小平文选：第2卷［M］. 2版. 北京：人民出版社，1994：255.

② 毛泽东选集：第2卷［M］. 2版. 北京：人民出版社，1991：344.

③ 毛泽东选集：第2卷［M］. 2版. 北京：人民出版社，1991：357.

五、为人民服务的世界观

为人民服务的世界观，是革命军人精神动力的重要源泉。服务作为一个理论命题，以信服、服从为前提，一方面是内心的信服，另一方面则是对自己所信服对象的默默奉献。服务不仅仅是诸如“与人方便”之类的“举手之劳”，而是内含为谁活着、为谁服务、为谁献身的意蕴，是一个与人的世界观紧密相关的问题。毛泽东早就指出：“为什么人的问题，是一个根本的问题、原则的问题。”① 邓小平认为：“世界观的重要表现是为谁服务。”② 世界观作为一个人对世界的基本看法和态度，位于一个人精神世界的核心层面，决定了人的基本生活方式、人生追求及价值理想。有什么样的世界观，就会有什么样的人生观和价值观。世界观作为人的思想与行为的总开关，决定人生活的方方面面。有了为人民服务的世界观，才会有为了人民的解放及福祉甘于吃苦、乐于奉献的自觉行动。毛泽东认为：“我们的责任，是向人民负责。每句话，每个行动，每项政策，都要适合人民的利益。”③ 我军官兵在不同历史时期所表现出的奋不顾身的英雄气概与艰苦奋斗的人生境界见证了为人民服务的世界观对于我军官兵思想与行为的主导作用。为人民服务的世界观的理论概括和实践升华，是我党我军对马克思主义世界观理论的重大贡献。它所包含的彻底、全面、全心全意为人民服务的思想是对包括革命军人在内的一切社会主义社会先进分子的根本要求。为人民服务世界观的产生，奠基于对人民群众是历史发展根本动力的科学认识。毛泽东说：“人民，只有人民，才是创造世界历史的动力。”④ 习近平总书记指出：“人民是历史的创造者，群众是真正的英雄。”⑤ 承认并肯定人民群众在人类社会历史发展中的决定性作用，是马克思主义唯物史观的核心内涵。《尚书·五子之歌》说：“民可近，不可下；民为邦本，本固邦宁。”孟子认为：“民为贵，社稷次之，君为轻，

---

① 毛泽东选集：第3卷［M］. 2版. 北京：人民出版社，1991：857.
② 邓小平文选：第2卷［M］. 2版. 北京：人民出版社，1994：49.
③ 毛泽东选集：第4卷［M］. 2版. 北京：人民出版社，1991：1128.
④ 毛泽东选集：第3卷［M］. 2版. 北京：人民出版社，1991：1031.
⑤ 习近平谈治国理政：第1卷［M］. 2版. 北京：外文出版社，2018：5.

是故得乎丘民而为天子。”[①] 荀子则认为：“君者，舟者；庶人者，水也；水则载舟，水则覆舟。”[②] 管仲也认为：“政之所兴，在顺民心；政之所废，在逆民心。”[③] 尽管这些论述或多或少带有阶级与时代的局限性，但对于我们今天树立为人民服务的世界观仍然有一定启发意义。马克思主义以前的旧哲学，要么无视人民群众在创造社会历史中的主要作用，而只看到个别杰出人物的重要作用，殊不知，杰出人物如果离开了广大人民群众的坚实后盾，就将一事无成；要么只承认上帝或绝对意志的所谓作用，而无视人的主观能动作用，不把人民当作创造历史的真正英雄来看待。群众史观不仅仅是一种对世界特别是对人类历史的唯物主义解释，更是对以往神灵创造世界的有神论的坚决否定，是对帝王将相、英雄才子创造历史的唯心史论的无情摒弃。为人民服务世界观的提出，标志着具有中国特色、中国气派、中国风格的共产党人和革命军人世界观的诞生。为人民服务的世界观是在批判地继承和吸取了人类历史上各种进步世界观的优秀成果的基础上产生的，是世界观历史上的伟大变革，因其与最广大人民根本利益紧密相连而成为人类历史上最先进、最科学、最革命的世界观，具有不可战胜的强大生命力。为人民服务世界观的诞生，必将极大地激发人的活力与创造性，加速人类社会的发展历程。我军发展壮大的光辉历程已经并将继续对此给予证明。

人民是一个历史范畴，在不同的历史阶段有不同的含义。从孔子以“仁”为基础的养民、恤民、恩民、富民的社会政治理想，到孙中山提出的“天下为公”的民本思想，再到西方文艺复兴时期的人本主义思潮，都可以说是为人民服务思想的萌芽。囿于时代及阶级的局限性，马克思主义产生以前的一切“民本”“人本”思想中的“人民”与我们今天通常意义上的“人民”的含义有很大的不同，有时甚至是背道而驰的。中国古代的先贤孟轲曾将“人民”与“土地”“政事”归结为“诸侯之宝”，这里的“人民”指“众庶”。古希腊较早使用“人民”一词的是色诺芬尼以及之后的柏拉图和亚里士多德，他们笔下的“人民”指“自由民”，以平民为主，不包括贵族、奴隶主和奴隶。到了资本主义社会，“人民”一词则被资产阶级用来大做文章。如1787

① （战国）孟轲，等，《孟子·尽心章句下》。
② （战国）荀况，《荀子·王制》。
③ （春秋）管仲，等，《管子·牧民》。

年美国宪法就有“人民”的提法，法国大革命时期马拉就办了一份《人民之友》的报刊。这里的“人民”主要指社会中日渐处于上升阶段的资产阶级或者包括资产阶级在内的社会民众。例如，对于威廉·李卜克内西提出的“人民国家”，马克思就认为：“那完全是用来反对《共产党宣言》等的一种胡说。”① 恩格斯也说：“无政府主义者用‘人民国家’这个名词把我们挖苦得很够了。”② 列宁对此做出了解释：“马克思和恩格斯为自己的德国朋友的这种明显的错误感到羞愧。”③ 在俄国同样有类似的情况的发生。无论是先前的自命为人民的精粹的民粹派，还是以真正“人民之友”的表述者自居的米海洛夫斯基等人，其实他们都是无产阶级政党的凶恶的敌人。基于此，革命导师不得不对“人民”一词的使用持一种特别审慎的态度，并对此予以必要的澄清。1847 年马克思在《〈莱茵观察家〉的共产主义》中认为“人民”一词是个“过于一般的含混的概念”，想“用个更确切的概念来代替”④。当论及“对国王来说，一切政治因素中最危险的是人民”时，他明确指出：“真正的人民即无产者、小农和城市贫民。”⑤ 现阶段，就我国而言，人民主要指工人、农民、知识分子、一切拥护社会主义的爱国者和一切拥护祖国统一的爱国者。

马克思和恩格斯在《共产党宣言》中指出：“过去的一切运动都是少数人的或者为少数人谋利益的运动。无产阶级的运动是绝大多数人的、为绝大多数人谋利益的独立的运动。”⑥ 列宁在谈到党的出版物应遵循的方针时，指出无产阶级写作“不是为饱食终日的贵妇人服务，不是为百无聊赖、胖得发愁的‘一万个上层分子’服务，而是为千千万万劳动人民，为这些国家的精华、国家的力量、国家的未来服务”⑦。无产阶级政党的阶级属性决定了我们党全心全意为人民服务的宗旨。1944 年毛泽东在《为人民服务》中开宗明义地指出：“我们的共产党和共产党所领导的八路军、新四军，是革命的队伍。我们

---

① 马克思恩格斯选集：第 3 卷 [M]. 2 版. 北京：人民出版社，1995：291.

② 马克思恩格斯选集：第 3 卷 [M]. 2 版. 北京：人民出版社，1995：324.

③ 列宁全集：第 31 卷 [M]. 北京：人民出版社，1985：155.

④ 马克思恩格斯全集：第 4 卷 [M]. 北京：人民出版社，1958：210.

⑤ 马克思恩格斯全集：第 4 卷 [M]. 北京：人民出版社，1958：220.

⑥ 马克思恩格斯选集：第 1 卷 [M]. 2 版. 北京：人民出版社，1995：283.

⑦ 列宁选集：第 1 卷 [M]. 3 版. 北京：人民出版社，1995：666.

这个队伍完全是为着解放人民的，是彻底地为人民的利益工作的。”① 我军是我党一手缔造与绝对领导的武装力量，始终致力于维护捍卫中国最广大人民的根本利益。这既是我军成长壮大的重要法宝，同时也是我军不辱使命的政治前提。我军来自人民，为人民服务是我军的性质使然。“紧紧地和中国人民站在一起，全心全意地为中国人民服务，就是这个军队的唯一的宗旨。”② 我军历来把为人民服务作为根本的价值取向，将坚定广大官兵为人民服务的世界观作为加强军队建设的一项基础工程来抓。强化革命军人为人民服务的世界观，既是我军官兵战胜艰难险阻、不怕流血牺牲的重要因素，也是我军在敌强我弱的形势下能够爆发出强大战斗力、实现以劣胜优的重要前提。正如毛泽东所言：“真正的铜墙铁壁是什么？是群众，是千百万真心实意拥护革命的群众。这是真正的铜墙铁壁，什么力量也打不破的，完全打不破的。反革命打不破我们，我们却要打破反革命。”③ “军民团结如一人，试看天下谁能敌”，深刻揭示了为人民服务的世界观作为一种强大的精神动力对于中国革命及我军建设的巨大促进作用。为人民服务作为一种世界观，在不同的历史时期，具有不同的内涵。革命战争年代，为人民服务主要体现为：为了中国人民的解放事业，浴血奋战。而在和平建设年代，则表现为：积极投身于强军兴军的伟大实践，为中国特色社会主义事业及人民群众的幸福美好生活提供坚不可摧的安全保障。当前，面对世界百年未有之大变局加速演变、部队备战打仗任务繁重紧迫的新形势，更加需要牢固树立官兵为人民服务的世界观，树立牢牢依靠人民、一切为了人民的思想，站稳人民立场，强化特有政治优势，把人民群众这个战争胜利最深厚的伟力发掘出来，生成并释放战胜一切艰难险阻和强敌对手的洪荒之力。

---

① 毛泽东选集：第3卷［M］. 2版. 北京：人民出版社，1991：1004.
② 毛泽东选集：第3卷［M］. 2版. 北京：人民出版社，1991：1039.
③ 毛泽东选集：第1卷［M］. 2版. 北京：人民出版社，1991：139.

第四章 革命军人精神动力的实践表征

人们对于革命军人精神动力的把握，最直接、最大量的还是要通过对革命军人精神动力在军人军事社会实践中的具体表现来感知与体会的。研究革命军人的精神动力，既需要我们深入了解革命军人精神动力的本质内涵，同时也需要我们研究革命军人精神动力在军事生活实践中的具体表现。革命军人精神动力归根到底是一种蕴藏于人的精神深处的驱动力量，尽管看不见、摸不着，却以一定的形式表现于人的工作、生活及训练、作战等各方面和诸领域。对这一精神力量的理解和把握，可以精神动力实践表征的研究为有效抓手，在一个更为直观、形象的层面上认知和审视精神动力，从革命军人的外在行为、工作状态、训练态度、战斗作风等方面分析其端倪和脉络，研析其运行特点和生成机理，前瞻其开发路线和发展趋势，以此深化革命军人精神动力的研究。

一、忘我工作的人生境界

对祖国及人民怀有深厚而炽热的爱的情感，是革命军人的深层精神动力。这种情感转化到工作中的一个重要表现就是忘我。忘我是一种人生境界，是由于精神动力极其强大而对所从事的工作极度投入的一种状态，是与马克思主义政治信仰和共产主义远大理想相联系的一种精神状态，是革命军人精神动力在军人军事社会生活实践中的重要表现。“忘我”不是“无我”，不是丧失自我，而是扬弃了世俗生活的功名利禄之心，更多的是一腔对祖国、人民的热爱之情及对共产主义与社会主义的坚定信念，由此展示出的则是对强军兴军事业的全身心投入。“忘我”是自我实现的一种境界，是马斯洛所论及的全面发展程度较高的健康人格的重要特征。人的全面发展程度大小与精神动力的强弱有着密切关系，由于革命军人精神动力指向的先进性、效果的持久性及作用的深刻性，其在工作中表现出全面发展程度较高的健康人格所具有的忘我境界具有一定的必然性。我军不少官兵为了强军事业废寝忘食、殚精竭虑就是例证，他们工作的目的在于推动军队发展与社会进步，而非为了一己私利和感官享受。我党我军早期的领导人瞿秋白，在赴俄两年的考察当中，面临着生活上的诸多困难，经受着危及生命的病魔困扰，依然按照计划不停地考察采访及夜以继日地学习。正如他自己所言："我一天不读，一天不'想'，就心上不舒泰，——不能不工作，要工作。"① 这是何等的"忘我"！而这种工作上的"忘我"是与他对马克思主义的信仰及对中国革命的必胜信念分不开的，是强大精神动力在中国革命事业中的突出表现。老子认为："吾所以有大患者，为吾有身。"② 由此可见，对于一般人来说，想要在工作中达到忘我的境界不是一件容易的事，这当中的原因固然有如先哲们所说的个体的七情六欲的存在，但深层次原因是不能把个人的人生价值与祖国、民族及人民的利益联系在一起，对个人利益看得过重，因而患得患失，在这样的一种思想指导下，想要做到"忘我"谈何容易？

自我是一个人对自己的认识和态度，它既包括对自己生理、心理状况的认识和态度，同时也包括对自己与他人及社会关系的认识和态度。自我意识的表现形式有自我观察、自我评价、自我体验、自我监督和控制等。一般而言，健康人格的成长、形成会经历无我、求我、忘我的三个发展阶段。童年时期，个体虽然伴随生命的成长不断学到知识与技能，主体意识逐步增强，但由于个体还不能对自己进行有效的自我评价、自我监督与自我控制，因此，这个时期是人格的无我时期。童年的无我时期对于儿童的成长具有重要意义。无我的存在，使得儿童在成长过程中不易受到伤害，有利于个体自发地、全神贯注地探索客观世界，为青春期人格的统整奠定坚实的心理基础。青春期是一个人成长的"心理断乳期"，个体随着生理的逐步发育成熟产生成人意识，要求得到相应的尊重。这一时期个体反省思维的出现，加之面临朋友、理想、职业等迫切需要解决的社会问题，要求进行自我分析与评价，进而正视自我、发展自我。个体青春期如果没有"求我"意识，虽然看似无忧无虑，却很容易"成为一个因循守旧的人，成为他自己的技术和可能利用他的技术

---

① 瞿秋白文集［M］. 北京：人民文学出版社，1985：182.

② （春秋）李耳，《老子·第十三章》。

的那些人的毫无思想的奴仆”①。忘我是成年期健康人格的基本特征，对此，不同流派的许多心理学家都持有相类似的观点。比如，奥尔波特认为“成熟者”会“主动地、直接地将自己推延到自身以外的兴趣和活动之中，有各种技能，能专注于工作，并对任何人都有温暖、理解和亲密的意义”②。威克多·弗兰克尔则称具有健康人格的人为“自我超脱者”，认为要成为健康的人，“我们必须超脱自我，必须超出对自我的专注，同某个人、某种理想或某种工作联系在一起”③。马斯洛则将具有健康人格的人称为“自我实现者”，认为“自我实现者”能以自身以外的问题为中心，而不是以自我为中心；他们都有令自己专注和着迷的工作，都有同人类共祸福的意识④。忘我对于成人的人生境界的提升及工作事业的发展有着重要的意义。成人如果过分关注自我，就会因为自我封闭导致社会交往、社会关系匮乏而丧失自我，就会由于不能全身心地从事创造性的工作而失去生活的目标与意义，就会由于缺乏人际互动与自我反省而陷入人格分裂。忘我与无我的共同点是专注于外部世界，不同点则是自觉与自发的区别。忘我是人的全面发展过程中的一种积极向上的状态，是人的内在潜能的有效激发，是人的本质力量的充分显现。正如康德所言：“它经历着一个瞬间的生命力的阻滞，而立刻继之以生命力的因而更加强烈地喷射。”其意义在于，“他们提高了我们的精神力量越过平常的尺度，而让我们在内心里发现另一种类的抵抗能力，这赋予我们勇气来和自然界的全能威力的假象较量一下”⑤。康德的这句话也表明忘我源于精神动力，而忘我境界的实现则可反过来增强精神的力量，二者的相互作用共同促进人的全面发展。

忘我既是人的全面发展程度的重要标志，同时也是促进人的全面发展的必要条件，是革命军人精神动力特有的致力于实现及维护国家、民族及中国最广大人民根本利益的本质特征在军事生活实践中的必然表现。马克思认为，自我意识作为一种意志力量必然要在与外部世界发生关系的过程中变为实践的力量，他说：“一个本身自由的理论精神变成实践的力量，并且作为一种意

① ［美］赫根汉．人格心理学导论［M］．海口：海南人民出版社，1986：161.
② ［美］达阿尼·P．舒尔兹．心理学应用［M］．南宁：广西人民出版社，1987：129.
③ ［美］达阿尼·P．舒尔兹．心理学应用［M］．南宁：广西人民出版社，1987：137.
④ ［美］达阿尼·P．舒尔兹．心理学应用［M］．南宁：广西人民出版社，1987：131.
⑤ ［德］康德．判断力批判：上卷［M］．北京：商务印书馆，1964：84.

志走出阿门塞斯的阴影王国，转而面向那存在于理论精神之外的世俗的现实。”① 革命军人精神动力的深层来源是就信仰层面而言的，马克思主义作为人类历史上迄今为止最为先进的一种理论，使得革命军人的终极需求得以满足、生命家园得以栖息。终极信仰的问题解决之后，个人的生命因为与历史发展及人类福祉相联系而得到拓展与升华，这种精神动力表现在社会实践活动中即是“忘我”的工作状态。“忘我”不是失去自我，恰恰相反，唯有“忘我”，才能找寻到真正的自我。“忘我”产生于“自我”，又超越于“自我”，二者是人的全面发展进程中的不同存在状态与实践方式，统一于主体认识世界、改造世界的物质生活实践之中。军人的“自我”意识是军人对自己及与周围世界关系的认识与评价，是军人一切军事社会实践活动的基础。正如军人个体价值的实现离不开军人社会价值的实现一样，军人“自我”真正意义上的形成与发展也离不开“为他”（为了国家、民族及中国最广大人民的根本利益）与“忘我”（不斤斤计较于个人的利益得失、进退荣辱）意识的存在。革命军人作为当代中国践行社会主义核心价值观的先进群体之一，正是由于始终怀有矢志维护祖国和人民根本利益的精神动力，才能够全身心地投入强军兴军的伟大事业，在“忘我”工作的过程中发展“自我”、实现“自我”。

二、艰苦奋斗的生存状态

艰苦奋斗是指革命军人在强军兴军进程中坚韧不拔、迎难而上、顽强拼搏、奋发向上的精神风貌，这是一种不怕吃苦、不怕牺牲、为了理想不懈奋斗的精神追求。毛泽东曾经就政治引领与艰苦奋斗的辩证关系做过深刻的阐述，他说：“没有坚定正确的政治方向，就不能激发艰苦奋斗的工作作风；没有艰苦奋斗的工作作风，也就不能执行坚定正确的政治方向。”② 艰苦奋斗既表现为艰苦朴素、克勤克俭的生活作风，同时又表现为不畏艰险、奋勇拼搏的工作状态，而不仅仅指称传统意义上的“出大力、流大汗”。艰苦奋斗是一个历史范畴，在不同的时期表现为不同的内容与形式。“历览前贤国与家，成

---

① 马克思恩格斯全集：第40卷［M］. 北京：人民出版社，1982：258.

② 毛泽东著作专题摘编：下［M］. 北京：中央文献出版社，2003：2133.

由勤俭败由奢。”① 中华民族历来以“刻苦耐劳著称于世”②，时代的发展、社会的进步、军队建设的不断推进，需要我们赋予艰苦奋斗以新的内涵。革命战争年代，艰苦奋斗的精神集中表现为为了祖国及人民的利益，殚精竭虑、鞠躬尽瘁，英勇战斗、不屈不挠。中华人民共和国成立初期，国家各方面百废待举，军队建设面临着投入严重不足的窘境，在这种情况下，艰苦奋斗主要表现为全军官兵的节衣缩食，尽量以最少的钱办更多的事。“新三年、旧三年、缝缝补补又三年”，既是对当时军队建设物资严重匮乏的生动描述，也是对我军官兵艰苦奋斗精神的深刻描画。

经过70余年的建设，我国经济社会各方面都已经发生了翻天覆地的变化，军队建设也取得了长足的进展，人民生活水平有了很大的提高，我国正在迈入全面建设社会主义现代化的新的历史时期，军队正在全力以赴致力于信息化、智能化军队的建设。在这样的历史条件下，艰苦奋斗是否还有必要?要回答这个问题，我们还是先来简单分析一下生产与消费的关系。众所周知，生产与消费是社会再生产过程中的重要环节，二者相辅相成，是辩证统一的关系。一方面，生产是整个经济活动居于主导与支配地位作用的因素，对消费起着决定作用。生产为消费提供对象、创造方式、提供需求。另一方面，消费对生产具有反作用，为生产提出新的社会需求，开拓新的市场，促进生产的进一步扩大与发展。没有消费，生产也就失去了存在的价值。生产的支配性决定了革命军人任何时候都需要坚持艰苦奋斗，不断增加生产积累，为推进强军事业奠定坚实物质基础。而消费的不可或缺又决定了我们现今坚持艰苦奋斗并不是要求广大官兵不要消费，而是要在国家经济实力许可之下合理消费。艰苦奋斗与合理消费二者并不矛盾。艰苦奋斗是为了国家及军队事业的发展、人民生活水平的提升及社会生产的可持续发展，艰苦奋斗不是不要消费，而是不要超越现实客观物质条件之上的超量消费与提前消费。因此，坚持艰苦奋斗要旗帜鲜明地反对两种错误倾向。一是只讲艰苦，不讲消费，把合理消费冠以“资产阶级的腐朽奢靡生活方式”而加以排斥；二是高消费。超越生产力发展水平的过度消费及超量消费不但是强军事业发展的绊脚石，而且是个人主义、享乐主义以及极端利己主义的重要表现。许多人对现在还

① （唐）李商隐，《咏史二首·其二》。

② 毛泽东选集：第2卷［M］．2版．北京：人民出版社，1991：623.

要不要坚持艰苦奋斗产生了疑问，归根到底是对艰苦奋斗做了肤浅甚至片面的理解，把艰苦奋斗视为勒紧肚皮过苦日子，把正当的消费视为无端的消费。把艰苦奋斗与吃差的、穿破的、不能有丝毫个人享受的生活方式简单等同，这显然是对艰苦奋斗精神的严重歪曲，是与我们所处时代格格不入的。当前，我国正在加快推进经济结构升级转型，促进消费是实现这一转型的重要条件。众所周知，投资、消费、出口是经济发展的三驾马车，由投资和出口拉动转变为基于消费需求的拉动，是实现我国经济发展转型升级的重要标志。2018年9月20日《中共中央国务院关于完善促进消费体制机制进一步激发居民消费潜力的若干意见》就指出，消费是最终需求，既是生产的最终目的和动力，也是人民对美好生活需要的直接体现①。对此，马克思指出："没有生产，就没有消费；但是，没有消费，也就没有生产，因为如果没有消费，生产就没有目的。"② 显然，我们所讲的艰苦奋斗，不是否定合理的物质利益，鼓励人们去过清教徒式、苦行僧式的生活，而是要大力提倡艰苦奋斗、自强不息的精神，教育官兵始终保持奋发向上的精神状态、永葆革命军人的政治本色。

艰苦奋斗是中华民族的传统美德，千百年来，无数中华儿女一直身体力行艰苦奋斗的优良品质，刻苦耐劳，自强不息，使得华夏文化能够传承千载而日益生机勃兴，中华民族历尽沧桑巨变而越发活力四射。这种艰苦奋斗精神，既表现在先辈们认识自然、改造自然的伟大实践中，同时也表现在推翻旧政权、建设新社会的革命运动中。而不论认识自然、改造自然的良好动机，还是推翻旧制度、建设新社会的美好理想，本身都是历代中华儿女艰苦奋斗的精神动力之源。如果没有改善自然环境、推翻腐朽制度、反抗外来侵略、推进社会历史发展的理想追求，就不会有无数英雄儿女致力于国家富强、民族振兴而艰苦奋斗的动人事迹。历史上"大禹治水，三过其门而不入""班超为与西域通合，固守西域三十载""诸葛亮辅佐刘备，鞠躬尽瘁、死而后已"的感人故事家喻户晓，成为中国历史上艰苦奋斗的典范。艰苦奋斗作为中国历代仁人志士为国奉献精神动力的重要表现已经深深积淀为中国传统文化的重要内核。《尚书·大禹谟》就说："罔游于逸，罔淫于乐。"《尚书·君陈》

---

① 中共中央关于完善促进消费体制机制进一步激发居民消费潜力的若干意见［N］. 人民日报，2018-9-21.

② 马克思恩格斯选集：第2卷［M］. 2版. 北京：人民出版社，1995：9.

又说："唯日孜孜，无敢逸豫。"《左传·宣公十二年》则说："民生在勤，勤则不匮。"欧阳修认为："忧劳可以兴国，逸豫可以亡身。"① 老百姓更是把艰苦奋斗作为衡量与规范日常生活的价值准则，他们认为："一粥一饭，当思来之不易；半丝半缕，恒念物力维艰。"② 朱熹则提出："不奋发，则心日颓靡；不检束，则心日恣肆。"表明了人生于世应当始终保持自我加压、奋发有为的精神状态。我军作为我党绝对领导下的人民军队，其所表现出来的艰苦奋斗的工作状态较之历史上任何一种艰苦奋斗精神有着更为深刻的内涵，是对以往艰苦奋斗精神的批判继承与科学扬弃。艰苦奋斗是无产阶级的世界观、人生观与价值观在军队建设及战争实践中的集中体现，是革命军人精神动力在军事生活实践中的具体表现，是我军官兵为了国家、民族及人民的根本利益而奋发进取的一种精神状态与工作作风。从井冈山"朱德的扁担"的感人故事，到长征"啃树皮、吃野菜"的艰辛历程，从延安军民的"自己动手、丰衣足食"的战斗口号，到中华人民共和国成立后"'两弹一星'精神"与"南沙精神"的鲜明提出，无不反映出我军官兵为了祖国及人民的利益而艰苦奋斗的政治本色。习近平总书记指出："不论我们国家发展到什么水平，不论人民生活改善到什么地步，艰苦奋斗、勤俭节约的思想永远不能丢。艰苦奋斗、勤俭节约，不仅是我们一路走来、发展壮大的重要保证，也是我们继往开来、再创辉煌的重要保证。"③ 艰难困苦，玉汝于成。我党我军革命和建设事业的成功实践，证明了艰苦奋斗对于军队建设改革与发展的重要作用。当前，尽管我国综合国力和国际地位显著提升，我国日益走近世界舞台中央，但我国作为发展中国家的基本国情没有变，处于并将长期处于社会主义初级阶段的历史方位没有变，实现中华民族伟大复兴直面各种重大困难、重大挑战、重大风险、重大考验的严峻形势没有变，加之我军在军事现代化诸方面与军事强国存在明显差距，在这样一个时代背景之下，只有始终坚定不移加强革命军人的理想信念教育，进一步激发革命军人爱军习武、爱国奉献的精神动力，在此基础上继承和发扬我军艰苦奋斗的优良传统与工作作风，坚持

---

① （北宋）欧阳修，《新五代史·伶官传序》。

② （清）朱柏庐，《朱子家训》。

③ 习近平在参加内蒙古代表团审议时强调：保持加强生态文明建设的战略定力，守护好祖国北疆这道亮丽风景线［N］．人民日报，2019－3－6（1）．

勤俭建军、实干兴军，才能抓住机遇，乘势而上，加快我军向世界一流军队挺进的历史进程。

三、牺牲奉献的优良作风

爱国奉献是革命军人内在固有的精神特质和道德品质，同时也是我军思想政治教育的重要主题。“爱国”才能“奉献”。“爱国”是因，“奉献”是果。“爱国”是精神动力，“奉献”是实践表征。黑格尔就曾说过：“军人等级是负责保卫国家的普遍性的等级，它有义务使在它本身中自在的理想性达到实存，即有义务牺牲自己。”① 这表明，为国牺牲奉献是军人将人生价值与国家命运紧密相连的集中体现，是军人生命价值的最高实现形式。奉献是革命军人精神动力在军事生活实践中的具体表现，是我军特有政治优势的集中体现。邓小平指出：“一切有革命觉悟的先进分子必要时都应当牺牲自己的利益。”② 革命军人作为社会中比较先进的一个群体，理应在实践中以奉献作为自己的人生追求与工作志趣。奉献就是个人为他人、集体或社会让渡自己的利益、贡献自己的劳动与服务。我军官兵历来以牺牲奉献作为自己的行为准则与人生追求，一部人民军队成长壮大的历史，就是一部当代中国军人立志从戎、献身国防的光辉历史。社会是个人求得生存与谋取发展的基本前提，离开了社会，人将不成其为人。人之所以区别于动物，就在于人是社会的人。诚然，人与人之间在出身、种族、职业、宗教信仰、文化程度等方面各有不同，但有一点却是相同的，这就是：他们的精神世界都积淀和凝聚着社会的要求与理想。一个真正符合人的本质的人，必然是一个富于社会责任感、具有强烈奉献精神的人。无产阶级作为人类历史上最为大公无私的阶级和先进生产力的代表，其政党所领导的军队及军人必然更加符合人之为人的内在本质，因而无产阶级革命军人也必然具备更强的奉献精神。全心全意地为人民服务是我们党的宗旨，同时也是我们这支军队的优良传统与价值理想，无论是革命战争年代的张思德，还是和平建设时期的雷锋；无论是1949年前“三大纪律、八项注意”的提出，还是1949年后我军官兵始终冲锋陷阵于捍卫人

① ［德］黑格尔. 法哲学原理［M］. 北京：商务印书馆，2009：343－344.

② 邓小平文选：第2卷［M］. 2版. 北京：人民出版社，1994：337.

民群众生命财产安全的第一线，这些都充分展示出我军坚持人民利益至上的政治本色。我军在各个不同的历史时期尽管面临的任务有异、使命不同，但对于为人民服务根本宗旨的全力践行却未曾有过丝毫的疏忽与懈怠。《中国共产党章程》明确规定：共产党员必须“坚持党和人民的利益高于一切，个人利益服从党和人民的利益，吃苦在前，享受在后，克己奉公，多做贡献”。党员的入党誓词也明确提出：“为共产主义奋斗终生，随时准备为党和人民牺牲一切，永不叛党。”可见，奉献对于我们党来说，不是可有可无的事，而是内在本质，是每个党员必须遵循的行为规范。党旗所指，军旗所向。党的意志指示就是我军的行为指向。我军作为我党一手缔造和绝对领导的武装力量，为民扛枪、为民打仗是我军的根本政治属性。战争是流血的政治，要打仗就必然会有牺牲。因此，就革命军人而言，这样一种奉献精神之所以崇高，就在于其为了人民利益不畏艰险、勇往直前，甚至不惜献出自己的宝贵生命。历史上无数革命先烈在战场上奋不顾身、血洒疆场，就是我军官兵牺牲奉献精神的集中展现和实践升华。

“不以一己之利为利，而使天下受其利；不以一己之害为害，而使天下释其害。”① 牺牲奉献就是一种纯粹的利他主义精神，是为了社会的进步和人类的幸福而不惜牺牲个人利益的高尚行为，是革命军人共产主义道德观的具体体现。个人发展与社会进步的内在统一性，是无私奉献的道德行为存在的逻辑前提。人既是社会发展的目的，同时又是社会发展的原因。说人是目的，是因为社会发展的成果最终都要通过全体人的物质文化生活水平的提高来加以体现，社会发展必须坚持以人为本，讲的就是这个意思。说人是原因，是因为社会的发展进步最终要通过每个人的物质生产实践活动来加以实现，需要人们发扬奉献精神。奉献大于索取，是社会再生产得以继续、社会得以向前发展的基本前提。个人发展与社会进步的内在统一性，是牺牲奉献的道德行为存在的逻辑前提。社会的发展，始终需要个体牺牲自己的一定利益来推动与促进，“在人类，也像动植物界一样，种族的利益总是靠牺牲个体的利益为自己开辟道路的”②。奉献既是社会发展的前提，又是个人发展的条件，二者的统一在于个体根本利益与社会整体利益的一致性。革命军人的个人发展

① （清）黄宗羲，《原君》。

② 马克思恩格斯全集：第26卷Ⅰ［M］．北京：人民出版社，1974：125.

与军队建设发展的内在一致性，决定了革命军人天生具有牺牲奉献的人生特质。恩格斯说："当一个人专为自己打算的时候，他追求幸福的欲望只有在非常罕见的情况下才能得到满足，而且绝不是对己对人都有利。"① 革命战争年代，我军广大官兵毅然离开妻儿老小、投身革命，为了民族解放事业，不惜流血牺牲。和平建设时期，我军广大官兵扎根军营、舍小家为大家，放弃了与家人共享天伦之乐的机会。正是由于他们的牺牲奉献，才使得我军能够战无不胜，为中国革命胜利立下不朽功勋，并在新时期捍卫社会主义政权及保卫国家主权、领土完整中再立新功。爱因斯坦认为："在人的一生中，为人类牺牲将成为一种无法替代的美德。"② "一个人的价值，应该看他贡献什么，而不应该看他取得什么。"③ "一个人对社会的价值取决于他的感情、思想和行动对增进人类利益有多大作用。"④ 马克思指出："不应认为这两种利益是敌对的，互相冲突的，一种利益必须消灭另一种，人类的天性本来就是这样的；人只有在为同时代人的完美，为他们的幸福而工作，才能使自身也达到完美。"⑤ 我军自成立以来部队建设及训练作战的伟大实践以及当前正在全力推进的强军实践，无一不是实现军人个人发展与军队建设发展有机统一的现实平台。正是由于广大官兵默默牺牲奉献，把自己的人生价值自觉融入军队建设与发展的伟大事业，我军建设才因他们青春热血的抛洒而不断实现新的跨越，他们自己的人生则因敬业奉献而熠熠生辉。

四、直道而行的革命气节

坚贞不屈、矢志不渝的革命气节，是革命军人精神动力的又一重要表现。崇尚气节，是中华民族优秀的道德传统。气节，又称名节、节操、德操、志节等，它主要指一个人对理想信念的信守不渝，即使处于危难之际、甚或生死存亡的紧要关头，也绝不动摇退缩。当代中国军人的革命气节体现的是我军官兵对于祖国和人民的深厚情感。正是由于我军官兵始终将祖国与人民的

---

① 马克思恩格斯全集：第4卷［M］. 北京：人民出版社，1958：234.
② 赵中立，许良英. 纪念爱因斯坦译文集［M］. 上海：上海科技出版社，1979：68.
③ 赵中立，许良英. 纪念爱因斯坦译文集［M］. 上海：上海科技出版社，1979：69.
④ 赵中立，许良英. 纪念爱因斯坦译文集［M］. 上海：上海科技出版社，1979：71.
⑤ 马克思恩格斯全集：第10卷［M］. 北京：人民出版社，1965：7.

利益置于首位，他们才能在各种情况下始终体现出矢志强军的明确目的性、精武强能的高度自觉性和一往无前的无比坚定性。始终如一是当代中国军人革命气节的重要特征。在日常生活中能够按照道德与法理相统一的原则办事，坚守并践行祖国与人民的利益高于一切的信念固然不易与可贵，但更难、更可贵的是在事关个人荣辱进退、生死存亡的紧要关头依然直道而行、义无反顾。重气节是历代仁人志士的人生追求。明代著名政治家于谦就认为："名节重泰山，利欲轻鸿毛。"① 人们之所以如此看重气节，是因为革命气节的有无及强弱是衡量一个人精神境界高低及道德水平高下的重要标尺。一个人如果遇到逆境与困难，就放弃自己做人的一贯原则，甚至出卖灵魂以换取功名利禄，那么这样的人，就是一个没有气节的人，同时也是一个精神境界低下的人，是与革命军人这一先进社会群体的价值取向水火不相容的。"临大节而不可夺""锲而不舍，金石可镂"是当代中国军人革命气节的重要特征。荀子认为："德操然后能定，能定然后能应。"② 这句话指一个人首先要确立自己的人生志向与理想信念，人生目标定了，精神动力就会源源而来，人就会在面临各种艰难险阻的时候不受其扰、不为所阻，而是以积极的态度主动应对外界的挑战，有所为有所不为，有所取有所不取，一切以自己的人生观、价值观为准，全力、甚至不惜以生命捍卫自己的人生信仰。中国先圣孔子提出："志士仁人，无求生以害仁，有杀身以成仁。"③《菜根谭》的作者洪应明有"气节千载如一日"之说，清代著名思想家魏源将"立节"与"立德、立功、立言"一起并称为"四不朽"，即"立德、立功、立言、立节"，中国古人对气节的重视由此可见一斑。中国历史上视气节如生命的不乏其人。从汉武帝时期出使匈奴的苏武到南宋誓死"精忠报国"的岳飞，从晋代"不为五斗米折腰"的陶渊明到明代"粉骨碎身浑不怕，要留清白在人间"④ 的于谦，无不表现了"不为穷变节，不为贱易志"⑤ 的精神境界。一个有着革命气节的当代中国军人，具有明确的方向与坚定的意志，具有很强的自控力，不论在平时的日常工作中，还是在执行急难险重任务

---

① （明）于谦，《无题》。

② （战国）荀况，《荀子·劝学》。

③ （春秋）孔丘，等，《论语·卫灵公》。

④ （明）于谦，《石灰吟》。

⑤ （西汉）桓宽，《盐铁论·地广》

的关键时刻，他都能够以惊人的毅力，冷静调整自己的情感、欲望及需求，自觉排除各种诱惑，主动抵制不良影响，努力将自己的全部精力集中到“做正确的事”上去。

“时穷节乃见，疾风知劲草。”革命气节作为一种思想风范与精神境界，平时蕴藏于广大官兵的日常行为之中，不易为人所见。而只有到了关乎人的生死荣辱的关键时刻，到了需要人付出极大毅力与精力方能化险为夷、转危为安的重要时刻，革命气节才会淋漓尽致地得以展现，并发挥其应有的作用。我军官兵在革命战争年代视死如归的英雄气概与和平年代热血戍边的报国之举正是当代中国军人革命气节的真实写照。无数革命先烈在面对敌人严刑拷打、百般折磨而表现出的坚贞不屈是革命气节的重要内容，而在革命处于低潮时期，广大官兵依然坚持致力于祖国和人民的解放事业，不但未曾有丝毫懈怠，反而斗志弥坚，这样的英雄行为突出表现了我军官兵革命气节的坚贞如一。叶挺将军在狱中曾经写下了这样一段话：“为人进出的门紧锁着，为狗爬出的洞敞开着，一个声音高叫着：爬出来吧，给你自由！我渴望自由，但也深知道，人的身躯怎能从狗洞里爬出！我希望有一天地下的烈火，把我连这活棺材一起烧掉，我将在烈火与热血中得到永生。”气节的高尚之处，正是在于其面对困难与挫折时的革命乐观主义与矢志不渝。愈挫愈勇、愈挫愈奋，是其独特之处，同时也是其可贵之点。直道而行的革命气节的关键在于“直道”二字，即对于马克思主义的至诚信仰与共产主义理想的坚定追求。

清初著名思想家颜元认为，世界上有各种各样的人，有为一人之人，有为十人之人，有为百人之人，有为千人之人，有为万人之人；每个人做一个什么样的人，决定于“人之自为”。每个人选择做一个什么样的人时不应自暴自弃，而应以“大人自命”，明确自身的社会责任与历史使命，知晓“人人可以为尧舜”，确立“千百万人中不忘有我，千百万人中不知有己”的思想，立志做一个“利济苍生”的“弘毅之士”。革命军人应当树立正确的世界观、人生观与价值观，认清自己肩负的历史使命，常思“国之大者”，在此基础上保持崇高的革命气节。坚持坚定正确的政治方向，对于保持崇高的革命气节，尤为重要。正如宋代思想家叶适所言：“立节而不辨义，下者为利，高者为名，而世道愈降矣。”人生世间，如果一心只想着追名逐利，而不去思考人生目标是否高远、政治方向是否正确，想要在重要关头表现出可贵的革命气节，是不切实际的。明清之际的思想家王夫之认为：“不守其志，不充其量，则人何异于禽哉？”① 一个人如果没有明确的生活目标，没有确立远大的志向，就不可能坚守为人处世的原则与理想，不可能做到“宠不惊而辱不屈”。崇高的气节产生于远大的志向。人而无志，则如水上浮萍、空中飘絮，随俗浮沉，随波逐流。需要指出的是，尽管中华优秀传统文化赋予了当代中国军人革命气节以丰富的精神滋养，但与历代进步人士所推崇的气节不同的是，当代中国军人的革命气节具有强烈的政治性，它反映的是无产阶级的整体利益。毛泽东指出：“没有正确的政治观点，就等于没有灵魂。”② 当代中国军人的革命气节植根于无产阶级革命斗争的伟大实践，反映着最广大人民群众的根本利益与中华民族的整体利益，熔铸着为社会主义和共产主义奋斗终生的坚定信念，是新时代推进强军实践、加快全面建成世界一流军队历史进程的重要精神支撑。

五、高昂饱满的战斗士气

士气是军人精神动力的直接表现，精神动力强盛，军人的士气必然高涨，这是不言自明的道理。革命军人战斗士气的高昂饱满，对于武器装备效能的有效发挥，人与武器装备的有机结合，打赢战争具有重要的意义。古今中外的军队无不重视军人士气的培养与激发。《左传·曹刿论战》有言：“夫战，勇气也。一鼓作气，再而衰，三而竭。彼竭我盈，故克之。”拿破仑认为，“一支军队的实力四分之三是由士气构成的”。中国古代战争史上关于韩信“背水一战”、项羽“破釜沉舟”与东晋十六国时期前秦将士“风声鹤唳、草木皆兵”的记载，都从不同方面说明了士气对于战争胜负的重要作用。“三军可夺帅也，匹夫不可夺志也。”③ 战斗士气的高低强弱是衡量一支部队战斗力水平的重要尺度。治军之道气为先，这是一般规律，也是常胜之道。唐代李靖认为：“故用兵之法，必先察吾士众，激吾胜所，乃可以击敌焉。”④ 刘伯承元帅指出：“说到打胜仗，有两个因素：一个是士气，一个是打法。”⑤ 高

① （清）王夫子，《思问录·内篇》。

② 毛泽东文集：第7卷［M］. 北京：人民出版社，1999：226.

③ （春秋）孔丘，等，《论语·子罕》。

④ （唐）李靖，《李卫公问对》卷下。

⑤ 刘伯承文选［M］. 北京：解放军出版社，1992：348.

昂的战斗士气有利于军队内部凝聚力的增强与军人战斗潜能的有效激发，促进军队内部各种力量的有效整合，形成系统性的全方位优势，提高部队的整体战斗力。凭借高昂饱满的战斗士气，弱旅可以有效弥补武器装备方面的差距，实现优劣转化，做到不畏强敌、以弱胜强。《尉缭子·战威》篇中说："讲武料敌，使敌之气失，而师散，虽形全而不为之用，此道胜也。"对于战斗士气的这种弥补作用，恩格斯曾经在论及拿破仑时代的法国骑兵时指出："法国人在很大程度上具有我们称之为勇猛的那种对骑兵来说是重要的素质，它可以弥补许多缺点。"① 如果战斗士气低迷，武器装备的优势并不一定带来战场上的优势。战斗士气低落会使作战指挥效率降低，军队内部各种力量相互掣肘，造成军队资源的内耗，削弱部队战斗力，影响部队战斗任务的顺利执行。对于战斗士气之于作战胜负的重要作用，恩格斯曾就俄军与英军的作战进行过分析："俄军的每次攻击都遭到失败，是因为英国兵勇敢，军士和兵士机智灵活、士气旺盛。"② 历史上因为战斗士气缺乏导致强敌落败的例子不胜枚举，而因战斗士气得到有效激发带来弱旅反败为胜的例子同样比比皆是。孙子认为："故三军可夺气，将军可夺心。是故朝气锐，昼气惰，暮气归。故善用兵者，避其锐气，击其惰归，此治气者也。"③ 在特定的作战环境中，战斗士气高昂对于军队战斗力的提升与打赢战争具有至关重要的作用。

"百家之众不用命，不如万人之斗也；万人之斗不用命，不如百人之奋也。"④ 战斗士气是构成军队战斗力的重要因素，既是制胜之基，也是用兵之本。战斗士气是军队内部精神外显凝聚而成的一种文化力量，它是一支部队内部军人心理的能动活跃状态，反映着一支部队全体成员对于军事生活及战争实践认识的深刻程度、情感的兴奋水平与意志的执着力量，是由生活于其中的军人的理想追求、价值信仰、政治信念等精神力量相互作用而形成的一种团体精神与军事文化。战斗士气具有一定的稳定性。它一旦形成，将会对生活于其中的军人产生潜移默化的作用，是军人成长进步不可忽视的强大力

① 马克思恩格斯军事文集：第1卷［M］. 北京：战士出版社，1981：237.
② 马克思恩格斯军事文集：第1卷［M］. 北京：战士出版社，1981：272.
③ （春秋）孙武，《孙子兵法·军争篇》。
④ （战国）尉缭，《尉缭子·兵令下》。

量。积极高昂的战斗士气有利于官兵的健康成长，而消极低迷的战斗士气则会压抑官兵的独立意识与创造活力。战斗士气包括军人个体的战斗士气与军人群体的战斗士气。群体士气虽然由个体士气组成，但前者并不是后者的简单叠加。正如马克思所言："一个骑兵连的进攻力量或一个步兵团的抵抗力量，与单个骑兵分散展开的进攻力量的总和，或单个步兵分散展开的抵抗力量的总和有本质的差别。"[①] 在这里，马克思从战斗力的角度分析了群体与个体的关系，其所提出的整体力量与个体力量的总和有着本质差别的科学论断，能为我们正确把握群体士气与个体士气的关系提供理论启迪。个体士气的相互作用有积极的一面，也有消极的一面。如果积极的一面占主导，群体士气就会呈现出昂扬向上的状态。反之，群体士气就可能萎靡不振。群体士气是个体士气的整合，生成的是一种系统的合力，这种合力远非个体士气的简单叠加所能比拟。"有气则实，实则勇；无气则虚，虚则怯。"[②] 如果个体士气得以有效整合，群体士气得以整体优化，则其合力远大于个体之和，这支部队就表现为一个坚强的整体，威力无比。如果个体士气得不到有效整合，群体士气没能整体优化，则其合力远小于个体之和，这支部队就表现为一盘散沙，一触即溃。

战斗士气的有无及强弱，关键在于军人对集体目标的利益认同与价值认同。恩格斯曾经假设共产主义社会一旦发生战争，"这个社会的成员一定会保卫真正的祖国、真正的家园，因此他们将精神焕发、坚毅勇敢地作战，使受过机械化训练的现代军队也要望风披靡。你们想一想，在 1792 年到 1799 年这个时期的革命军队，即仅仅为了一种幻想，为了想象的祖国而战的军队因情绪激昂而做出了怎样的奇迹，你们就会明白，不是为了幻想，而是为了一个实在的可以捉摸的目标而战的军队将具有什么样的力量"[③]。而这种由实实在在的目标激励而产生的巨大力量，即是指基于军人精神动力之上的战斗士气对于军队战斗力提升的强大作用。革命战争年代我们党提出"打土豪、分田地"的革命目标，充分体现了我们党以劳苦大众根本利益为念的工作出发点，政治指向非常鲜明，这正是我军作战勇猛顽强、不断从胜利走向胜利的

① 马克思恩格斯全集：第 23 卷［M］. 北京：人民出版社，1972：362.
② （战国）吕不韦，《吕氏春秋 · 决胜》。
③ 马克思恩格斯全集：第 2 卷［M］. 北京：人民出版社，1957：610.

深层次原因。“师直为壮，曲为老。”[1] 为正义而战、为人民而战的新型军队的士气必然更为饱满与高昂，而进行非正义战争以及代表着反动没落阶级利益的军队战斗士气必然摆脱不了总体上低迷消沉的宿命。军人与军队根本利益的一致及对军队使命的价值认同，军人就会在内心迸发出为军队的建设发展以及战争的胜利不畏艰难、奋力拼搏的精神动力，这种精神动力在战时就会转化为参战军人英勇杀敌的战斗士气。我军广大官兵来自人民，又服务于人民。军人、军队、国家以及人民根本利益的内在一致性，是我军官兵在不同历史时期能够始终保持高昂饱满战斗士气的根本原因。“军民鱼水一家亲”，是对这种根本利益一致性的形象描述。而“军民团结如一人，试看天下谁能敌”，则是对我军从胜利走向胜利深层次原因的科学概括，即在军民根本利益一致基础上产生的高昂战斗士气是我军攻无不克、战无不胜的力量之源。

六、舍生忘死的英雄主义

强大的精神动力是当代中国军人表现出奋不顾身的英雄壮举的内在原因。正如恩格斯所言：“最坚定的共产主义者也是最勇敢的兵士。”[2] 我军是英雄辈出的优秀群体，是一支身经百战、英勇善战的威武之师、胜利之师，“不论在任何艰难困苦的场合，只要还有一个人，这个人就要继续战斗下去”[3]。我军官兵之所以能在各个不同历史时期，面对不可一世的强大敌人以及执行各种急难险重任务时，始终表现出奋不顾身的英雄气概，根本原因就在于这支军队是人民的军队、是无产阶级的军队，全心全意地为人民服务是这支军队的根本宗旨。朱德认为：“革命英雄主义，是视革命的利益高于一切，对革命事业有高度的责任心和积极心，以革命之忧为忧，以革命之乐为乐，赤胆忠心，终身为革命事业奋斗，而不是斤斤于个人打算；为了革命的利益和需要，不仅可以牺牲自己的某些利益，而且可以毫不犹豫地贡献出自己的生命。”“革命是为群众的事业，又是群众自己的事业，因而革命的英雄主义，必然是

① （春秋）左丘明，《左传·僖公二十八年》。

② 马克思恩格斯全集：第7卷［M］. 北京：人民出版社，1959：219.

③ 毛泽东选集：第3卷［M］. 2版. 北京：人民出版社，1991：1039.

群众的英雄主义。"① 革命英雄主义既表现为不怕艰难险阻、一往无前、敢打必胜、英勇顽强的英雄气概，又表现为一不怕苦、二不怕死，为了祖国和人民的利益勇于献身、在临危受命之际能够慷慨赴死的崇高境界。英雄主义是一个历史范畴，是内在蕴含于军人行为道德之中的基本品质。军事职业的凶险性、战争活动的暴烈性决定了军人必须具有不怕流血牺牲的英雄主义气概。英雄主义即是孙子所指称的"将者，智、信、仁、勇、严也"中的"勇"。在中国古代，英雄主义主要表现为"忠义血性""舍生取义""杀身成仁"等，是"忠君""爱国"之下的奉献行为，我们要剔除蕴藏于其中的对皇帝的"愚忠"与人身依附的"伪义"，吸取其为了国家及民族的利益而慷慨赴义的崇高精神。黑格尔认为："作为情绪的英勇，它的固有价值包含在真实的绝对的最终目的即国家主权中。这种最终目的的现实性，作为英勇的作品，是以个人现实性的牺牲为其中介。"② 在黑格尔看来，军人的英勇行为的价值体现于为国家而战。革命军人的英雄主义同样因国家而生，只不过这里的国家是"人民"的国家，即代表最广大人民根本利益的由无产阶级专政的国家。革命军人的英雄主义与以往的英雄主义有着本质的不同，革命军人的英雄主义是无产阶级世界观在军事领域的体现，它产生于中国革命战争的伟大实践，反映着中华民族的整体利益及最广大中国人民的根本利益，体现的是为了维护社会主义国家的安全与发展利益及保护人民的生命财产安全而置个人生死安危于度外的高尚情操与精神境界。

奋不顾身的英雄主义既是我军的特色与优势，同时也是我军战无不胜、成长壮大的重要原因。广大官兵在历次战争中表现出的大无畏的革命英雄主义，是我军以劣势装备战胜优势装备之敌的关键所在。恩格斯就曾在《欧洲军队》中对英雄主义精神对于战斗的重要作用做过论述，他说："在进攻和防御中的坚定性和顽强性是不列颠军队的重要素质；正是这些素质，才不止一次地使它免于因军官的无能、指挥的荒谬和运动的不灵活而遭到完全应得的、似乎预定的失败。"③ 列宁在研究拿破仑的《思想》一书时，曾摘录了下面一段文字："在每次战斗都有这样的情况：最勇敢的士兵在极度紧张之后也感到

---

① 朱德选集［M］. 北京：人民出版社，1983：117.

② ［德］黑格尔. 法哲学原理［M］. 北京：商务印书馆，2009：344.

③ 马克思恩格斯全集：第11卷［M］. 北京：人民出版社，1965：487.

有逃跑的愿望。这种惊慌失措的情绪，是由于对自己的英勇精神丧失信念而产生的；但是，某种无关紧要的情况、某种托词却足以使他们恢复这种信心：高超的艺术在于创造这样的情况和托词。"[①] 丧失信念，即便是最勇敢的士兵，也会惊慌失措。精神动力的有无对于官兵英雄主义精神的有无的基础性作用由此可见一斑。没有精神动力，无畏的勇士也将蜕变为胆怯的懦夫。防止退缩逃跑情况的出现、强化官兵的英勇行为，需要我们"创造这样的情况与托词"，而这正是军队政治工作的价值之所在。对此，毛泽东指出："军队的基础在士兵，没有进步的政治精神贯注于军事之中，没有进步的政治工作去执行这种贯注，就不能达到真正的官长和士兵的一致，就不能激发官兵最大限度的抗战热忱，一切技术和战术就不能得着最好的基础去发挥它们应有的效力。"[②] 我军历来注重通过强有力的政治工作来培养官兵的英雄主义精神。及时有力的思想动员和形式多样的宣传鼓动工作，是部队勇猛顽强、一往无前的士气激发，也是官兵奋勇杀敌、舍生忘死的精神激励。

《吴子兵法·治兵》有言："凡兵战之场，立尸之地；必死则生，幸生则死。"《十一家注孙子》曰："地虽曰亡，力战不亡，地虽曰死，死战不死，故亡者存之基，死者生之本也。"我军广大官兵在历次战争中表现出的勇猛顽强的战斗作风与奋不顾身的英雄气概，有效地弥补了我军武器装备的不足，这是我军遭遇强敌始终屹立不败的重要原因。毛泽东在谈到抗日战争任务的光荣与艰巨时就曾指出："欲达此目的，便须决一死战，便须准备着一切牺牲，坚持到底，不达目的，决不停止。"[③] 战争本来就是流血的政治，如果奢想不流血而取得胜利，其结果往往是会导致更多的流血牺牲。军人只有做好英勇战斗、置生死于度外、在关键时刻不惜牺牲自己来换取战争胜利的心理准备，才能在战争实践中取得优势，增大胜利的可能性，从而在事实上表现为己方伤亡程度减小的结果。流血是战争的本质特征之一，即使战争形态已经演变为信息化战争的今天，战争中人员的伤亡依然不可避免。无论什么时候，军队要想不辱使命，就必须坚持不懈地在全体军人中大力弘扬革命英雄主义的道德行为与精神品质。这既是历史的必然，也是时代的需要。唯其如

---

① 列宁全集：第38卷［M］. 北京：人民出版社，1972：379.

② 毛泽东选集：第2卷［M］. 2版. 北京：人民出版社，1991：511.

③ 毛泽东选集：第2卷［M］. 2版. 北京：人民出版社，1991：476.

此，才能真正有效地遏止战争与保卫和平。信息时代，战斗力越来越多地取决于军人的智慧与速决，革命英雄主义则更多地表现为机智与敏捷。革命英雄主义的实践方式已经由自然力的运用转向自然力的运用与信息力、智能力的开发的有机结合，由对力与勇的崇尚转变为对力与勇的崇尚和对智与谋的追求的和谐统一。革命英雄主义培塑在继续坚持以国家和民族整体利益为前提、以过硬心理素质、团结协作和自觉牺牲奉献精神为要求的基础上，应重视将深厚的科技知识、娴熟的军事技能及扎实的信息素养、聪敏的军事智能纳入视野，进而推动实现人与武器的有机统一，为打赢具有智能化特征的信息化战争提供精神支撑。

第五章 革命军人精神动力的生成机理

考察革命军人精神动力，既应从革命军人精神动力本身去思考把握其内在结构及功能特性，也应从与革命军人相关的军事社会系统中考察其与外部世界的逻辑关联，探寻革命军人精神动力的生成机理。列宁曾讲，世界是普遍联系着的，“一切……都是经过中介，连成一体，通过过渡而联系的”①。革命军人精神动力的消长变化，既与官兵预期需要的满足状况及人生价值的实现程度紧密相关，也与官兵目的意识的强弱及主体素质的高低有着密切的关系。正是由于物质需要与精神需要的交互驱动、个人价值与社会价值的目标契合、工具意识与目的意识的协同作用，才使革命军人精神动力如泉水般喷涌而出，源源不断、强劲有力！

一、物质需要与精神需要的交互驱动力

世界上一切生物，只要活着，就有着各式各样的需要。植物有吸收雨、水、阳光、空气等进行新陈代谢的需要，动物有从自然界摄取食物维持生存并繁衍生殖的需要。人类社会同样不能例外，每个人自出生的那一时刻起，就不断有着进食、亲近及成就事业、婚姻恋爱等诸多需要。马克思认为：“他们的需要即他们的本性。”② 人与动物的不同之处，在于人是会思维的动物，人类的需要与动物的不同之处即在于人类的需要是被意识到的需要。动物的需要是一种本能，人类的需要是人们有目的的社会物质实践活动的精神动力。马克思指出：“任何个人如果不是同时为了自己的某种需要和为了需要的器官

① 列宁全集：第55卷［M］. 北京：人民出版社，1990：85.

② 马克思恩格斯全集：第3卷［M］. 北京：人民出版社，1960：514.

而做事，他就什么也不能做。”① 需要既是人们所从事的任何一项实践活动的最初目的的原始根据，同时也是人们评判特定实践活动及其结果价值有无及大小的最终尺度。人们所进行的一切活动归根到底都是为了满足人的某种需要，舍此，人的一切活动都将无法开展、不复存在。军人的需要，是军人个体在生活中感到某种欠缺匮乏而力求获得满足的一种内心状态，是军人生物机体本身或外部生活条件的要求在意识中的反映。马克思和恩格斯指出：“需要是人对物质生活资料和精神生活条件依赖关系的自觉反映。”② 需要引发动机，动机支配行为，行为指向目标，需要是军人一切思想和行为的基础和出发点，是军人军事社会实践活动的精神动力。

物质需要作为军人的基本生存需要，是人的自然属性的外显，是人对物质生活条件直接依赖关系的反映，是作为生物有机体的肉体存在物的人不可或缺的需要，表现为吃、喝、住、穿、性等方面的需要。物质需要作为人的基础需要，贯穿并渗透于人的其他需要之中，并随着人类社会实践水平的提高而不断更新其内容及形式。精神需要作为更高层次的需要，是军人军事社会实践活动在精神领域中的反映和折射，是通过人与物、人与人之间的联系及军人军事社会实践活动而形成的情感、友谊或某种心理状态，表现为对真、善、美及自由、幸福、信仰等的需要。马斯洛所提及的爱和归属的需要、尊重的需要、自我实现的需要等，都是精神需要的重要内容。精神活动为人类所特有，精神需要是人之区别于动物的本质之点。物质需要与精神需要相互影响、相互促进，其关系主要表现在四个方面。

其一，物质需要是精神需要的基础，物质需要得到一定程度的满足后，精神需要的产生及满足才会成为直接现实性的问题。恩格斯指出：“正像达尔文发现有机界的发展规律一样，马克思发现了人类历史的发展规律，即历来为繁芜丛杂的意识形态所掩盖着的一个简单事实：人们首先必须吃、喝、住、穿，然后才能从事政治、科学、艺术、宗教等等；所以，直接的物质的生活资料的生产，从而一个民族或一个时代的一定的经济发展阶段，便构成基础，人们的国家设施、法的观点、艺术以至宗教观念，就是从这个基础上发展起

① 马克思恩格斯全集：第3卷［M］. 北京：人民出版社，1960：286.
② 马克思恩格斯全集：第2卷［M］. 北京：人民出版社，1957：164.

来的，因而，也必须由这个基础来解释，而不是像过去那样做得相反。”① 吃、喝、住、穿等物质需要一定程度的满足，人们才会在此基础上产生从事政治、科学艺术、宗教等的精神需要。而一定精神需要的产生及满足，同样离不开一定的物质基础。一定的思维层次与审美水平，是一定精神生活的必备条件。而一定的思维层次与审美水平的拥有，则是与一个人先前的物质生活的总体水平密切相关。爱因斯坦如果生长在战乱频仍的动荡国家，他就很难成长为伟大的科学家。精神生活对于物质生活的从属性，决定了精神需要对于物质需要的从属性。

其二，精神需要具有相对的独立性。精神需要一旦产生，就产生了其层次不断上升发展的内在趋向。只有当人们的物质需要匮乏问题得到基本克服之后，精神需要的匮乏问题才会凸显并为人们所意识到。一般而言，精神需要的具体内容与满足程度归根到底是由社会物质生产力的发展水平所决定的，但这并不排除精神需要对于社会物质生产力发展水平一定程度的超越。在不少情况下，精神需要与物质生产力的关系并非亦步亦趋。原始部落时期，尽管人们基本物质需要满足的程度还相当低，但原始宗教、艺术等却有了相当大的发展。人们为了精神需要的满足可以将物质需要的满足降低至极限水平。可见，精神需要既离不开物质需要，同时自身对于物质需要又具有一定的超越性与独立性。

其三，精神需要对物质需要具有反作用。物质生活对于精神生活具有决定作用，这只是物质生活与精神生活相互关系的一个方面，两者相互关系的另一个方面，则是精神生活对于物质生活的反作用。随着精神需要的满足及精神需要层次的不断提高，人们的精神世界将不断丰富，认识世界改造世界的能力不断增强，而这必然带来人们社会物质实践水平的提高以及由之而来的物质生活水平的提高，物质需要满足的层次也随之得到提高。

其四，物质需要与精神需要相互结合、相互渗透。随着社会的发展，人们不管是选择居所，还是购买衣服，所看重的不仅仅是抵御风寒、温暖舒适等物质需要的满足，还看重其美观大方、合适得体等审美方面的精神需要的满足。精神与物质的不可分割性，决定了精神需要与物质需要的相互渗透性。

我军历来重视官兵精神需要的满足，强调通过激发官兵的精神需要、提

---

① 马克思恩格斯选集：第3卷［M］. 2版. 北京：人民出版社，1995：776.

升官兵的精神需要层次达到持续激发官兵精神动力的目的。毛泽东指出："红军的物质生活如此菲薄，战斗如此频繁，仍能维持不敝，除党的作用外，就是靠实行军队内的民主主义。官长不打士兵，官兵待遇平等，士兵有开会说话的自由，……尤其是新来的俘虏兵，他们感觉国民党军队和我们军队是两个世界。他们虽然感觉红军的物质生活不如白军，但是精神得到了解放。"① 我军革命战争年代能够屡破强敌、从小到大，靠的不是优厚的物质待遇，而是通过思想政治教育让官兵认识到英勇作战是中国人民解放事业的一部分，因而在精神上体验到了需要的满足。这种精神需要的满足主要体现在：一是广大官兵意识到自己所从事的事业是人类历史上最壮丽的事业，即为了劳苦大众的解放、为了共产主义而献身，因而能够体验到极大的精神愉悦与满足，并将这种愉悦与满足转化成在物质生活极其艰苦的情况下依然斗志昂扬的强大精神动力。马克思指出："历史承认那些为共同目标劳动因而自己变得高尚的人是伟大人物；经验赞美那些为大多数人带来幸福的人是最幸福的人。"② 由于广大官兵从事的是一项人类历史上最崇高的壮丽事业，因而他们不管遇到任何艰难险阻，都会矢志不渝、勇往直前。二是广大官兵意识到我军是一支为着中国最广大人民根本利益服务的军队，是老百姓自己的军队，是与战斗于其中的每一名官兵切身利益息息相关的军队，因而能够极大地体会到主宰自己命运的自豪感与喜悦感，并将之自觉转化成推动中国革命和建设事业不断发展的精神动力。三是广大官兵意识到从军报国历来是社会有志之士的首选，因而能够在我军建设与发展的伟大实践中真切体验到个人价值的有效实现，体验到社会的尊重以及由此而产生的荣誉感与尊严感，并将之转化为爱军精武、保家卫国的强大精神动力。爱国主义是中华民族生生不息的强大精神支柱，爱国主义精神往往在国家处于危难之际表现得最为淋漓尽致。当国家遭受外敌入侵、中华民族面临生死存亡的危急关头，毅然从戎则往往成为进步人士与有志青年的首选。从军报国、驰骋疆场历来是与维护民族独立尊严及促进国家发展富强的历史责任感及崇高荣誉感紧密相连，它已经内化为中华文化的精神内核。"宁为百夫长，胜作一书生"③ "上马击狂胡，下马

① 毛泽东选集：第1卷［M］. 2版. 北京：人民出版社，1991：65.

② 马克思恩格斯全集：第40卷［M］. 北京：人民出版社，1982：7.

③ （唐）杨炯，《从军行》。

草军书"[①]"裹尸马革英雄事，纵死终令汗竹香"[②]"男儿何不带吴钩，收取关山五十州"[③]等充分表现了"从军报国"作为一种崇高荣誉所具有的精神动力之源的巨大价值。四是广大官兵意识到强军兴军对于实现中华民族伟大复兴的重要意义，体验到自身所肩负的历史使命，因而能够萌发出强烈的忧患意识与责任意识，并将之转化为推进军队现代化建设的强大精神动力。当前世界正处于大调整、大变革、大挑战的历史关口，时代赋予我军的历史使命益发显得光荣而艰巨，当代中国军人由此而产生的责任感与荣誉感也益发明显与强烈。

重视官兵精神需要的驱动力建设已经被证明是我军成长壮大以及中国革命取得胜利的基本经验和重要法宝。对此，任何时候都应该给予充分的肯定并结合新的实践加以继承发展、创新运用。同时，也应看到，革命军人精神动力激发，既需要从精神层面着眼，也需要从物质层面用力。单纯强调精神需要满足而忽视物质需要满足对革命军人精神动力生成的重要性，就是唯意志论，就会陷入唯心主义的泥潭。历史上，在"左"倾错误思想的支配下，一些人否认社会主义的物质利益原则，无视人们物质需要的客观存在，把革命事业与物质利益对立起来。大搞"突出政治"，宣扬"精神万能论"，把必要的物质激励当作修正主义大加批判。漠视物质需要，空谈精神需要，会使革命军人精神动力建设陷入低谷。物质需要的基本满足作为官兵精神需要得以产生并升华的前提条件的客观事实，决定了我们任何时候都不能无视官兵合理的物质需求。事实上，我军官兵之所以能在革命战争年代迸发出强大的精神动力，很重要的一条就是我军对官兵合理的物质需要给予了一定的重视与肯定。《古田会议决议》指出："要设法改善红军的物质生活，利用一切可能时机休息整理，以改善物质条件。"而1930年颁发的《红军士兵会章程》则明确确定士兵会"代表士兵利益、改善士兵生活（给养、卫生、待遇、娱乐等）"。官兵的物质利益，不仅包括自身物质生活条件的改善，更包括家属生活水平的提高。基于此，我军自成立以来就将官兵家属的优抚工作列入了重要的议事日程。1931年11月，全国苏维埃第一次代表大会就通过了《中国工农红军优待条例》。1943年重新修订颁布了《优待抗日军队家属条例》和

---

① （宋）陆游，《观大散关图有感》。

② （明）张家玉，《军中夜感》。

③ （唐）李贺，《南园十三首·其五》。

《抗日军人优待条例》等法令。应该说，革命战争年代以及中华人民共和国成立后的相当长一段历史时期，由于我军面临着紧迫的作战任务，因而更能注重军队战斗力的建设，更能注重通过官兵精神动力的开发来弥补我军武器装备与敌军的差距，更能遵循军人精神动力开发的客观规律，把满足官兵正当合理的物质需要作为加强部队建设的一项基本任务摆在重要位置。而随着和平与发展成为时代发展的主题，我军作战任务的不断减少，包括军人精神动力开发在内的军队各项工作逐渐失去了作战需求的牵引，开始追求一些表面文章，为开发而开发，就精神而精神，只注重过程，而不注重结果，这势必对革命军人精神动力开发带来不良影响。军人精神动力开发如果离开了对于官兵合理物质需要满足的关注，离开了对于官兵正当切身利益的真诚关心，是注定会走进死胡同的。马克思指出："人们奋斗所争取的一切都同他们的利益有关。"① "'思想'一旦离开了'利益'，就一定会使自己出丑。"② 应当看到，精神动力，不是由于精神需要产生的动力，而是由物质需要和精神需要交互作用而产生的精神驱动力。重视精神动力开发，并不等于忽视物质需要的满足。相反，物质需要的基本满足、随着社会的发展不断提高物质需要满足的层次水平，始终是官兵精神动力产生的根本性前提与基本内容。

当下，重视官兵物质需要的满足对革命军人精神动力的开发有其历史紧迫性。随着我国改革开放进程的全面加快以及以市场为导向经济体制改革的深化发展，国家的整体经济实力不断增强，人民群众的物质生活水平有了很大的改善，我国已经进入全面建设社会主义现代化的新的历史时期。整个社会不但不再耻于言利，而且开始愈来愈多地以物质生活状况的高低与拥有物质财富的多寡作为判定人生价值实现的尺度。军人作为社会中的一员，社会生活的急遽变化必然反映并影响军人思想行为的发展趋向。物质需要对于军人精神动力开发的基础作用日益凸显。时代的发展要求我们重视官兵物质需要的满足。物质需要的基础性决定了我们应当将满足官兵的物质需要作为军人精神动力开发的一项基础工程来抓。马克思和恩格斯曾经指出："我们首先应当确定一切人类生存的第一个前提，也就是一切历史的第一个前提，这个前提是，人们为了能够'创造历史'，必须能够生活。但是为了生活，首先就

① 马克思恩格斯全集：第 1 卷［M］. 北京：人民出版社，1956：82.
② 马克思恩格斯全集：第 2 卷［M］. 北京：人民出版社，1957：103.

需要吃喝住穿以及其他一些东西。因此第一个历史活动就是生产满足这些需要的资料，即生产物质生活本身，而且这是这样的历史活动，一切历史的一种基本条件，人们单是为了能够生活就必须每日每时去完成它，现在和几千年前都是这样。……因此任何一种历史观的第一件事情就是必须注意上述基本事实的全部意义和全部范围，并给予应有的重视。”① 邓小平认为，对那些干得好的，给他们“颁发奖牌、奖状是精神鼓励，是一种政治上的荣誉。这是必要的。但物质鼓励也不能缺少”②。1999 年召开的全军政治工作会议，首次将重视官兵的物质利益写进了全军政治工作的法规文献之中。党的十八大以来，国防和军队改革深化推进，特别是政策制度改革加速启动和推进，表明我党越来越重视综合运用物质激励与精神激励手段来凝聚军心士气。加强革命军人精神动力开发，首先，应当确立重视官兵物质需要与精神需要相互依存的观念。重视并发挥官兵精神需要与物质需要的相互促进作用，是革命军人精神动力开发的内在要求。其次，我们应当发挥我军思想政治教育的传统优势，坚定官兵理想信念，铸牢官兵精神支柱，培养官兵献身国防的荣誉感与使命感。社会主义初级阶段的客观现实决定了军人物质需要满足的有限性，但这并不表示将来国家发展了，人的物质需要的满足就可以不受限制。人的物质欲求具有无限膨胀性，如不加以适当引导与有效控制，将会滑向贪得无厌、欲壑难填的深渊。最后，我们应当在力所能及的范围内努力满足官兵正当、合理的物质需要。官兵正当、合理的物质需要的满足，历来是我军官兵迸发强大精神动力的前提条件。所谓正当、合理，是指现有条件下对于国家、集体、个人利益关系的正确处理。

二、个人价值与社会价值的目标契合力

价值，作为一个哲学范畴，通常被称为效用、效应、作用等，用来表示一事物对另一事物需要的满足作用。图加林诺夫认为：“价值是一定社会或阶段的人们以及个人所需要的、作为满足其需求和利益的手段的那些物、现象

① 马克思恩格斯选集：第 1 卷［M］. 2 版. 北京：人民出版社，1995：78 –79.

② 邓小平文选：第 2 卷［M］. 2 版. 北京：人民出版社，1994：102.

及其特性，也包括规范、目的或理想的种种观念和动机。”① 物只能作为价值客体而存在，永远不可能成为价值主体。人的价值与物的价值不同，在社会生活中，人既是有着七情六欲、有着各种需要、从事实践活动的主体，又可以因为自己成为他人认识或实践的对象、作为满足他人及社会需要的存在而成为客体，从而使价值既表现为个人价值，又表现为社会价值。所谓个人价值，即是个人作为价值主体，通过自身的实践活动达成自身物质需要与精神需要的满足，并在此过程中不断发展自己、全面提高自己的能力与素质。所谓社会价值，即是个人作为价值客体，通过自己的实践活动，满足他人及社会的需要，促进社会发展和进步。军人的社会价值，即军人作为价值客体，通过自己的实践活动，满足国防和军队建设发展的需要。军人的个人价值即军人作为价值主体，通过自己的实践活动，在投身国防和军队建设的实践过程中不断达成个人物质和精神需要的满足，促进个人素质的不断提高。

社会价值与个人价值作为不同主客体需要关系的反映，具有对立的一面。社会需要与个人需要之间矛盾和冲突的客观存在，社会与个人价值选择视角与价值判断标准的差异的客观存在，决定了社会价值与个人价值出现某种程度的不协调甚至对立的不可避免。尽管个人价值与社会价值由于主客体需要关系的差异而具有对立性，但就其根本来说，二者具有统一性。马克思指出：“首先应当避免重新把‘社会’当作抽象的东西同个体对立起来。个体是社会存在物。”② 个人价值以个人为价值主体，从具体个人的需要出发来确定价值，社会价值则是以社会为价值主体，从整个社会的需要出发来确定价值。而社会是由人构成的，人是社会的人，“人的本质不是单个人所固有的抽象物，在其现实性上，它是一切社会关系的总和”③。所谓从社会的需要出发来确定，是从众多个人的需要出发来确定价值。一方面，人是价值的创造者，个人价值如是，社会价值亦然。不论个人价值，还是社会价值，其最终实现归根到底都要靠人的实践活动。另一方面，尽管有社会与个人之分，但由于社会是由一个个具体的个人组成，“社会本身，即处于社会关系中的人本身”④，因

---

① ［俄］图加林诺夫．马克思主义中的价值论［M］．北京：中国人民大学出版社，1989：10－11．
② ［德］马克思．1844年经济学哲学手稿［M］．北京：人民出版社，2000：84．
③ 马克思恩格斯选集：第1卷［M］．2版．北京：人民出版社，1995：56．
④ 马克思恩格斯全集：第46卷下［M］．北京：人民出版社，1980：226．

而，满足社会的需要，说到底都是满足生活于社会中的个人的需要。无论就价值客体而言，还是就价值主体而论，个人价值与社会价值的创造者和目标者都是个人，只不过这里的个人时而以个人的社会而存在、时而以社会的个人的形式存在罢了。

个人总是在一定的社会中进行价值选择和价值实现活动，一个人的价值判断取决于个人对社会发展趋势的认知以及对个人价值与社会价值优先等级的判断。要想有效而充分地实现个人价值，应该有意识地协调个人价值与社会价值实现的关系，自觉地将个人发展目标与社会进步目标有机地统一起来，从而使个人价值的实现获得更为广阔的发展空间，以此达到个人价值与社会价值之间辩证运动由自发到自觉、由分离到统一的最终目标。军人个人价值的实现也离不开军人社会价值的实现。个人价值的实现是与社会价值的实现息息相关的。“只有在集体中，个人才能获得全面发展其才能的手段，也就是说，只有在集体中才可能有个人自由。”① 军人素质的增强、军人全面发展程度的不断提高，只有军人将个人成长融入强军兴军的伟大实践中才有可能得以实现。

个人价值的实现离不开现实的世界，是因为“个人的全面性不是想象的或设想的全面性，而是他的现实关系和观念关系的全面性”②，并且现实的社会是现代其他人以及人类世世代代所创造的社会价值的总和。人类历史的每一阶段，都遇到一定的物质结果，一定数量的生产力总和，人与自然以及人与人之间在历史上形成的关系，都遇到有前一代传给后一代的大量生产力、资金和环境，尽管一方面这些生产力、资金和环境，为新的一代人所改变，但另一方面，“它们也预先规定新的一代的生活条件，使它得到一定的发展和具有特殊的性质”③。个人价值的实现离不开社会，不仅仅表现为个人物质需要的满足，而且表现为由此产生的这样一种极具个性化的精神需要的满足。马克思指出：“不仅我的活动所需的材料，甚至思想家用来进行活动的语言本身，都是作为社会的产品给我的，而且我本身的存在就是社会的活动；因此，我从自身所做出的东西，是我从自身为社会做出的，并且意识到我自己是社

① 马克思恩格斯全集：第3卷［M］. 北京：人民出版社，1960：84.
② 马克思恩格斯全集：第46卷下［M］. 北京：人民出版社，1980：36.
③ 马克思恩格斯全集：第3卷［M］. 北京：人民出版社，1960：43.

会的存在物。”① 一个人只有在致力于促进社会发展与进步过程中才能有效而充分地实现个人价值，与社会发展的方向背道而驰、迷耽于纯粹个人奋斗式的自我实现，到头来只能是一事无成。军人个人价值的实现，离不开国防和军队建设的发展。国防和军队建设的水平越高，就越能为军人个人价值的实现提供更好的实践平台与外部环境。而国防和军队建设的水平，则与我军成立以来无数军人辛勤劳动所创造的社会价值是密不可分的。离开了作为广大官兵社会价值实现形式的国防和军队建设的水平提高，广大官兵每一个体个人价值的实现就会因失去必要的物质前提和现实基础而成为一句空话。

个人价值能否实现，取决于与社会价值的取向是否一致。马克思指出：“人不是抽象的蛰居于世界之外的存在物。人就是人的世界，就是国家、社会。”② 个人都是在一定的社会中生活，离开了社会，个人就失去了赖以生存的前提。生存都成问题，发展更无从谈起。皮之不存，毛将焉附？马克思和恩格斯指出：“既然正确理解的利益是整个道德的基础，那就必须使个别人的私人利益符合全人类的利益。”③ 我军官兵作为无产阶级革命军队中的一员，坚持以集体主义为原则、以为人民服务为宗旨的价值观，坚持社会价值优先于个人价值、坚持个人价值从属于社会价值且社会价值与个人价值具有根本一致性的价值尺度。这既是我军能够团结而不溃散、具有强大凝聚力的关键之点，也是我军官兵在物质待遇菲薄的条件之下依然斗志高昂的重要原因。

社会价值的实现同样不能离开个人价值的实现。个人价值的实现表现为个人素质的提高、个人劳动能力的增强。而个人素质的不断提高、个人劳动能力的不断增强则是一个人创造社会价值、实现社会价值的前提。一个人政治思想、科学文化等在内的全面素质越高，他的创造能力与实践能力就越强，因而他就能在更大范围内与更深程度上实现自身的社会价值。主观上对个人价值的追求，从长远来看则在客观上促成了社会价值的实现。致力于个人需要的满足，致力于个人素质的提高，致力于个人价值的实现，是人之为人的本性。马克思指出：“人们奋斗所争取的一切，都同他们的利益有关。”④ 一

① 马克思恩格斯全集：第42卷［M］. 北京：人民出版社，1979：122.

② 马克思恩格斯选集：第1卷［M］. 2版. 北京：人民出版社，1995：1.

③ 马克思恩格斯全集：第2卷［M］. 北京：人民出版社，1957：167.

④ 马克思恩格斯全集：第1卷［M］. 北京：人民出版社，1956：82.

般而论，人们总是从自己的需要出发，去追求个人利益的满足与个人价值的实现，即使是在认识与评价社会价值时，也是以自己的切身体验与实际利益为依据。因此，任何个人在社会中的活动，都首先表现为对个人价值的追求。尽管由于主客观的不一致，个人实践能力的高低，个人价值的追求不可能全部如愿以偿。但正是无数个人对个人价值的追求，才使得社会不断得以发展，才使得社会价值在客观上得以最终实现。伦理学中常提及的“主观为自己，客观为他人”及“亚当·斯密”悖论即是对个人价值与社会价值内在辩证统一关系的深刻揭示。恩格斯将人们有目的的价值追求活动，称为个人意志的表现。不论个人价值的追求是否与社会发展的趋势保持一致，即是否有利于社会价值的实现，但众多个人价值追求的最终结果却表现为社会的发展，即表现为社会价值的实现，这即恩格斯所提及的“个人意志的合力”。恩格斯曾于1890年在给约·布洛赫的信中指出：“历史是这样创造的：最终的结果总是从许多单个的意志的相互冲突中产生出来的，而其中每一个意志，又是由于许多特殊的生活条件，才成为它所成为的那样。这样就有无数互相交错的力量，有无数个力的平行四边形，由此就产生出一个合力，即历史结果，而这个结果又可以看作一个作为整体的、不自觉地和不自主地起着作用的力量的产物。”①

要想有效而充分地实现社会价值，一方面，社会价值目标的确立应以与大多数人的个人价值目标相一致为原则，这样社会发展才能获致尽可能大的“合力”，促进社会价值实现的最大化。事实上，社会价值目标与大多数人的个人价值目标具有根本上的一致性。这是因为，社会价值目标，本身就是体现多数人利益的价值目标。社会价值目标与大多数人个人价值目标的统一，是应然与实然的有机统一。另一方面，由于社会发展不可能与社会所有成员的个人发展始终保持同步，社会发展目标与一些社会成员个人发展目标时而发生某种程度上的暂时冲突是历史的常态，因而社会价值目标的实现在通常情况下要以影响一些社会成员个人价值目标的实现为代价。对个人价值目标的暂时舍弃应有一定的度，其一，对个人价值目标的适时舍弃是对少数人个人价值实现的暂时牺牲。其二，对个人价值目标的舍弃应有合理的限度。个人价值的实现从根本来说，有利于社会价值的实现。正如马克思在预见未来

① 马克思恩格斯选集：第4卷［M］. 2版. 北京：人民出版社，1995：697.

社会时指出："在那里，每个人的自由发展是一切人的自由发展的条件。"① 一切人的自由发展即是社会价值的实现，而每个人的自由发展即是每个个体个人价值的实现，即每个人个人价值的实现是整个社会价值实现的条件，个人价值的实现与社会价值的实现具有内在的统一性。当代革命军人的社会价值表现为促进强军兴军事业的不断发展，而这一社会价值的实现，则在根本上取决于军人自身素质的不断提高。特别是随着世界军事竞争的日趋激烈，中国特色军事变革大潮的汹涌而至，时代对军人素质的要求越来越高，军人全面发展程度的不断提高已经越来越成为强军兴军的基础性工程。强军目标这一当代革命军人最具代表性的社会价值的实现迫切需要提高军人自身素质，迫切需要以革命军人与强军目标相一致的个人价值实现为坚强支撑。

致力于社会价值的实现，一直是革命军人强大精神动力之根本。无论是马克思主义的崇高信仰、共产主义的远大理想、社会主义的坚定信念，还是爱国主义的深厚情感与为人民服务的价值观，说到底都是革命军人致力于社会价值实现的集中体现。我军历来重视通过激发官兵实现社会价值的欲望，以此达到激发官兵精神动力的目的。人们价值的实现离不开价值观的指导，价值观是人们对于价值的基本看法，是人们进行价值判断与价值选择的依据。我军作为中国共产党绝对领导下的人民军队，坚持集体主义的价值取向是由我军的无产阶级性质决定的，革命军人理应秉持将社会价值的实现置于人生价值目标首位的原则。弗兰克认为："我们的生活要有意义——与主张'为生活而生活'的说法不同，而与我们内心的强烈要求一致——就应该为最高的绝对利益服务。"② 正是因为广大官兵将社会价值的实现置于人生目标的首位，因而我军才能够在极其艰难困苦的条件下，由小到大，战无不胜，最终打败国内外的强大敌人，赢得中国革命的伟大胜利，并在社会主义建设和改革的伟大进程中继续发挥着至关重要的作用。随着社会主义市场经济的发展，人们的自主意识越来越强，追求个人发展、重视个人价值的实现已经越来越成为包括革命军人在内的当代青年的重要目标。这要求我们更加重视以社会主义核心价值观和当代革命军人核心价值观为统领，引导官兵将个人价值实现

① 马克思恩格斯全集：第1卷［M］．北京：人民出版社，1956：273.

② ［俄］C．谢·弗兰克．社会的精神基础［M］．北京：生活·读书·新知三联书店，2003：214.

融入强军兴军这一宏大事业中来，在努力创造无愧于时代、无愧于人民的绚丽社会价值的实践中促进个人价值的充分实现。

长期以来，我军对个人价值实现的强调不够，一个重要原因就是将个人价值与个人主义混为一谈。个人主义以个人为中心，为了个人利益的实现不惜损害国家、集体的利益，个人主义与重视社会价值实现的价值取向格格不入。重视个人价值则是对于个人全面素质提高的重视，而个人的全面发展，从根本上来说是有利于国家发展和社会进步的。可见，个人主义排斥社会价值，而个人价值与社会价值则具有内在的统一性，重视个人价值与鼓吹个人主义有着本质的不同。个人主义者重视个人价值的实现，但重视个人价值的实现并不导致个人主义，个人主义的本质在于把个人价值的实现作为最终目的，割裂个人价值与社会价值的内在联系。我们党历来重视人民群众的主体地位，我军历来重视广大官兵主体性、积极性、能动性的发挥，重视广大官兵素质的提高，重视广大官兵的全面发展。换言之，重视个人价值的实现是我党我军的优良传统与政治优势。重视个人价值的实现并不必然导致个人主义，而个人主义者却有可能为了所谓个人价值的实现而不择手段。事实证明，这样的个人价值是不可能真正得到实现的。个人主义割裂了个人与集体、个人与社会的辩证统一关系，只看到社会由个人构成的一面，而无视个人离开了社会就无法生存的另一面。只看到个人需要的满足作为一切历史活动起点的一面，而无视无数个人的奉献总和大于索取的总和是历史得以向前发展根本前提的一面。只看到个人价值实现对于个人生存发展的重要意义，而无视社会价值取向对个人价值最终实现的根本决定作用。我军作为中国共产党一手缔造和绝对领导下的人民军队，历来强调社会价值对个人价值的优先地位与统摄作用，坚持集体主义的道德原则，坚决摒弃个人主义的价值观。摒弃个人主义不等于无视个人价值，摒弃个人主义是要正确把握个人主义与个人价值实现的内在联系与辩证关系，汲取其重视官兵个人价值实现的积极一面，推动形成个人价值实现与社会价值实现相互支撑、良性互动的生动局面。如果不能对个人主义与个人价值实现的辩证关系有一个科学的认识，就有可能把官兵对个人价值的追求当作个人主义大加批判，进而挫伤官兵投身军旅、矢志强军的积极性与创造性，影响革命军人精神动力的有效开发，并给军队建设发展带来负面影响。当前，加强革命军人精神动力的开发，需要我们在一如既往重视官兵社会价值实现，旗帜鲜明反对个人主义的同时，对官兵个人价值实现给予足够的关注与重视，并加以正确引导，努力发挥个人价值实现对于社会价值实现的支撑作用，激活催生个人价值与社会价值目标契合之于革命军人实践活动的强大推动力。

三、工具意识与目的意识的协同作用力

忠于党、忠于人民、忠于国家、忠于社会主义，既是我军作为无产阶级人民军队性质宗旨的集中体现，同时也是革命军人在不同历史时期迸发出强大精神动力的内在原因。正是由于广大官兵高度认同并自觉成为实现中国最广大人民根本利益的工具并以此为荣，他们才能在我军建设发展的不同历史时期焕发出高昂的革命热情与顽强的革命斗志，励精图治，愈挫愈奋，不断推动我军创造新的胜利荣光，创造新的历史功勋。

我军是社会主义国家政权的一个组成部分，社会主义国家的阶级性质决定了我军官兵的阶级性质。国家不是从来就有的，它是生产力发展到一定阶段产生阶级的时候才出现的，是阶级矛盾不可调和的产物。恩格斯指出："国家是承认：这个社会陷入了不可解决的自我矛盾，分裂为不可调和的对立面而又无力摆脱这些对立面。而为了使这些对立面，这些经济利益互相冲突的阶级，不致在无谓的斗争中把自己和社会消灭，就需要有一种表面上凌驾于社会之上的力量，这种力量应当缓和冲突，把冲突保持在'秩序'的范围以内。"① 经济上占统治地位的阶级，为了维护和巩固本阶级的利益和地位，需要建立国家，通过军队、警察、法庭、监狱等暴力工具实现阶级统治。我国作为人民民主专政的社会主义国家，无产阶级的政治属性就是我国的阶级性质。社会主义初级阶段的现实状况，决定了阶级斗争还将在一定范围内长期存在，人民民主专政国家政权的存在是社会主义事业不断发展的前提条件。军队作为国家政权的组成部分，同样是阶级统治的工具。马克思指出，巴黎公社"彻底清除了国家等级制，以随时可以罢免的勤务员来代替骑在人民头上作威作福的老爷们，以真正的责任制来代替虚伪的责任制，因为这些勤务员总是在公众监督之下进行工作的"②。马克思还指出："旧政权的合理职能则

① 马克思恩格斯选集：第4卷［M］. 2版. 北京：人民出版社，1995：170.
② 马克思恩格斯选集：第3卷［M］. 2版. 北京：人民出版社，1995：96.

从僭越和凌驾于社会之上的当局那里夺取过来，归还给社会的负责任的勤务员。"① "勤务员"的表述，是对无产阶级国家机器"服务"意识的深刻描画，是军队作为人民民主专政国家机器一部分的"工具"本质的形象反映。因此，作为无产阶级政权表现形式的社会主义国家，其根本职能应是着眼于"服务"人民，而不是"统治"人民，立足点应是以自己为实现最广大人民根本利益的"工具"，而不是相反。

关于工具意识的强大动力价值，马克思说："如果我们选择了最能为人类服务的职业，那么，重担就不能把我们压倒，因为这是为全人类而献身，那时我们所感到的就不是可怜的、有限的、自私的欢乐，我们的幸福将属于千百万人，我们的事业虽不显赫一时，但将永远存在下去，而面对我们的骨灰，高尚的人们将洒下热泪。"他还指出："历史承认那些为共同目标劳动因而自己变得高尚的人是伟大人物；经验赞美那些为大多数人带来幸福的人是最幸福的人。"② 从马克思的这段话我们不难看出，最幸福的人是那些选择了最能为人类"服务"的职业。因为"最幸福"，所以由此而激发的精神动力最为强大。事实上，服务于社会、服务于民众的工具意识，不为革命军人所独有，历史上一切进步人士都对此有深刻的体认。近代中国革命先行者孙中山先生就曾提出"天下为公"的观点，并指出一个人应尽其所能为尽可能多的人服务，他说："聪明人力愈大者，当尽其能力而服千万人之务，造千万人之富。聪明人力略小者，当尽其能力以服十百人之务，造十百人之富。"③ 我们党作为为劳苦大众谋解放谋福祉的无产阶级政党，秉持全心全意为人民服务的宗旨，坚持人民利益至上原则，除了人民的利益外没有任何个人私利，因而立起了迄今为止最为先进的工具观，具有无可比拟的科学性和完全彻底的人民性。对此，邓小平 1956 年代表中共中央向八大作《关于修改党的章程的报告》中就曾指出："同资产阶级的政党相反，工人阶级的政党不是把人民群众当作自己的工具，而是自觉地认定自己是人民群众在特定的历史时期为完成特定的历史任务的一种工具。"④ 作为由中国共产党一手缔造与绝对领导的无

① 马克思恩格斯选集：第 3 卷［M］. 2 版. 北京：人民出版社，1995：57.
② 马克思恩格斯全集：第 40 卷［M］. 北京：人民出版社，1982：7.
③ 孙中山选集：下卷［M］. 北京：人民出版社，1981：707.
④ 邓小平文选：第 1 卷［M］. 2 版. 北京：人民出版社，1994：217－218.

产阶级人民军队，我军所从事的事业正是世界上最为壮丽与伟大的共产主义事业，因而革命军人必定体会到了最为深刻与持久的幸福感，由此而激发的精神动力也最为强大与稳定，中国革命取得巨大胜利的辉煌业绩与我军成长壮大的光辉历程都毫无争议地对此给予了强有力的佐证。

在我军历史上，官兵对革命军人内在工具本质的正确把握所带来精神动力增强的例子比比皆是。雷锋的“革命螺丝钉”精神，说到底就是“以做好执行党和人民赋予任务的工具为最大荣耀”的精神。“我是革命的一块砖，哪里需要哪里搬”，在我军建设与发展的各个历史时期都是革命军人所具有的强大精神动力的形象展示，而“革命砖”则是对当代中国军人精神动力中“工具”因子的生动描画。无论是“螺丝钉”，还是“革命砖”，既反映了我军官兵自觉的工具意识，同时亦是我军官兵践行全心全意为人民服务宗旨的集中体现，革命的工具意识与为人民服务的价值趋向具有内在的一致性。马克思和恩格斯在《共产党宣言》中指出：“过去的一切运动都是少数人的或者为少数人谋利益的运动。无产阶级的运动是绝大多数人的、为绝大多数人谋利益的独立的运动。”① 我军作为无产阶级的人民军队，自成立之日起就将为人民服务的信条深深地熔铸在我军成长壮大的实践历程之中。毛泽东指出：“紧紧地和中国人民站在一起，全心全意地为人民服务，就是这个军队的唯一的宗旨。”② 事实上，我军官兵生生不息的精神动力，正是源于对革命军人职责使命的深刻理解，而这种职责使命正是源于军队为社会主义建设发展和中国最广大人民利益提供安全保障的工具作用的深入认识以及由此而产生的尊严感、自豪感与荣誉感，这种尊严感、自豪感与荣誉感即表现为全心全意为人民服务的奉献精神。

1945 年 8 月 13 日，毛泽东在延安干部会议上发表《抗日战争胜利后的时局和我们的方针》的讲演中强调，我们的权力是“人民给的”，“人民要解放，就把权力委托给能够代表他们的、能够忠实为他们办事的人，这就是我们共产党人。我们当了人民的代表，必须代表得好”③。所谓“代表”好人民，究其根本就是“服务”好人民，也即做好人民的“勤务员”，当好人民

① 马克思恩格斯选集：第 1 卷［M］. 2 版. 北京：人民出版社，1995：283.

② 毛泽东选集：第 3 卷［M］. 2 版. 北京：人民出版社，1991：1039.

③ 毛泽东选集：第 4 卷［M］. 2 版. 北京：人民出版社，1991：1128.

的“公仆”，自觉地将自己作为人民实现自身根本利益的“工具”。1962年2月6日，邓小平在《在扩大的中央工作会议上的讲话》中指出：“我们进了城，执了政，是做官呢，还是当人民的勤务员呢?”他说：“如果不是做官，而是当人民的勤务员，那就要以普通劳动者的面貌出现，要平等待人，要全心全意地为人民服务。”① 马克思认为，不但在世袭君主国，而且在民主共和国国内也同样可以看到，“为首的是国家政权——为了追求自己的特殊利益，从社会的公仆变成了社会的主人”，“这些人表面上是替国民服务，实际上却是对国民进行统治和掠夺”②。只有社会主义社会在人类历史上才第一次实现了包括军人在内的国家政权机关的成员自觉地将自己作为“社会的公仆”、作为“人民群众特定历史时期为完成特定历史任务的一种工具”的转变。革命战争年代，我军之所以能够成为吸引有志青年的巨大磁场，一个重要原因就在于我军是实现中国最广大人民根本利益的工具。毛泽东指出：“我们的共产党和共产党所领导的八路军、新四军，是革命的队伍。我们这个队伍完全是为着解放人民的，是彻底地为人民的利益工作的。”③ 无数仁人志士之所以能够抛妻舍子、背井离乡，义无反顾地加入革命队伍，在物质生活极端匮乏的情况下依然斗志昂扬，正是由于他们意识到革命事业的崇高与伟大，意识到自己的工作是与整个中华民族的命运联系在一起、是与千千万万百姓的根本福祉联系在一起的、意识到自身作为实现中国最广大人民根本利益工具的无上荣耀。

人是工具与目的的统一体，任何人都不可能单纯作为工具或单纯作为目的而存在。重视官兵工具意识的培养，并不表示我军对官兵作为目的的人的漠视。马克思指出：“每个人为另一个人服务，目的是为自己服务；每一个人都把另一个人当作自己的手段互相利用。”“每个人是手段同时又是目的，而且只有成为手段才能达到自己的目的，只有把自己当作自我目的才能成为手段。”④ 就革命军人而言，我军的阶级性质决定了他们作为实现人民根本利益的工具，即他们以最大多数人为目的。而我军官兵自身来自人民的根本属性，

① 邓小平文选：第1卷［M］. 2版. 北京：人民出版社，1994：304.

② 马克思恩格斯选集：第3卷［M］. 2版. 北京：人民出版社，1995：12.

③ 毛泽东选集：第3卷［M］. 2版. 北京：人民出版社，1991：1004.

④ 马克思恩格斯全集：第46卷上［M］. 北京：人民出版社，1979：196.

又决定了他们的根本利益与广大人民根本利益是一致的。这决定了他们以人民为目的即是以自己为目的，作为人民的工具即是作为自己的工具，服务于人民即是服务于自己。在他们身上，工具与目的得到了完美的统一与结合，而这种统一之所以可能，核心之点在于革命军人与最广大人民根本利益的一致性，在于所从事事业的先进性，在于其人生目标与社会发展大势的统一性。革命军人的工具意识首先表现为作为实现最广大人民根本利益的工具，其次才随之表现为作为促进个人发展的工具，二者具有内在统一性。前者决定后者，后者只存在实现前者的过程中才能得以实现；后者服从于前者并促进前者的实现。

马克思说：“‘历史’并不是把人当作达到自己目的的工具来利用的某种特殊的人格。历史不过是追求着自己目的的人的活动而已。”① 社会发展，离开了人的参与就无从谈起，社会发展的历史，其实是人们追求自己目的的实践活动的历史的代名词。当革命军人意识到自己不仅仅是间接目的，还是直接目的时，他的精神动力会表现得更为强大与持久。康德指出：“假如真有个最高的实践原则，或是支配人的意志的无命令式，那么它一定是意志的客观原则，一定能作为普遍的实践规律。……这个原则的根基在于：有理性之物是以自己为目的而存在。……因此实践的令式如下：你须要这样行为，做到无论是你自己或别的什么人，你始终把人当目的，总不把他只当作工具。”② 人类一切实践活动的最终根据是“作为目的的自己”，以人自身为目的，而不是以人之外的他物为目的，这是人类历史发展至今的一个基本前提。当今社会上人与人关系中出现的各种问题以及人与自然关系的诸种不和谐因素，归根到底都在于没有将人自身作为我们一切活动的目的。世界上一切事物，均相互联系，互为前提，共同构成目的体系。任一事物都以其他事物为目的，同时又以其他事物为工具，只有人以自身为最终目的。人以自身为工具时，只发生在把整个人类社会作为一个整体才存在，而这最终还是为了实现作为目的的自己。而除了人之外的世间万物则不然，他们既以其他事物为工具，同时也以其他事物为目的。因而就人与其他事物的关系来说，目的才是人的真正本质。正如康德所言：“人就是创造的最后目的。因为没有人，一连串的

---

① 马克思恩格斯全集：第2卷［M］. 北京：人民出版社，1957：118－119.

② ［德］康德. 道德形而上学探本［M］. 北京：商务印书馆，1957：43.

一个从属一个的目的就没有其完全的根据，而只有在人里面，只有在作为道德律所适用的个体存在者这个人里面，我们才碰见关于目的的无条件立法，所以唯有这种无条件的立法行为是使人有资格来做整个自然在目的论上所从属的最后目的。”① 康德还认为：“人就是现世上创造的最终目的，因为人乃是世上唯一无二的存在者能够形成目的的概念，能够从一大堆有目的而形成的东西，借助于他的理性，而构成目的的一个体系的。”② 以人为最终目的，不仅是人的心理发展的逻辑必然，更是人类社会得以存在并不断发展的前提条件。正是由于人们以自己为最终目的，整个世界才不断向着有利于人生存与发展的方向发展，自在自然不断转化为人化自然，社会也因之不断由低级阶段向高级阶段发展。

激发革命军人精神动力，需要我们在继续重视官兵工具意识培养的同时，加大官兵目的意识的培养。应该说我军是一直对作为目的的官兵给予高度肯定并在实践中身体力行之的。特别是新时代，我军坚持基层至上、官兵第一，强调尊重官兵的主体地位和创造精神，无不体现了这一点。但不可否认的是，我军一贯比较重视官兵工具意识的培养，但对官兵目的意识的培养强调不够。这当中既有部队工作千头万绪的原因，同时也与我军一些干部没能正确把握作为工具的官兵与作为目的的官兵培育之辩证关系有关。我军一些同志存在思想误区，他们认为重视官兵工具意识的培养是加强部队纪律建设与军队正规化建设的需要，认为重视官兵工具意识的培养是弘扬我党我军全心全意为人民服务宗旨传统的需要，认为重视官兵工具意识的培养是履行新时代历史使命的需要。毋庸置疑，这些思想认识没有错。但如果仅止步于此还不能算把握了革命军人工具意识的特殊内涵，因而也就无法充分挖掘革命军人工具意识对于精神动力生成所具有的强力支撑作用。重视工具意识的培养是革命军人精神动力开发的历史经验与优良传统，这是问题的一方面，问题的另一方面则是，革命军人之所以自觉地将自己作为实现人民根本利益的工具，在于他们意识到了自身根本利益与广大人民根本利益的一致性。弗兰克认为：“我们是树上的一片叶子、一根树枝，吸取整棵树的汁液，与它一起变得繁茂，而当整棵树的生命已经枯竭时，我们便枯萎、凋零。因此，个人生活要

① ［德］康德. 判断力批判：下卷［M］. 北京：商务印书馆，1964：100.

② ［德］康德. 判断力批判：下卷［M］. 北京：商务印书馆，1964：89.

想有意义，应该让全人类的生活有意义，使人类历史成为一个前后连贯的、理性的过程并通过这个过程达到某种伟大的、肯定有价值的共同目标。”① 以人民为目的其实就是以自己为目的，而对作为目的的自己与作为目的的最广大人民的一致性的理解以及对自己作为从事追求这一目的的伟大事业中的一员的认识，则会最大限度地激发革命军人的荣誉感与幸福感，从而极大地促成革命军人精神动力的生成与发展。而单纯重视革命军人工具意识的培养，或重视革命军人工具意识的培养而对目的意识的培养强调不够，则不但不能充分发挥目的意识对革命军人精神动力开发的支持作用，还会削弱工具意识应有的对于精神动力的牵引作用。以往剥削阶级的军队，同样重视工具意识的培养并以此达到开发军人精神动力的目的。囿于阶级的局限性，旧军队普通军人根本利益与统治阶级利益的根本殊异，决定了旧军队普通军人的工具自我与目的自我的分离。在这里，作为工具的军人就是工具，与作为目的的自己完全分离。他的工具化程度越高，即表示他作为一个目的的人的异化程度越高，因而离作为目的的自己的实现就越远。我军是无产阶级政党绝对领导的新型人民军队，广大官兵的工具自我与目的自我具有高度的一致性，而这根源于广大官兵与最广大人民根本利益的一致性。马克思在描述“被积极抛弃的私有财产的前提下”即未来理想社会条件下的人际关系时，曾谈及人与人之间的互助关系，即“人如何生产人——他自己和别人；直接体现他的个性的对象如何是他自己为别人的存在，同时是这个别人的存在，而且也是这个别人为他的存在”②。因此，加大革命军人精神动力开发的力度，需要我们在继续重视官兵工具意识培养的同时，更应该加大官兵目的意识培养的力度，引导官兵深刻把握实现自我与服务人民的高度统一性与内在一致性，努力实现作为工具的军人与作为目的的军人的有机整合，做到互促共进、融合发展。

---

① ［俄］C. 谢·弗兰克. 社会的精神基础［M］. 北京：生活·读书·新知三联书店，2003：227.

② 马克思恩格斯全集：第42卷［M］. 北京：人民出版社，1979：121.

第六章 革命军人精神动力的科学定位

正确把握革命军人精神动力内涵特点，需要厘清革命军人精神动力与相关概念的区别与联系，深化对革命军人精神动力固有本质的认识，为革命军人精神动力开发提供理论支撑。应围绕正确区分革命军人精神动力生成及作用与物质动力开发的主导性、客观规律作用的律令性、武器装备建设的基础性以及战斗精神培育的指向性和思想政治教育的引领性的相互关系，科学定位革命军人精神动力，把准新时代革命军人精神动力建设的目标任务与方向路径，为持续深入推进革命军人精神动力开发提供理论支撑。

一、辩证看待精神动力开发与物质动力开发的相互关系

坚持物质决定论，还是坚持精神决定论，是判断唯物主义与唯心主义的基本标尺。物质决定精神，精神对物质具有能动的反作用，这一基本原则反映到社会领域，就是社会存在决定社会意识，社会意识对社会存在具有能动的反作用。这一马克思主义基本原理是我们思考和分析物质力量与精神力量、物质因素与精神因素内在联系及相互作用的理论武器，是我们正确把握精神动力科学内涵的“显微镜”和“望远镜”。对革命军人精神动力进行科学定位，必须正确把握精神动力与物质动力的相互关系。

第一，尽管物质动力与精神动力的开发二者缺一不可，但物质动力开发更具根本性。物质动力是根本性的、第一位的动力，物质的、直接从生产方式中产生的动力是决定性的动力。恩格斯指出，历史唯物主义“认为一切重要历史事件的终极原因和伟大动力是社会的经济发展，是生产方式和交换方式的改变，是由此产生的社会之划分为不同的阶级，是这些阶级彼此之间的

斗争”①。马克思则认为：“物质生活的生产方式制约着整个社会生活、政治生活和精神生活的过程。不是人们的意识决定人们的存在，相反，是人们的社会存在决定人们的意识。”② 对物质动力根本性作用的科学认识是经过了一个曲折的发展历程的。旧唯物主义片面地强调物质动力的基础作用，忽视精神动力的能动作用，忽视作为历史主体的实践着的人的能动作用，陷入宿命论，因而在历史领域与唯心主义殊途同归。马克思主义总结了哲学史上两种世界观、两条认识路线斗争的经验教训，并将主体理解为具有实践能力、处于一定社会关系中的现实的人，从而确立了科学的辩证唯物主义的物质范畴，克服了旧唯物主义无视精神的能动作用的机械论。由于不能科学处理物质动力与精神动力开发的相互关系，我党我军也走过不少弯路，并在这方面曾有过深刻的教训。

第二，尽管物质动力更具基础性，但由于物质动力通过精神动力而发生作用，因而物质动力开发的成功离不开精神动力的开发。任何物质生产实践活动，都离不开一定的实践主体，离不开追求一定目的的人，即离不开个体精神动力的开发。恩格斯指出：“就单个人来说，他的行动的一切动力，都一定要通过他的头脑，一定要转变为他的意志的动机，才能使他行动起来。”③ 改革开放初期，由于无视精神动力开发的重要性，一味强调经济建设的中心地位，导致“一手硬、一手软”现象的发生，引发了一个时期社会思想道德水平的滑坡。邓小平指出，“十年最大的失误是教育，这里我主要是讲思想政治教育”④。而精神文明建设的好坏，直接关系物质文明建设的成效，关系到国民经济持续、快速、健康的发展，进而最终影响到社会的全面发展。简言之，如果精神动力不足，物质动力发挥的作用也会受到限制。我们党领导经济建设及革命战争的实践从正反两方面都说明了这一点。

第三，精神动力对物质动力有着巨大的反作用，精神动力开发与物质动力开发相得益彰，并能促进后者更好地开发。1944 年 4 月谭政在《关于军队政治工作问题的报告》中指出：“在一定物质基础之上，思想掌握一切，思想

---

① 马克思恩格斯选集：第 3 卷［M］. 2 版. 北京：人民出版社，1995：704 – 705.

② 马克思恩格斯选集：第 2 卷［M］. 2 版. 北京：人民出版社，1995：32.

③ 马克思恩格斯选集：第 4 卷［M］. 2 版. 北京：人民出版社，1995：251.

④ 邓小平文选：第 3 卷［M］. 北京：人民出版社，1993：306.

改变一切。”这句话表明，精神力量可以转化为物质力量，并在一定条件下能够主导和决定物质力量的发展方向及释放效能。恩格斯在谈及骑兵连的作战时指出：“精神因素、勇敢，在这里立即化为物质力量；最勇敢的骑兵连就将极其沉着、坚决、勇敢、协调一致和齐心合力地前进。因此，任何骑兵如不‘勇猛’，就不可能有所建树。”① 这表明，精神力量在作战时就是物质力量的重要来源，推动潜在战斗力向现实战斗力加速转化。中国革命及建设的伟大实践，无可争议地说明了精神动力的开发对于物质动力开发的巨大促进作用。很难设想，如果没有我党我军始终不渝地坚持用马克思主义武装全军，我军官兵怎么能够在各种不利条件下依然能够保持高昂的革命斗志与顽强的战斗精神？如果没有基于我军各级指战员对党和人民事业无限忠诚而催生的不竭的强大精神动力，我军又怎能始终保持强大的战斗力以保证在极其艰难困苦的情况下以劣势装备战胜优势装备之敌，取得中国革命战争的伟大胜利？精神动力作用的发挥受制于物质动力的开发，而在一定的历史条件下，精神动力开发的程度如何及方向正确与否则会影响物质动力对于社会历史发展的基础作用的发挥。随着社会历史的发展，精神动力的地位作用日益突出，精神动力所起的作用越来越大，因而与物质动力的开发相比，精神动力开发的意义也日益彰显。世界范围内各种文化相互激荡形势的空前激烈、“文化自信是最重要最深层的自信”成为普遍共识就是这一作用的客观表现之一。

第四，对精神动力的作用不能随意夸大。认清精神动力开发的重大意义是有必要的，但如果我们因此将精神动力开发置于高于一切的位置，则是对马克思主义历史发展动力理论的曲解，就会犯“精神万能论”的错误，落入“唯心论”的窠臼。马克思指出：“观念的东西不外是移入人的头脑并在人的头脑中改造过的物质的东西而已。”② 意识的形式的主观性不能掩盖其具体内容的客观性，精神动力作用的发挥，归根结底取决于客观的物质存在。首先，就其本原而言，意识本来就是物质的产物，是对客观物质世界的能动反映。马克思曾经指出：“‘精神’从一开始就很倒霉，注定要受物质的‘纠缠’。”③ 其次，就其作用机制而言，精神动力作用的发挥取决于意识对客观物质世界

① 马克思恩格斯军事文集：第1卷［M］. 北京：战士出版社，1981：467.

② 马克思恩格斯选集：第2卷［M］. 2版. 北京：人民出版社，1995：112.

③ 马克思恩格斯全集：第3卷［M］. 北京：人民出版社，1960：34.

外在样式的正确反映及对其内在规律的深刻把握。毛泽东曾指出："一切事情是要人做的，……做就必须先有人根据客观事实，引出思想、道理、意见，提出计划、方针、政策、战略、战术，方能做得好。思想等是主观的东西，做或行动是主观见之于客观的东西，都是人类特殊的能动性。这种能动性，我们名之曰'特殊的能动性'，是人之所以区别于物的特点。"① 这种"特殊的能动性"就是精神动力作用的发挥，而这一作用的发挥只有而且必须建立在对客观事物及其运行规律的正确把握上，正如毛泽东所言："一切根据和符合于客观事物的思想是正确的思想，一切根据于正确的思想的做或行动是正确的行动。"② 再次，就其实现途径而言，精神动力的发挥离不开从事一定的物质实践活动的人。正如马克思和恩格斯在其合著《神圣家族》中所言："思想本身根本不能实现什么东西。思想要得到实现，就要使用有实践力量的人。"③ 最后，尽管精神动力的地位作用日益凸现，但精神动力的开发不能取代物质动力的开发。对此，马克思指出："批判的武器当然不能代替武器的批判，物质力量只能用物质力量来摧毁。"④ 另外，就其实现环境而言，精神动力作用的发挥离不开一定的客观物质条件。缺少天文望远镜、光谱分析仪、人造卫星、天文观测台等物质条件的保障，研究天体运行规律的主观愿望的实现也就无从谈起。

二、准确厘定精神动力作用与客观规律作用的相互关系

列宁指出："规律就是关系……本质的关系或本质之间的关系。"⑤ 人们要想在认识世界和改造世界的实践中获得预期的效果，离不开对精神动力作用与客观规律作用二者关系的科学把握与正确处理。

第一，客观规律规定精神动力发挥作用的范围并制约着精神动力作用发挥的程度，尊重客观规律是发挥精神动力作用的前提。规律是客观的，具有

① 毛泽东选集：第2卷［M］. 2版. 北京：人民出版社，1991：477.
② 毛泽东选集：第2卷［M］. 2版. 北京：人民出版社，1991：477.
③ 马克思恩格斯文集：第1卷［M］. 北京：人民出版社，2009：320.
④ 马克思恩格斯选集：第1卷［M］. 2版. 北京：人民出版社，1995：9.
⑤ 列宁全集：第55卷［M］. 北京：人民出版社，1990：128.

稳定性和强制性。恩格斯指出："历史进程是受内在的一般规律支配的。"① 人的精神动力作用不管有多大，它都只能在客观规律允许的范围内活动。毛泽东指出："人们要想得到工作的胜利即得到预想的结果，一定要使自己的思想合于客观外界的规律性，如果不合，就会在实践中失败。"② 精神动力本身的性质和大小由认识和运用客观规律的正确与否及其正确的程度所决定。只有当人们正确地认识了客观规律，并能够在行动中自觉地运用客观规律的时候，精神动力才能有效地发挥对各项工作的推动作用，并能加快人们实现预期目标的进程。恩格斯认为："我们统治自然界，绝不像征服者统治异族人一样，绝不是像站在自然界之外的人似的，——相反地，我们连同我们的肉、血和头脑都是属于自然界和存在于自然之中的；我们对自然界的全部统治力量，就在于我们比其他一切生物强，能够认识和正确运用自然规律。"③ 自然界受规律支配，社会历史领域同样如此。人们对于客观规律的认识越深刻、运用越自觉，精神动力的作用也就体现得越显著。相反，当人们没有达到对客观规律的正确认识时，精神动力就不能有效发挥其应有的作用，甚而导致截然相反的结局。肯定客观规律对精神动力的制约，就是坚持客观决定主观的唯物主义决定论，反对唯心主义的非决定论、唯意志论。

第二，客观规律为精神动力作用的发挥提供依据。自觉性是精神动力的本质属性，它表现为人们行动的目的性。人们行动中的目的性是同人们认识上的预见性密切联系的，而科学的预见之可能则在于客观世界的规律性。列宁在《哲学笔记》中指出："区分为机械规律和化学规律的外部世界、自然界的规律（这是非常重要的），乃是人的有目的活动的基础。人在自己的实践活动中面向客观世界，以它为转移，以它来规定自己的活动。"④ 按客观规律办事是精神动力发挥作用的前提和基础，正因为客观世界是有规律的，精神动力作用的发挥才在客观上是可能的。人们在社会领域里，正是依靠对于客观规律一定程度的把握，预见到历史发展的某种必然趋势，才能有改造社会的历史活动。恩格斯指出："社会力量完全像自然力一样，在我们还没有认识和

① 马克思恩格斯选集：第4卷［M］. 2版. 北京：人民出版社，1995：247.
② 毛泽东选集：第1卷［M］. 2版. 北京：人民出版社，1991：284.
③ 马克思恩格斯选集：第4卷［M］. 2版. 北京：人民出版社，1995：383－384.
④ ［俄］列宁. 哲学笔记［M］. 北京：人民出版社，1990：208.

考虑到它们的时候，起着盲目的、强制的和破坏的作用。但是，一旦我们认识了它们，理解了它们的活动、方向和作用，那么，要使它们越来越服从我们的意志并利用它们来达到我们的目的，就完全取决于我们了。”① “大跃进”时期，全国上下万众一心，精神动力不可谓不强，但由于违反了社会发展的客观规律，非但没有实现“跑步进入共产主义社会”的目标，相反还使社会发展的正常进程受到阻滞。而抗战时期，正是由于我党我军对战争客观规律的深刻认识和科学把握，才将包括我军指战员在内的中华民族抵抗侵略的爱国主义的精神动力运用到极致，因而取得了抗日战争的伟大胜利，谱写了世界范围内反法西斯战争的辉煌篇章。事物规律的存在及其作用本身是不能被人改变的，精神动力所能改变的只是规律发生作用的条件，从而使规律为人们一定的目的服务。对此，毛泽东指出：“指导战争的人们不能超越客观条件许可的限度期求战争的胜利，然而可以而且必须在客观条件的限度之内，能动地争取战争的胜利。”② 在客观条件许可的范围之内，按照规律办事，精神动力作用的发挥才会有广阔的空间。

第三，社会历史是精神动力能动性与客观规律决定性的辩证统一过程，精神动力作用的发挥依赖于客观规律，但客观规律又通过精神动力作用的发挥而得以表现，二者相互依存，互为依托。客观规律的决定性体现了社会历史的趋势性与统一性，而精神动力的能动性则体现了社会生活的多样性与丰富性。换言之，社会历史既表现为人的精神动力受制于客观规律的过程与结果，同时又表现为人的精神动力本质和要素对象化的、创造性的过程和结果，即社会历史是精神动力能动性与客观规律决定性的辩证统一过程。客观规律不以人的意志为转移，但人可以通过有目的的实践活动来认识规律，并在此基础上，利用和驾驭规律。强调规律的客观性并不意味着否认精神动力在社会历史发展过程中的作用，离开人的精神动力，离开人的有目的的活动，社会历史中的客观规律也就无从体现与无法实现。客观规律在总体上、长远趋势上决定历史进程，而社会历史实践的具体内容则受着作为精神动力表现形式的活动着的人的认识、意志和自觉选择的重大影响，社会发展的客观规律存在于人的有意识、有目的的活动中，精神动力与客观规律统一于人们认识

① 马克思恩格斯选集：第3卷［M］. 2版. 北京：人民出版社，1995：630.

② 毛泽东选集：第2卷［M］. 2版. 北京：人民出版社，1991：478.

世界、改造世界的社会实践活动中。

第四，无论是想通过探索客观规律来认识世界，还是想通过运用客观规律来达成改造世界的目的，都必须发挥精神的能动作用。规律的客观性，说明了规律是可以认识的。只有在认识客观规律的基础上，我们才可以有效地利用客观规律，达成改造世界的目的。客观规律是物质世界内在的固有的必然联系，要认识它、利用它而不付出一番艰苦的努力是不行的。获得一个正确认识往往需要经过实践、认识的多次反复才能完成。在这样一个过程中，往往要遇到许多困难和挫折。要想最终实现由必然王国向自由王国的飞跃，而不至于出现半途而废的结局，必须经过不懈的努力，必须依赖实践主体精神动力作用的有效发挥。马克思曾指出："在科学上没有平坦的大道，只有不畏劳苦沿着陡峭山路攀登的人，才有希望达到光辉的顶点。"① 可见，客观规律预示了事物发展的趋势，但要使这一趋势成为现实，则需要个人的精神力量发挥作用，也就是我们常说的要发挥实践主体的主观能动性。正如毛泽东指出："战争是力量的竞赛，但力量在战争过程中变化其原来的形态。在这里，主观的努力，多打胜仗，少犯错误，是决定的因素。客观因素具备着这种变化的可能性，但实现这种可能性，就需要正确的方针和主观的努力。这时候，主观作用是决定的了。"② 历时 14 年之久的抗日战争，日本帝国主义注定会遭遇溃败，这是任何人都无法改变的客观规律，但要想使这条客观规律得以最终体现，还需要广大军民在爱国主义激励下同仇敌忾、一致对外的英勇行动。因此，抗日军民强大的精神动力是"中国必胜、日本必败"这条客观规律发挥作用的必要条件。在客观规律与精神动力的辩证关系上，与马克思主义不同的有"唯意志论"与"宿命论"。前者片面夸大精神动力的重要性，认为主观意志可以决定一切、改变一切；后者只知道强调规律的客观性，否认或忽视精神动力的作用，能够办到的事情不去努力办到，从而陷入形而上学机械论。历史经验证明，这两种片面性都会给革命和建设事业带来损失，是绝对要不得的。

---

① 马克思恩格斯全集：第 23 卷［M］. 北京：人民出版社，1972：26.

② 毛泽东选集：第 2 卷［M］. 2 版. 北京：人民出版社，1991：487.

三、全面把握精神动力建设与武器装备建设的相互关系

正确认识人与武器在战争中的地位作用，历来是人们拨开战争迷雾需要解决的一个重要问题。精神性存在是人与动物的本质区别，是人之为人的根本之点。研究人的问题，从某种意义上讲，就是研究人的主动性、能动性发挥的问题，也就是人的精神动力发挥的问题。因此，谈到人与武器的关系，就不能不涉及精神力量与物质力量的关系。恩格斯在谈及新式步枪装备普鲁士军队给部队作战所带来的影响时，明确指出："赢得战斗胜利的是人而不是枪。"① 这就深刻揭示了战争运动发展的内在规律，阐明了人始终作为战争实践活动中最具革命性的主导因素而存在的军事法则。

众所周知，战争作为人类社会实践活动的一种特殊形式，是由人来发动和组织实施的。无论战争形态、武器装备如何变化，人始终是战争的决定因素。毛泽东指出："武器是战争的重要的因素，但不是决定的因素，决定的因素是人不是物。力量对比不但是军力和经济力的对比，而且是人力和人心的对比。军力和经济力是要人去掌握的。"② 这一科学判断早已为抗日战争的伟大胜利所证实，中国革命的成功实践则从更广阔的时空境域中证实了这一点。在军事活动中，物质要素（军力和经济力）和精神要素（人力、人心）都是影响战争胜负的重要因素，但相比之下，人的作用更为重要，更起决定作用。物的因素是不可缺少的重要因素，但不是决定的因素，决定的因素是人而不是物。因为物的因素如军力和经济力是要靠人去掌握的，它们只有通过人的开发与利用方能发挥应有的效能。而人的因素之所以重要，就是因为人具有自觉的能动性，即人具有精神动力。正如邓小平所言："人的因素重要，不是指普通的人，而是指认识到人民自己的利益并为之而奋斗的有坚定信念的人。"③ 恩格斯指出："战斗有精神和肉体两方面。我认为前者最为重要。"④ 军人的精神动力在战时突出表现为一往无前的顽强作风与大无畏的牺牲精神，

---

① 马克思恩格斯军事文集：第2卷［M］. 北京：战士出版社，1981：229.

② 毛泽东选集：第2卷［M］. 2版. 北京：人民出版社，1991：469.

③ 邓小平文选：第3卷［M］. 北京：人民出版社，1993：190.

④ 马克思恩格斯军事文集：第2卷［M］. 北京：战士出版社，1981：261.

而这决定着武器装备效能的发挥程度。一旦军人精神动力得以有效激发，军人就能够全身心地投入军事实践活动中去，因而更能够顺利而有效地认识战争运行及武器操作的客观规律，并以此指导自己的行为，从而达到有效整合武器装备的系统效能、实现人与武器完美结合的目的，使未来战争向着预期的方向发展，即发生有利于“我”的变化，做到打赢制胜。人类战争史证明，精神动力的有无及强弱对赢得战争的胜利至关重要。中国古代兵学先圣孙武有言：“故杀敌者，怒也。”① 西方近代军事理论权威克劳塞维茨也讲过：“物质的原因和结果不过是刀柄，精神的原因和结果才是贵重的金属，才是真正的锋利的刀刃。”② 列宁则指出：“在任何战争中，胜利归根到底是由那些在战场上流血的群众的精神状态决定的。”③ 我军成长壮大的历史，就是一部以劣势装备战胜优势装备敌人的历史。军人强大的精神动力是战争胜负的重要因素。在战争胜负的诸因素中，精神因素是最为活跃的因素。对战争情况及规律的认识，对战争的领导、组织，对各种客观条件的充分运用等，都取决于精神因素。在物质条件大体相同的情况下，充分而正确地发挥精神动力的一方占优势。在物质条件提供了胜利可能性的前提下，精神因素决定着战争的胜负。瑞士军队在中世纪末的一个世纪里，武器装备并不精良，使用长矛，却称霸于整个欧洲战场；我军历史上有“小米加步枪”战胜“飞机加大炮”的辉煌战绩，这两者都说明精神动力在“以劣胜优”中的重要地位。一次战争中，如果仅仅是挫败了对方的军队，而远远没有摧垮对方将士的抵抗意志，至少意味着下一场战争正在酝酿之中。

先进的武器装备作为赢得战争胜利的物质基础，尽管对战争胜负不起决定作用，但它却是影响战争胜负的重要因素。没有武器装备或武器装备过于低劣，即使参战人员的精神动力再强大，最终也免不了溃败的命运。列宁指出：“如果没有充分的装备、给养和训练，即使是最好的军队，最忠实于革命事业的人，也会很快被敌人消灭。”④ 武器装备是军队战斗力极为重要的物质基础，武器装备建设的水平是军队战斗力强大程度的重要标志。一支军队被

---

① （春秋）孙武，《孙子兵法·作战篇》。

② ［德］克劳塞维茨．战争论：第1卷［M］．中国人民解放军军事科学院，译．北京：商务印书馆，2003：188.

③ 列宁军事文集［M］．北京：战士出版社，1981：650.

④ 列宁军事文集［M］．北京：战士出版社，1981：433.

迫放下武器，就是解除了作战的基本能力。军队武器装备的优劣，往往在客观上形成了战斗力的优劣。先进的高技术武器装备，形成了战斗力的自然优势，落后的武器装备，形成了战斗力的自然劣势。恩格斯认为武器是“促使意志行为实现的非常现实的前提”①，“天才统帅的影响最多只限于使战斗的方式适合于新的武器和新的战士”②。恩格斯在这里提到的“非常现实的前提”即是武器装备的生产及使用。武器装备的优劣不但对战争胜负起着重要的作用，对精神动力有无及强弱也有重大的影响。作战的目的在于消灭敌人，保存自己。武器装备先进、充足，取得作战胜利的可能性就大，就容易激发参战人员为祖国及人民而战的精神动力，提高部队士气，增强战斗意志。诸葛亮认为：“战士能勇，恃其备也。所以锋锐甲坚，则人轻战。”③ 武器装备建设的水平对军人精神动力开发的成效有着直接现实的影响。参战人员手中掌握着武器或失去了武器，他的心理状态是大不一样的。手中掌握着良好的武器，就更容易产生消灭敌人的勇气和信心，没有武器或持有的武器装备低劣无疑会易于引发胆怯和沮丧的不良情绪。

由此可以看出，先进的武器装备与强大的精神动力都是影响战争胜负的重要因素，二者缺一不可。战争既表现为武器装备的全面对抗，也表现为精神动力的直接较量。战争力量是战争中所具有的各种有形与无形力量的总和，这两种力量的总和决定着战争的胜负。在对待精神动力开发与武器装备建设的问题上，我们既要反对唯意志论，又要反对唯武器论。应当看到，同强敌对手相比，我军武器装备总体上仍将在相当长一段时期内处于劣势。我们应在国家经济建设持续发展的基础上不断加大武器装备建设投入的同时，继续巩固和发挥我军的政治优势，加强革命军人精神动力的开发，为部队战斗力提升提供有力精神支撑。

四、正确认识精神动力铸造与战斗精神锻造的相互关系

人是一种寻求意义的观念性动物，意义就是人活着的根据，也即推动人

① 马克思恩格斯选集：第3卷［M］. 2版. 北京：人民出版社，1995：509.

② 马克思恩格斯军事文集：第1卷［M］. 北京：战士出版社，1981：12.

③ （蜀汉）诸葛亮，《将苑·卷二·轻战》。

从事一切实践活动的精神动力。人固有一死，或重于泰山，或轻于鸿毛。毛泽东认为："为人民利益而死，就比泰山还重。"① 这里的"为人民利益"的信念就是一种精神动力，就是共产党人和革命军人生活的意义之所在。无数革命先烈为了中国的革命事业抛头颅、洒热血，英勇不屈、视死如归，表现出大无畏的战斗精神，就是由"为人民利益"的信念所产生精神动力的巨大作用所致。与战斗精神培育相比，精神动力开发更具根本性。精神动力是军人的理想、信念、情感、意志等精神因素对军事实践的推动作用。战斗精神则是军人在战争中所表现出来的勇猛顽强、一往无前、不怕牺牲的革命英雄主义的精神状态。有了捍卫马克思主义信仰及保卫社会主义祖国的精神动力，才会有战场上革命军人英勇杀敌、视死如归的战斗精神。战斗精神源于精神动力，没有精神动力就不可能有战斗精神。"精神动力"是源，"战斗精神"是流，战斗精神与精神动力二者须臾不可分。没有精神动力就无从谈起战斗精神的培育，而有了战斗精神则总可从中发现隐藏其背后的精神动力。如果说战斗精神是火箭，精神动力则可称作发动机。有了发动机排山倒海般的强力推动，才会有火箭穿云破雾般的不俗表现。

古今中外，由于平时精神动力培育不足而导致战时战斗精神衰减、贪生怕死的例子俯拾皆是，由此必然带来战时部队作战的失利，甚而一败涂地，引发政治上的严重后果。战争是政治的继续，历史上不乏因战争失败而致亡国的事例。鸦片战争后，启蒙思想家魏源就指出，清政府政治衰败、战争失败的根本原因之一，就在于当时的社会风气是"人心之寐患"。由是观之，甲午一役，清军败北也就不是什么奇怪的事情了。和平积弊日深，精神动力不足，由此带来清军官兵战斗精神的弱化退化，是清军沦为失败之师的一个重要原因。军力的颓弱必然带来国势的衰微，清军的溃败在一定程度上加速了腐朽清王朝的灭亡进程。

关于抗美援朝战争，毛泽东曾经深刻地指出，"敌人是钢多气少，我们钢少气多"。这里的"气"即是志愿军官兵的"战斗精神"，它来源于志愿军官兵"保家卫国"的精神动力。正是由于这股"气"，我军才能在中华人民共和国成立初期百废待兴的困难时期一举打败世界上武器装备最精良的军队。而美军由于从事的是干涉别国内政的侵略战争，参战军人内心抵触，精神动

① 毛泽东选集：第3卷［M］. 2版. 北京：人民出版社，1991：1004.

力不足，因而虽然拥有先进的武器装备（钢多），但依然激发不出英勇顽强的战斗精神（气少）。

在中国革命、建设的不同历史时期，正是由于存在着由共产主义远大理想而激发的强大精神动力，我军官兵才得以在历次战争中表现出旺盛的战斗精神，英勇顽强，不怕牺牲。试想：一个军人，如果缺乏共产主义的远大理想、丧失对社会主义的坚定信念、没有维护国家安全与发展利益的使命感与责任感，平时意志消沉、精神颓废、不思进取，总之一句话，缺乏强大的精神动力，这样的人怎么可能在战时表现出英勇顽强、不怕牺牲的战斗精神？作为一支举世公认的威武之师、文明之师、胜利之师，我军成长壮大的历史，就是一部我军官兵精神动力持续得到激发和强化的历史。精神动力建设不但是我军政治工作的重要任务，更是中国革命取得伟大胜利的宝贵经验。其之所以能成为中国革命取得伟大胜利的宝贵经验，原因即在于强大的精神动力是参战人员战斗精神得以产生的必要前提与不竭源泉。毛泽东指出："打仗的胜败，不决定于武器，而决定于人心。"① 精神动力源于对崇高理想的追求，而理想又是历史的、具体的、实在的。我军官兵之所以能始终保持强大的精神动力，原因即在于我们党能够始终走在时代的前列，坚持用发展着的马克思主义武装官兵，始终将坚定官兵理想信念、铸牢官兵精神支柱作为军队建设的一项重要任务来抓。

当前，我国已进入全面建设社会主义现代化国家的新的历史时期，社会主义市场经济体制进入加快完善的新阶段。市场经济是一把"双刃剑"，既有利于培养人的创新精神、开拓品质与民主意识，同时它又容易使人滋生拜金主义、享乐主义与个人主义，引发精神支柱弱化及精神动力不足的问题。与此同时，我军武器装备的建设水平与强敌的差距在未来一个时期内依然存在。在这样一个严峻的现实面前，如何打赢未来信息化智能化战争，如何维护我军胜利之师的历史荣光、维护不断拓展深化的国家安全与发展利益？这是我们每一个炎黄子孙都必须加以思考和研究的重大问题，更是每一名革命军人夙兴夜寐、创新军事实践所应当着力解决的首要问题。打赢具有智能化特征的信息化战争，有效履行新时代使命任务，已经历史性地摆在了我军的面前，我军一切工作的谋划都应当以此作为出发点与最终落脚点。而要做到不辱使

① 毛泽东文集：第5卷［M］. 北京：人民出版社，1996：213.

命、不负重托，当前重点是应做好战斗精神与武器装备两方面的准备。就军队政治工作而言，重点则是加强部队战斗精神培育，这既是发挥我军思想政治工作服务保证打赢传统优势的历史必然，同时又是实现人与武器完美结合、立足现有条件“以劣胜优”的紧迫要求。而培育部队的战斗精神，一个重要前提就是要大力加强广大官兵精神动力的开发，不断深化理想信念教育。面对世界军事竞争态势日趋激烈的新的时代背景，党中央、中央军委高瞻远瞩，已经相继做出了一系列战略部署，采取了一系列重大举措，用以坚定官兵的理想信念、激发官兵的精神动力，强化我军特有政治优势。军委习近平主席2014年10月在全军政治工作会议上提出政治工作“五个着力抓好”，提出要着力抓好战斗精神培育工作，并提出政治工作“四个牢固立起来”①，其中第一位的就是要“把理想信念在全军牢固立起来”，这就科学地指明了加强战斗精神培育的重大现实意义，揭示了战斗精神培育的内在规律和正确路径，从而为当前我军强化革命军人精神支柱、夯实革命军人战斗精神培育之基指明了方向。正是因为精神动力开发对于战斗精神培育具有前提性基础性作用，我军历来重视通过举旗铸魂，笃定官兵信仰信念，把正官兵思想之舵，补足官兵精神之钙，夯实部队战斗精神培育的深厚根基。可以预见，随着我军对革命军人精神动力开发的日益重视与持续深入，我军战斗精神的培育也将不断跃上新的台阶。

五、合理区分精神动力培育与思想政治教育的相互关系

精神动力开发历来是我军思想政治教育的基本任务，一部我军思想政治教育的历史，就是一部我军官兵精神动力开发的历史。思想政治教育与精神动力开发相辅相成，密不可分。思想政治教育是用党的科学理论武装部队，引导广大官兵树立正确的世界观、人生观和价值观，调动广大官兵革命热情、激发广大官兵精神动力的实践活动。从某种意义上讲，思想政治教育就是一种精神动力开发活动，它通过提高军人的思想认识，坚定官兵的理想信念，从而调动他们投身军事实践的积极性、主动性与创造性，并使之长久地保持

① 习近平出席全军政治工作会议并发表重要讲话强调：发挥政治工作对强军兴军的生命线作用为实现党在新形势下的强军目标而奋斗［N］. 解放军报，2014－11－2.

下去。而官兵由思想认识水平提高、理想信念愈加坚定所产生的训练作战以及完成各项任务过程中的积极性、主动性与创造性的提高，正是革命军人精神动力对于军事实践活动促进作用的具体体现。反过来看，加强军人精神动力的开发，在某种意义上也是对军队思想政治教育的加强和改进。就军人而言，精神动力主要指共产主义的远大理想、马克思主义的崇高信仰、社会主义的坚定信念、爱国主义的深厚情感等精神因素对军人的各项工作及军事实践活动产生的推动作用。加强革命军人精神动力的开发，也即加强官兵的理想信念教育、强化官兵的精神支柱，而这正是军队思想政治教育的主要内容。我军在极其艰难困苦的条件下成长壮大并为中国革命胜利立下不朽功勋，就是我军思想政治教育有效发挥精神动力开发功能的历史见证。1999 年召开全军政治工作会议将为“打得赢”提供强大的精神动力明确为我军思想政治教育的基本任务，这是对我军长期以来思想政治教育所具有的激发精神动力重要功能的肯定与强调，同时也为进一步发挥思想政治教育的动力激发功能提供了重要遵循。

尽管思想政治教育与精神动力开发相辅相成，但两者的侧重点还是不一样的。思想政治教育强调的是把党的理论、路线、方针、政策贯彻到全军广大官兵的行动中去，着眼于使全军官兵与党中央、中央军委保持高度一致，侧重于官兵思想政治的纯洁性与道德品质的高尚性。而精神动力开发则主要强调的是提高官兵在各项工作中的积极性，着眼于激发他们的内在动力与革命热情，侧重于官兵物质需要与精神需要的满足。简而言之，思想政治教育侧重于军人政治性的增强，而精神动力开发则侧重于军人积极性的提高。1945 年 4 月 24 日，毛泽东在《论联合政府》中就提出了“掌握思想教育，是团结全党进行伟大政治斗争的中心环节”① 的重要论断。思想政治教育作为用党的思想武装部队，确保部队始终以党的旗帜为旗帜、以党的方向为方向、以党的意志为意志的重要途径，具有鲜明的政治性。这一政治性是由军队政治工作“生命线”的基础地位决定的。早在 1932 年，中共中央在《给苏区中央局及苏区闽赣两省委信》中就指出：“政治工作不是附带的，而是红军的生命线。”② 而 1938 年以后历次政工会议及《政治工作条例》都对这一正确认

---

① 毛泽东选集：第 3 卷［M］. 2 版. 北京：人民出版社，1991：1094.

② 中共中央文件选集（1932—1933）：第 8 册［M］. 北京：中共中央党校出版社，1985：269.

识进行了强调与重申。军队政治工作的“生命线”地位，主要是指军队政治工作对于确保人民军队的政治性质的根本性作用而言的，它是始终坚持把思想政治建设放在部队建设首位的理论依据。确保军队政治上过得硬、确保党对军队的绝对领导，是我们党成立以来领导全军官兵和全国人民在革命战争年代取得新民主主义革命的伟大胜利与在和平建设年代强国兴军历史伟业不断取得丰硕成果的重要法宝，是我们党领导军事工作的一条基本经验，同时也是我们党能够始终挺立时代前列、有效践行“为中国人民谋幸福、为中华民族谋复兴”① 初心使命的根本保证。1938 年 11 月 6 日，毛泽东在党的六届六中全会上明确指出：“我们的原则是党指挥枪，而决不容许枪指挥党。”②我军一贯强调思想政治教育，注重革命军人过硬政治素质的锻造。坚持将思想政治建设置于军队一切建设的首位，是我军政治工作的一条基本原则。中华人民共和国成立后，军队进入和平建设的新时期，确保军队政治上合格，比以往任何时候都来得更为紧要和迫切。基于此，军委习近平主席强调“抓军队首先要从政治上看”，并在 2014 年 10 月 30 日全军政治工作会议上将“铸牢军魂”明确列为“五个着力抓好”③ 的第一位工作，这是对我军思想政治教育党性与政治性的重申和强调。

精神动力开发作为激发官兵的主动性积极性创造性、为军事实践提供精神上的支持、促进各项任务完成的重要途径，强调激发军人的积极性是由军队政治工作的服务保证地位决定的。精神动力开发作为思想政治教育的一个重要内容，其基本任务即是激发广大官兵的革命热情，增强广大官兵投身各项工作的积极性，提高广大官兵从事各种急难险重任务的战斗士气。军事实践是军人有目的有意识的活动，只有当军人意识到了面临的任务对于个人、军队及社会的积极意义，并对其萌生出一定的热情与兴趣时，军人的主动精神与创造意识才会得以充分涌流。战斗力由物质力量与精神力量构成，战争胜负则是物质力量与精神力量共同作用的结果。在战争领域，没有一定数量和质量的军队，没有一定的武器装备与后勤保障，没有战略战术原则的正确

---

① 中共中央党史和文献研究院，中央“不忘初心、牢记使命”主题教育领导小组办公室. 习近平关于“不忘初心、牢记使命”论述摘编［M］. 北京：党建读物出版社，中央文献出版社，2019.

② 毛泽东选集：第 2 卷［M］. 2 版. 北京：人民出版社，1991：547.

③ 习近平出席全军政治工作会议并发表重要讲话强调：发挥政治工作对强军兴军的生命线作用为实现党在新形势下的强军目标而奋斗［N］. 解放军报，2014 - 11 - 2（1）.

运用，是断然不能取得胜利的。但如果仅仅具备了上述条件，而没有广大官兵强大的精神动力做支撑，取得战争胜利的可能性也是微乎其微的。因此，尽管军事工作是军队建设的中心，武器装备是打赢未来战争的基础，但这些物质性的力量离开了官兵的精神力量不会自动发挥作用。物质力量决定战争胜负的可能性，而精神力量则是变这种可能性为现实性的决定性因素。军队的精神力量不是自然而然产生的，它是长期的思想教育、舆论引导、文化熏陶等各项努力综合作用的结果，即军队的精神力量需要开发。历史上弱旅抗击强敌并能一举而胜的事例，主要原因就在于弱旅注重了精神动力的开发，军人精神动力的存在有效弥补了物质层面战斗力量的不足。而强敌之所以铩羽而归，则主要在于其忽视了对于潜在的蕴藏于己方军人身上的精神动力的开发，因而未能使战争胜利的可能性转化为现实性。对精神动力对于军队建设及打赢现代战争所具有的重大意义，我党我军一直以来都有着深刻而全面的认识，并在实践中加以了科学的运用。我军成长壮大的历史，既是一部我军不断打败国内外敌人、军队现代化建设持续取得进步的历史，同时也是一部革命军人精神动力持续开发的历史。加强革命军人精神动力开发是军队政治工作服务保证功能得以有效发挥的必然要求，也是我军在革命、建设的不同历史时期凝聚军心士气的重要支撑。在革命军人精神动力开发的意义日益彰显的新时代，应坚持以习近平新时代中国特色社会主义思想为指导，全面贯彻习近平强军思想，坚持思想领先、铸魂为本，用真理说服人、用真情感染人、用真实打动人，坚定官兵理想信念、补足精神之钙，夯实革命军人矢志强军、一心打赢的精神根基。

第七章
信息化视野中的革命军人精神动力

早在20世纪80年代，美国未来学家阿尔温·托夫勒就指出："一枚信息炸弹正在我们中间爆炸，这是一枚形象的榴霰弹，像倾盆大雨向我们袭来，急剧地改变着我们每个人内心世界据以感觉和行动的方式。"① "以信息为载体的知识将成为资源和运输的替代品。"② 随着历史的发展，信息化已经成为当今社会不可逆转的时代潮流。它不但是经济和社会发展的大趋势，也是战争形态演变和军队建设发展的大趋势。特别是随着移动互联网的兴起，网络化生存、虚拟化实践愈益深入发展，信息化已经并将继续推动整个社会发生革命性变化。正如腾讯马化腾所说："互联网已不再仅仅是虚拟经济，而是主体经济社会不可分割的一部分。经济社会的每一个细胞都需要与互联网相连，互联网与万物共生共存，这成为大趋势。"③ 重视信息化条件下军队建设和发展过程中的新特征、新动向，加紧研究信息化条件下革命军人精神动力的新特点、新变化，具有极其重要的理论价值与现实意义。

一、实践活动虚拟化与军人自我力量的确证

信息化是信息社会的本质，而信息化的一个重要特征就是计算机及网络在社会各个领域的广泛应用与大量普及。计算机及网络对社会生活的全面渗透不但改变了整个社会的运作方式，而且对人类实践的活动形式产生了重大而深远的影响，虚拟实践就是社会信息化进程中人类实践的新形态。所谓虚拟实践，就是指人们以计算机网络为平台、运用虚拟现实技术进行的有目的

---

① ［美］阿尔温·托夫勒. 第三次浪潮［M］. 北京：生活·读书·新知三联书店，1984：229.
② ［美］阿尔温·托夫勒. 创造一个新的文明［M］. 北京：生活·读书·新知三联书店，1996：25.
③ 马化腾，等. 互联网+：国家战略行动路线图［M］. 北京：中信出版社，2015：2.

的认识世界和改造世界的活动。虚拟实践是人们在虚拟世界中进行的认知活动和交往实践，虚拟世界是虚拟实践得以展开的基本境域。虚拟世界来源于现实世界，但又有其自身的独立性与特殊性，它是以计算机网络为平台、借助于虚拟现实（Virtual Reality）技术建构起来的人们交流信息、体验情感的虚拟时空。虚拟现实技术，是集声音、图像、光电、传感、接受、网络、模拟、信息等技术为一体的综合性技术，其目的是创造超现实的“模拟仿真环境”。传统的实践一般包括物质生产实践、社会关系实践以及科学研究实践。虚拟实践的出现，是人类实践内涵丰富和实践形态发展的结果。就其本质而言，虚拟实践不从属于传统的任何一类实践形式，而是对传统实践的超越。虚拟实践既包括物质生产实践（如虚拟企业、网上交易、电子购物等），也包括社会关系实践（如虚拟社区、网上婚姻等），还包括科学研究实践（如网上会诊、网上推演、模拟运算等）。信息时代，互联网“和你的时间、你的空间、你的生活、你的事业、你的行业、你的关系、你的现实世界与虚拟世界纠缠在一起”①。人类实践形态的演变发展既是人类实践能力发展的主要见证，同时也是社会形态发展的重要标志。原始社会，由于生产力水平低下，物质生产实践在人们的日常生活中占据着绝对的主导地位。同时也正是由于物质生产实践，才使得人类第一次具有了区别于动物的特征，第一次以社会的形式存在并发展着。以物质生产实践为主体，并不表示其他种类实践形态的不存在。事实上，这时人类的社会关系实践（人们以群体聚居的方式交往）、科学研究实践（人们在耕作、采集、打猎等过程中总会有意识地总结一定的经验、教训）、虚拟实践（人们在劳动的间隙会偶尔设想一下下一场劳动活动的场景）都已经有了一定的萌芽。只不过由于社会发展水平的限制，各种类型的实践水平都很低，相比之下，物质生产实践更占主导地位。摩尔根指出：“当人类还处于蒙昧阶段时，其主要制度和生活技术的幼苗即已在发育之中。继之而来的野蛮阶段和文明阶段经验的绝大部分在于发展这些原始观念。”②不管怎样，正是由于原始社会的孕育发展，人类总体实践水平才获得了进一步发展的平台与空间。奴隶社会和封建社会，阶级斗争开始上升为社会的主要矛盾，相应地以阶级关系为主要内容的社会交往实践开始成为社会的主导

① 马化腾，等. 互联网+：国家战略行动路线图［M］. 北京：中信出版社，2015：21.

② ［美］路易斯·亨利·摩尔根. 古代社会［M］. 北京：商务印书馆，1977：8.

实践形态。社会交往实践的主导性，并不表示对于物质生产实践在社会发展中根本地位的否定。物质生产实践作为人类社会发展的基础动力，任何时候都是人类社会实践活动的核心，并且随着时代的发展，物质生产实践的水平也不断得到飞速的跃升。与此同时，科学研究实践已经开始在人类社会发展中发挥一定的作用，而虚拟实践则在持续的酝酿过程之中。资本主义社会，随着工业革命所带来的大机器生产的快速兴起，以及科学技术的迅猛发展，以科技应用为主要内容的最广泛意义上的科学研究实践开始在社会实践中占据主导地位，并成为推动社会发展的第一生产力。马克思和恩格斯指出："资产阶级在它的不到一百年的阶级统治中所创造的生产力，比过去一切世代创造的全部生产力还要多，还要大。"① 此时，人类的物质生产实践、社会交往实践水平同样有了极大的提高，虚拟实践则第一次显示出其对于人类社会历史发展的重大意义。虚拟实践发端于科学研究实践，并逐步发展成为一个独立的实践形态，与物质生产实践、社会交往实践、科学研究实践相互作用、相互影响，共同塑造着人类社会实践的新形态，推动着人类社会历史向前发展。伴随着计算机仿真技术的发展，虚拟化也成为军事实践的一个重要发展趋势。"从传统的沙盘推演、图上作业、实兵演习，到今天的计算机模拟、实验室推演"②，虚拟军事实践日渐成为当代军人军事实践活动的一个重要方面。

在传统的军事实践活动中，主客体界限分明。实践的水平、效果完全取决于作为主体的军人的能动性、创造性，军人主体性得到了集中的体现，军人本质力量也由此不断得以表现。反观虚拟实践，由于计算机及模拟仿真技术的运用，人性化界面的出现及人机对话窗口的出现，军人第一次感受到应当以与机器"平等协商"的方式参与实践活动，第一次感受到了实践活动不再是完全的征服与被征服的关系。加之身处虚拟世界场域，人们就必须在计算机预先设定的程序框架内进行实践活动，以人机互动对话为基本形式的虚拟实践具有明显的机械性特征，军人第一次感受到了主体性的失落与自身力量的式微。虚拟实践对计算机网络的过分倚重会加重军人的无助感。在虚拟实践中，计算机网络系统不仅仅作为一种工具和中介而存在，而且因为其人性化的外观和智能化的本质而具有了主体性的品格。计算机网络系统不仅是

① 马克思恩格斯选集：第1卷［M］. 2版. 北京：人民出版社，1995：277.

② 石海明，贾珍珍. 人工智能颠覆未来战争［M］. 北京：人民出版社，2019：183.

虚拟实践得以展开的前提和平台，就连虚拟实践的空间也是计算机网络创造出来的，甚至连虚拟实践的内容构设及水平提升也离不开计算机网络提供的硬件设备支撑与软件程序保障。军人一方面在虚拟实践中享受着基于计算机网络系统的活动自由，另一方面也不得不经受对计算机网络系统过分依赖所带来主体性失落的客观后果。传统的实践活动是军人按照预先目的主导实践的自主性活动，而虚拟实践则是军人按照计算机网络营造的虚拟世界所预先设置的程序进行的规定性活动。尽管虚拟实践同样内含着军人一定的目的，但在实现该目的的实践过程中，军人却不得不作为虚拟世界自动运行程序的一个因子而存在，军人由传统实践活动的“主导者”不自觉地向着虚拟实践活动的“参与者”转变，而这无疑会削弱军人作为传统实践主体的地位。不论是虚拟实践所赖以进行的“硬件”系统，还是为虚拟实践提供运行规则的“软件”系统，都是由该专业领域的专家编制而成。而军人要想有效地运用虚拟实践达到预期的目的，就必须按照该领域专家编制的程序进行，贯彻程序背后的专家们的意志与目的，而这势必不自觉地置军人于被动地位，束缚他们的主体性。不难看出，尽管人工智能系统的有效运用，“可以通过深度学习形成足以超越对手的经验智慧，这将在很大程度上消除人在战争指挥中的认知偏差”①，但长时间习惯于按照别人事先编制的程序进行虚拟实践的人，其自身的能动性与创造性的发挥会受到极大的制约，客观上会使得实践主体易于对自身的本质力量产生怀疑，而这将不可避免阻碍军人精神动力的生成与发展。

信息时代实践活动的虚拟化对主体性削弱以及由此而引起的军人对自己本质力量的怀疑应当引起我们的高度重视，同时我们也应当看到，实践活动的虚拟化对军人精神动力的开发并非全是挑战。“脑力劳动者的许多活动，由于较少时空的依赖性，将能更快地超越地理的限制”②。事实上，实践活动虚拟化从某一个方面印证了军人主体性的增强。“在虚拟现实中你可以张开双臂，拥抱银河，在人类的血液中游泳，或者造访仙境中的爱丽丝”③。在信息化不断深入、智能化成为重要特征的时代，“无人作战系统的感知能力延伸到

① 石海明，贾珍珍. 人工智能颠覆未来战争［M］. 北京：人民出版社，2019：167.

② ［美］尼葛洛庞帝. 数字化生存［M］. 海口：海南出版社，1997：194.

③ ［美］尼葛洛庞帝. 数字化生存［M］. 海口：海南出版社，1997：143.

了陆海空天电网多维空间，可以代替人感知战场、融合数据；决策能力发展到可以深度理解战场、认知态势，代替人自主判断、自主决策；打击能力发展到了可以实时摧毁对己存在威胁的目标，代替人自主规划、协同打击”①。人类历史上人的主体性的每一次提高、人的本质力量的每一次增强，无不是以生产工具的更新换代以及人们用新的生产工具所创造的实践形态不断发展为其本质特征的。而信息社会信息技术在社会实践领域的运用以及由此而产生的虚拟实践正是人类本质力量得以发展的根本标志，虚拟实践中官兵对信息技术的有效运用正是他们自身力量不断扩展的集中体现，因而也是他们主体性不断增强的重要表现。美国圣塔菲研究所的卡斯蒂指出：“由‘仿真世界’的被动观察者，进一步成为主动参与这些世界的体验者”是“虚拟实在乐章的主题歌，其目标在于创建我们的感官难以将其与真实事物（或者至少那些可能是某种真实的事物）辨别开来的硅世界”②。同时，技术的发展，本身就为军人主体性的增强提供了一个全新的平台。“互联网＋百人会”发起人张晓峰就指出：“互联网可以把选择权交给用户。原来用户面对的是一个黑箱，信息完全不对称。现在，信息足够丰富，把主动性还给了人，让他们获得不一样的体验。”③ 就军事实践而言，军事智能系统的广泛运用，“将进一步从根本上改变军队的作战能力，未来军事系统的主要元素间将由功能互补走向智能互补，即成为一个既能发挥人的创造性，又能发挥机器系统高速度、大容量等特性，从而可以充分发挥人和机器各自特长的‘综合人机智能系统’”④。智能技术的发展，在给军人军事实践提供强大助力的同时，又为军人集中精力解决作战中要紧问题创造了条件。随着智能技术的有效运用，“人将更加方便地获取有用、有序、及时、准确的战场信息数据，大大压缩作战构想、任务分配、目标打击、毁伤评估作战周期的时长，从繁杂的事务性、具体性工作中解脱出来，更加理性地思考战场上出现的意外情况，游刃有余地处置瞬息万变的战场态势”⑤。实践活动虚拟化本身是一把双刃剑，它对于军人精神动力的开发可以说是利弊共存，关键看我们如何因势利导，正确应

---

① 王培．陆军智能化作战研究［M］．北京：军事科学出版社，2018：3－4．

② ［美］约翰·L．卡斯蒂．虚实世界［M］．上海：上海科技教育出版社，1998：38．

③ 马化腾，等．互联网＋：国家战略行动路线图［M］．北京：中信出版社，2015：52．

④ 石海明，贾珍珍．人工智能颠覆未来战争［M］．北京：人民出版社，2019：185．

⑤ 王培．陆军智能化作战研究［M］．北京：军事科学出版社，2018：6．

对。面对社会信息化深入发展、智能化特征日益明显以及由此而引发的虚拟实践的广泛推进，我们需要下大力气全面提高官兵的素质，提高他们运用信息平台和智能手段拓展深化军事实践的能力，做到“物为我所用”而不是“我为物所役”，以此增强官兵的主体性，使他们真真切切在军队转型建设的大潮中感受到自己本质力量的不断发展，进而在强军兴军的生动实践中生发出更为强大的精神动力。

二、生活世界殖民化与军人生命意义的追寻

随着社会信息化水平的不断提高，技术开始全面渗透到社会生活的各个层面。不但国家政治、经济、文化层面因为大量采用现代技术的最新成果而焕发出新的形象并生发出新的活力，而且普通大众的日常生活也不可避免地因以信息技术为核心的现代科技的全面渗透而呈现出全新的状态。“正在加速运动的创造财富的新系统日益依靠数据、信息和知识的交换。它是‘超级信息符号’经济。……新的英雄人物不再是蓝领工人、金融家或者经理，而是能将想象性的知识与行动结合起来的革新家（不论他在一个大机构之内还是之外）”①。由于信息技术的作用，原本属于普通大众业余生活享受的广播、电影、电视、广告及流行音乐开始以一种新的形式规范着人们的思想言行，并且无所不在，构成了当代军人生存发展的特殊境遇。“互联网已经融入社会生活的方方面面，深刻改变了整个社会的生产方式、生活方式、消费方式以及治理方式”②。从某种意义上讲，信息社会可分为生活世界与体制世界。前者是普通大众衣食住行的基本生活空间以及赖以确立和寻找人生意义的原初生活场所，后者则是外在于普通大众的政治、经济等社会架构以及由此生发出的社会的意识形态与制度理性。以信息技术为代表的现代技术对军人日常生活的侵入，说到底即是体制世界对于生活世界的侵入，也即我们通常所提及的生活世界殖民化。生活世界包括文化、社会和人格三个层面。文化作为人类所创造出的思想行为及相互关系的总和，发端于人与人之间的相互交往，并在这种交往中不断获得自身发展的丰富营养与动力之源。这种交往既包括

① ［美］阿尔温·托夫勒. 权力的转移［M］. 北京：中共中央党校出版社，1991：262－263.

② 马化腾，等. 互联网＋：国家战略行动路线图［M］. 北京：中信出版社，2015：2.

共时层面上的人与人之间的思想交流与行为互动，同时又包括历时层面对于以往人类所创造的优秀传统文化的批判性传承。社会作为人们交往关系的总和，更是离不开人与人之间的沟通、协调，正是由于人对自我的不断超越以及人与人之间的良性互动，才使得社会得以不断向前发展。人格作为一个人本质特征的集中体现，是人在生活世界中显示其存在的重要标志。人格的形成与完善既是个人自我意识不断成熟的突出表现，同时也是个体社会化日趋全面的外在特征。不管社会、文化，还是人格，都是军人生活世界不可缺少的重要组成部分，因而也是军人赖以发现真善美、确立生活意义、寻求人生目标、进而激发精神动力的原初时空。军人价值观只有置身并放眼生活世界才能找到出处，而事关生命意义的终极关怀也只有到生活世界中才能找到答案，从这个意义上讲，生活世界是军人生命的家园之所在，是军人精神得以安放与生长的现实居所，任何使生活世界异化或变质的行径都是对人类尊严的一种侵犯，是对人类存在价值的一种漠视。体制世界虽与生活世界相独立而存在，却是在生活世界的基础上发展而来。人类社会的一切制度架构，最初都是为了保障人们日常生活的顺利进行而设置。生存需要作为人类的第一需要，不但决定了人类社会实践活动的原初出发点，而且规定了人类社会制度建构的基本目标。应当看到，社会发展到今天，生存需要已经不再是人们的主要关注点，却始终是人们的第一需要。现时代，发展需要在军人生活中的地位日益突出，相应地生活世界也已不是军人的唯一时空，体制世界已愈来愈成为军人的另一个重要人生境域，但谁也无法否认生活世界良性运转对于军人健康发展的重要意义，谁都不能漠视生活世界的殖民化将会给军人主体性的正常发育造成的严重后果。体制世界对于生活世界的第二性，决定了体制世界应当服从与服务于生活世界。尽管随着社会的发展，体制世界对于生活世界的能动作用愈来愈大，但生活世界作为军人生存价值生成并体现基本场域的客观现实，要求体制世界任何时候都应当明确领域界限，坚守分内领地，而不应当干扰甚至侵入生活世界。否则，便会反客为主，导致军人生活场域的异化与主体性的弱化。这势必造成军人人生意义的迷惘，引发价值观的困惑，进而影响甚至阻碍军人精神动力的生成与发展。现代社会，随着信息技术在社会生活中的广泛应用，社会制度的建构日益趋向科层化，军人逐渐成为制度组织架构内的一个螺丝钉。体制本来是军人基于生活世界、源于人类生存和发展之需的组织构设，它本应有人性化的本质，是一个与军人成长相契合的社会组织，而随着社会信息化的推进，体制却日益集中化与理性化，军人个体则有可能蜕变为人性日益缺乏的被动存在。从一个合理的角度看，生活世界联系着人的私人生活与公共事务领域，是以现实生活中人与人的交往为核心，体制世界关涉的是国家社会的整体运转，体制世界的运作应当以生活世界的需要为指向。而信息社会的真实景象却向着相反的方向发展。现代社会，以市场体制为代表的制度系统日益侵入军人的公共领域和私人活动，压减军人生活世界的空间与时间，不断侵吞军人进行自主活动的主体意识与自由选择的人格尊严。

以体制世界对生活世界的侵犯为特征的生活世界殖民化的重要表现即是技术理性、制度理性对日常生活的全面统治，这种统治是比通常的经济政治统治更为严重的一种异化统治。经由这种统治，军人对现存社会的离散批判意识被逐渐解构，剩下的只是对于现存社会的认同与顺从意识。信息技术愈益发达，则这种统治愈益深入和广泛。生活世界的殖民化趋势，不仅给军人正常的生活交往留下了意识形态的深刻印记，而且使军人不得不按照一种社会给定的方式去生活与享乐。新兴思潮和流行时尚因信息技术平台的支撑而变得无处不在，时兴话语系统和新颖生活方式通过现代传媒的信息网络而渗透到社会的每个角落。不是军人创造和选择生活方式与确定人生意义，而是社会为人们预先设定和安排生活目标。广告及媒体对其所认为的社会时尚的大力举荐既是现代社会生活方式日益丰富的一个表现，同时也是现代人们在不断追求所谓的时尚而丧失其自主性与独立性的重要见证。生活世界的殖民化主要表现在以下几个方面：一是对消费时尚的盲目追求。信息技术既是社会生产力得以提高的基本动力，同时也是商家进行商业运营的重要手段。借助于信息技术网络的强大功能，商家通过网络空间及传统媒体不断创造出新的社会时尚，引导社会消费潮流，主导社会成员的消费意向，以此达成谋取商业利润的目的。而军人在追逐时尚的过程中，不自觉地沦为了商家臆想出来的“时尚”的“应声虫”，而不是以自己固有的审美取向主导行为。在这一对于时尚的盲目追逐中，军人的主体性在不知不觉中慢慢弱化。二是社会生活的随波逐流。现代社会，随着信息技术日益广泛的运用，人们之间比以往任何时代联系更为紧密，整个社会也日益成为一个整体。利用网络及现代媒体，处于世界不同地区的人们以空前活跃的频率互动，这既使整个社会中的人们以从未有过的近距离进行交流，同时也使军人更容易为社会群体的意见所左右。大凡一个人与周围屈指可数的人群相处，往往能提醒自己保持一份独立性。而当一个人面临着现代网络及传媒的巨大影响时，则往往会陷入唯传媒及网络是从而不自知的泥潭。尽管网络及传媒的观点代表的是社会某一群人的观点和意见，但这一意见一旦被赋予了网络及传媒的公共性特征则往往会被军人误视为社会大众的普遍认知而盲目跟随，从而在不经意间对个人的独立判断和自主认知能力造成一定程度的消解。三是人生目标的变化不定。社会信息化的不断推进，军人在感受着信息技术所带来的巨大便利的同时，也体会到了信息社会发展的一日千里。信息技术是现代社会发展的加速器，它引起了现代社会方方面面深刻而重大的变化。社会发展的日新月异，新的东西层出不穷，价值观念日趋多元。面对一个思想纷然杂陈与价值观急剧颠覆的信息社会，一些军人开始无所适从，寻找不到原来的自我。早在20世纪80年代，托夫勒就在其名著《第三次浪潮》中指出，在工业时代由于传播工具不断向人们的头脑输入统一的形象，结果是产生了批评家称之为“群体化的思想”，而在信息化时代条件下，传播工具的非群体化也使我们的思想非群体化了，比较小的、分散的群体能够彼此互相接收并发出他们自己的大量信息①。“一切都不在乎”“怎么都可以”“什么都无所谓”，成了一些军人内心真实的写照。一些军人的精神世界开始迷茫，人生目标开始变得捉摸不定，生活也好像失去了重心。主体性的失落，既导致了一些军人对自己本质力量的怀疑，同时也使得他们的精神动力不断衰退。应该说，生活世界的殖民化是信息社会的一个副产品。总体而言，信息社会与社会进步、军人发展具有内在的一致性，因而也与军人主体性的发展具有内在的一致性。现代传媒和信息网络的发展，现代制度系统的不断完善，本身既是人们本质力量不断延伸的重要表现，又是人们认识世界、改造世界的实践能力不断提高的重要内容。正如拉兹洛所言：“当前的文化转变证实了人类精神的恢复力和创造力。”② 无论时代如何发展，人始终是一切社会实践活动的最终目的，凸显人性光辉、给予人文关怀，始终应当是技术发展永恒的价值追求。“人性的光辉是推动科技进步、经济增长、社会进步、文化繁荣的最根本的力量。尊重人性是互联网最本质的文化。互联网除却冷冰冰的技术性，其力量之强大最根

① ［美］阿尔温·托夫勒．第三次浪潮［M］．北京：生活·读书·新知三联书店，1984：240.
② ［美］E．拉兹洛．决定命运的选择［M］．北京：生活·读书·新知三联书店，1997：85.

本地也来源于对人性的最大限度的尊重、对用户体验的敬畏、对人的创造性的重视”①。这应当成为我们正确把握信息时代军人生活世界及交往关系的一个基本视角。

以上是从一般意义上探讨体制世界对生活世界的侵入对于军人精神人格的影响，下面再简要谈谈在社会主义中国体制世界与生活世界的相互作用对于革命军人精神人格的影响。我国社会信息化尽管具有世界各国社会信息化的一般特征，但也具有我们国家社会信息化的特殊优势。我国的社会信息化是在中国共产党领导下的社会信息化，这样一种信息化进程融入并渗透到改革开放和发展社会主义市场经济的历史进程的方方面面。党的领导决定了信息化、市场化、全球化过程中的制度建构价值取向的积极性与健康性，保证了社会生活领域马克思主义一元化的主导地位，并从根本上保证了体制世界与生活世界的价值同一性，并为官兵抵御各种不良思潮侵袭、摆脱各种错误思想羁绊提供了坚实的政治保证。面对信息时代生活世界殖民化的发展倾向，我们需要坚持以习近平新时代中国特色社会主义思想为根本指导，全面贯彻习近平强军思想，加大军人素质培养的力度，在军事实践中推动实现广大官兵增强本领自信与提高工作质效良性互动、互促共进的目的。只有这样，革命军人才能在社会信息化水平不断提高的实践进程中有效增强自己的主体性，在强军兴军的历史大舞台上建功立业、成就自我中增强对个人本质力量的确信，形成个人素质提升与精神动力生长相互促进的良性循环，进而达到促进自身精神动力不断生长的目的。

三、现实社会网络化与军人政治意识的强化

社会信息化的一个重要特征就是计算机网络的大量普及，拉兹洛提出：“时至今日信息技术的影响已经超过了微电子工业本身，使得整个劳动力的部门分布正朝着信息领域倾斜。”② 随着互联网的迅速发展，一些问题开始凸现，由于缺乏统一有效的全球网络管理机制，加之各国对互联网的发展尚未达成一致的意见，人们如今还纠缠争论于网络的管理统辖权之类的附属问题，因

① 马化腾，等. 互联网+：国家战略行动路线图［M］. 北京：中信出版社，2015：54.

② ［美］E. 拉兹洛. 决定命运的选择［M］. 北京：生活·读书·新知三联书店，1997：10.

而对事关网络运行的关键问题很难制定出可靠的协调方案与合作机制。而网民“准入”制度的自由性又进一步加重了网络运行的混乱无序。网络所具有的巨大开放性特别是智能手机的广泛运用使得任何个人能轻而易举地进入其中，点击之后就可成为网络的访问者甚至某个社区或论坛的会员。网络的虚拟性使得大多数此类访问无须登记与完全匿名，而这反过来增加了网络的吸引力，扩大了网络对现实生活的影响。网络社会的新情况与新特点，使得传统社会的分地域的相应组织的管理控制机构逐渐失去了其应有的效能，鞭长莫及或是爱莫能助。

军人政治信念受到冲击的第一个因素，是网络获取信息的高度便捷性与社会参与的更大自由度。这在一定程度上造成了传统国家政治领导力与道德塑造力的相对弱化。网络化不仅促进整个社会层面政治、经济、文化信息的快速流通，同时也不断建构新的社会秩序和社会形态，影响并改变着军人的生活方式与精神世界。正如张晓峰所言：“互联网去中心化，降低信息不对称，重新解构了过去的组织结构、社会结构与关系结构，关系及其连接方式相对更具有随机性。”① 网络社会中，军人的思想和言行获得了空前的自由，民主的含义在更广泛的意义上得到了体现和确认。网络的自由原则是指军人在网络社会中有根据自己的意愿选择自己生活方式和行为模式、有依法充分表达自己意见和观点的自由，任何个人和组织都无权干涉、侵犯或剥夺人们的这种权利与自由。互联网是一个不需要传统护照、没有边防检查站、出入畅通、来去自如的自由王国，军人在其中愈来愈多地摆脱了传统社会的政府管理与道德控制，一些人产生出一种无所顾忌的心态和为所欲为的冲动。这将使得他们在某种程度上淡忘现实生活中的社会角色与政治责任，做出一些平时极难做出的不合常理的行为。由于网络的相对隐匿性，现实生活中尚能正确对待的社会问题在网上可能会以另一种形式出现，如在网上不负责任地发布对社会制度和政治运行不利的反动言论、不加分别地附和或怂恿一些攻击党和政府的错误思想等。一旦一名军人经常在网上对自己的言行举止不加控制、肆意而为，久而久之，这种随意的“妄加评论”就会内化成他的思维方式，进而对其世界观、人生观和价值观产生影响。而当一名军人的根本思想观念发生变化，必然对其现实生活中的政治行为与价值追求产生相应的影

① 马化腾，等．互联网+：国家战略行动路线图［M］．北京：中信出版社，2015：9.

响。官兵的政治信念发生动摇，势必影响其爱军习武、报效祖国的精神动力。尽管如此，我们也应看到，自由与责任历来是相伴而生、不可分割的。网络自由同样不是无限度的自由，而是有责任的、有约束力的自由。坚定官兵的理想信念，需要我们加强网络的监管，强化官兵的网络道德教育，推进红色网站的建设，积极用先进思想文化抢占阵地，增强官兵面对网络各种不良信息和错误思潮的政治免疫力。

军人政治信念受到冲击的第二个因素，则是网络结构的扁平化。这无疑会造成传统政治权威的衰减，使得其所赖以维持的自上而下的高度集中的层级分明的组织基础受到冲击。拉兹洛认为："时至今日，信息加工系统已深深地进入社会的各种结构之中，并以无数的方式与社会结构相互作用。"① 张晓峰也认为："互联网打破了固有的边界，减弱了信息的不对称性。""互联网让社会结构随时面对不确定性，社群、分享大行其道。"② 网络的一个重要特点就是互相贯通、没有中心。作为连通全球的国际互联网更是无边无际，既没有明确的中心，同样没有专属国家或地区的"信息疆域"界限。正如尼葛洛庞帝所言："互联网络用户构成的社区将成为日常生活的主流，其人口结构将越来越接近世界本身的人口结构。……网络真正的价值越来越和信息无关，而和社区相关。信息高速公路不只代表了使用国会图书馆中每本藏书的捷径，而且正创造着一个崭新的、全球性的社会结构！"③ 结构的分散化与平面化是社会网络化的重要结果和突出表现，这种结构的突出之点就是它没有层次、没有上下等级关系。网络结构的平面化以及网络活动的自由化，既在不断改变人们传统的生活方式，同时也在不断对原有社会生活进行整合的过程中建构新的社会秩序。尼葛洛庞帝指出："我看到同样的分权心态正逐渐弥漫于整个社会之中，这是由于数字化世界的年轻公民的影响所致。传统的中央集权的生活观念将成为明日黄花。"④ 传统的社会管理方式是一种权力高度集中的金字塔式的体制，这种行政管理体制强调下级对上级的服从，其信息流动是一种单向的自上而下的命令传递机制。上层着眼于宏观与整体，下层则着眼

① ［美］E. 拉兹洛. 决定命运的选择［M］. 北京：生活·读书·新知三联书店，1997：9－10.

② 马化腾，等. 互联网＋：国家战略行动路线图［M］. 北京：中信出版社，2015：51.

③ ［美］尼葛洛庞帝. 数字化生存［M］. 海口：海南出版社，1997：213－214.

④ ［美］尼葛洛庞帝. 数字化生存［M］. 海口：海南出版社，1997：270.

于微观与具体。马克思指出："官僚政治是一个谁也跳不出的圈子。它的等级制是知识的等级制。上层在各种细小问题的知识方面依靠下层，下层则在有关普遍物的理解方面依赖上层，结果彼此都使对方陷入迷途。"① 网络技术的发展则是对传统等级制管理组织的颠覆。目前，在一些大的公司开始出现一种削弱中间层级的扁平化组织结构模式。美国加利福尼亚大学学者克里斯·安塞尔通过对西欧地方政府治理结构调整的考察，提出用网络化的政体（the Networked Polity）来代替等级制组织形式②。阿尔温·托夫勒在谈到工业社会时说："典型工业时代的公司具有相同的组织框架——金字塔式、铁板一块和官僚制。但今天的市场、技术和消费要求快速变化，并向旧的组织施加了各种各样的压力。"③ 安东尼·吉登斯认为："新的信息技术正在改变组织工作的方式。……现在许多组织作为松散的网络开展工作，而不再是自我封闭的独立单位。"④ 信息网络的普及不断加速社会物质、能量交换的进程，而由此带来的社会生产力的提高又对社会的信息网络化提出了更高的要求。在这样一种信息网络与社会发展良性互动的态势之下，整个社会日渐互联互通，原有等级分明的层次体系因加大信息流通的成本开始变得不合时宜，新的更具效率的网络式的结构体系开始在社会各个层面上得到广泛应用与体现。传统体制的不利之处是信息的单向传输导致信息反馈机制的缺失，而这将在某种程度上影响决策的科学性与实践活动的有效性。传统体制的有利之处是高度集中、对上负责，能够有效保持上级对下级的信息优势，并形成上级对下级的权威与下级对上级的敬畏——这对于政治体制的稳定及国民政治服从意识的培养具有重要的意义。就军队而言，高度集中的金字塔式的行政体制更具其重要的意义。军队作战指挥对于军队集中性的要求远甚于其他任何一个社会组织，而国家对军队政治性的要求同样远甚于其他任何一个社会组织，因此，坚持军队指挥及行政体制的高度集中统一在任何情况下都有其实在的必要性。而随着信息社会的到来，网络时代的迫近，扁平化、网络化的社会结构发展趋

① 马克思恩格斯全集：第1卷［M］. 北京：人民出版社，1956：302.

② ANSELL C. The networked polity: regional development in the western europe［J］. Governance, 2000, 13 (3): 303-333.

③ ［美］阿尔温·托夫勒. 创造一个新的文明［M］. 北京：生活·读书·新知三联书店，1996：36.

④ ［英］安东尼·吉登斯. 社会学［M］. 北京：北京大学出版社，2003：468.

向对军队所固有的集中统一的领导指挥体制必然会带来一定程度的挑战，这也不可避免会对军人政治信念的坚定带来影响。解决这一难题，需要直面现实，守正创新，坚持党对军队绝对领导的根本原则和制度，坚持民主集中制的根本领导制度和组织制度，巩固发展政治民主、经济民主、军事民主，努力形成“又有集中又有民主、又有纪律又有自由、又有统一意志、又有个人心情舒畅、生动活泼，那样一种政治局面”①。

军人政治信念受到影响的第三个因素，则是网络技术发达国家与发展中国家信息发布与传播不对称。这在客观上造成了意识形态领域斗争的严峻复杂局面。全球网络化的不断发展过程，在促进各国不断融入信息大潮的同时，也在不断制造信息鸿沟。发达国家与发展中国家信息化进程的先天差距，决定了发展中国家在信息传播技术方面的落后。一个国家网络技术的发展是这个国家用意识形态占领网络文化阵地的前提，而发展中国家网络技术的落后导致了其与发达国家信息传输的不对称，即貌似平等的网络实则是以发展中国家的先天劣势为背景的。现代网络的发展现状也以一种强有力的方式给予了佐证，网络上以英语为主导的信息文化的无所不在，既是以美国为首的西方发达国家信息网络技术高度发达的体现，同时也是借以推行其文化帝国主义战略的基础。对信息的开发、控制和利用已成为现代国家之间政治较量和利益争夺的一个重要内容，信息时代的“圈地运动”集中表现为对于信息的争夺，而信息争夺战的成效如何则在很大程度上取决于其所赖以进行传输的网络建设水平的高低。经济发展水平的暂时不高，并不预示着未来的受制于人。而在信息网络建设方面的投入不足，则有可能导致将来的一无所有。正是由于这一点，世界上不少国家已经开始全力加强本国的网络建设，比如：德国、日本等发达国家就在不遗余力着手构建以本国语言为主导的网络环境。发达国家如此，发展中国家亦然，即使是经济技术水平相对落后的非洲国家近年来也加大了网络建设的力度。西方国家凭借其信息科技的强势地位，在现代网络的发展中扮演着信息输出与发布者的角色，将代表西方资产阶级的价值观渗透延伸至世界的每个角落。发展中国家由于其经济技术的劣势地位，扮演着信息接受者的被动角色。事实上，当今国际互联网从某种意义上讲就是“美国中心主义”的集中体现，网络规范带有深厚的美国印记。网络正成

① 毛泽东著作选读：下册［M］. 北京：人民出版社，1986：819.

为以美国为首的西方发达国家推行其所谓民主、自由、人权，促使全球文化意识形态西方化的重要手段。随着网络在社会中的广泛普及以及军队信息化进程的不断推进，网络对军人的影响愈来愈大。西方意识形态在网络上的优势地位势必对革命军人的理想信念教育提出严峻的挑战，我们不可等闲视之。网络安全问题特别意识形态安全问题的凸显，要求我们在加强网络技术和网络平台研制攻关特别是核心技术的研制攻关时，也应加强对网络安全的管理力度。特别是面对智能手机在军营普及使用、官兵随时随地能够获取网络信息的新情况，应坚持主动出击占领网络阵地，主动发声弘扬社会正气，旗帜鲜明批驳错误思想观点，努力发挥社会主义主流意识形态激浊扬清、扶正祛邪的重要作用。

四、生存方式数字化与军人存在价值的肯定

信息社会的发展，不仅对社会生产力的发展起到了巨大的促进作用，而且使得军人的生存方式发生了重大的改变，数字化已成为信息时代军人生存方式的一项重要内容。“过去，地理位置相近是友谊、合作、游戏和邻里关系等一切的基础，而现在的孩子们则完全不受地理的束缚。数字科技可以变成一股把人们吸引到一个更和谐的世界之中的自然动力”①。数字科技既是促进当今世界一体化、把整个社会日益联成一个整体的重要纽带，同时亦是现代社会的一个重要特征。所谓数字化，在某种意义上就是信息技术的广泛应用以及由此带来的人的符号化与社会实践的虚拟化。数字化是信息化的另一个代名词，指将实物虚拟化为符号、文字、声音、图像等信息并以 0 与 1 的组合表现出来的运行方式。就其本质而言，数字化生存离不开现实化生存，数字化生存只有在军人现实的社会实践基础上才能产生并得以发展，而数字化生存方式作为信息时代军人的一种新的生存方式，它的产生又不断丰富着军人生存方式的内涵，并不断推动着军人生存方式向着自由自主的方向发展。数字化世界是在现实社会基础上通过人化符号和观念系统创造出的具有间接性、虚拟性和开放性的新的世界，它部分地摆脱了现实生活的诸多限制，是军人凭借信息技术与网络平台对传统现实世界的突破与超越。在数字化世界

① ［美］尼葛洛庞帝. 数字化生存［M］. 海口：海南出版社，1997：271.

中，军人形成了以数字化的信息符号为依托的新的社会互动模式。数字化生存方式打破了传统社会时空对军人实践活动的约束，大大扩展了军人的实践范围与交往空间，使军人以一种更具全面与革命性的方式生存着。有人曾经指出，在过去的150年中，自动化已经改变了农业和工业的生产过程，但在流通和分配领域却几乎没有发生什么变化，而信息技术却使得人们的工作环境成为一个系统性的综合性的办公室[①]。同时一个新的神经系统正在当代社会中建立起来，这个系统是“人体外的，它在人的机体之外运转，不受正好能容纳这么多脑细胞的脑壳的限制”[②]。腾讯集团副总裁程武也曾提出：“作为腾讯目前重要组成之一的互动娱乐业务，它的使命也应该是连接、维系人类一切的情感、梦想和想象。”[③] 军人数字化水平的不断提高，既是对传统军人的一种否定，同时也是对传统军人的一种发展。不管军人如何深度进入数字化生活，军人要能让数字化成为个人发展的助力，归根结底还是靠自身素质的提高。唯其如此，数字化才不至于成为束缚军人发展的枷锁，军人也才不至于被看作一堆毫无生命意义的符号。尽管数字化生存离不开现实化生存，但不等于说数字化生存与现实化生存二者能够天然地融为一体、和平共存。数字化生存作为军人基于现实化生存产生的一种新的生存方式，注定了其必然具有许多反映信息时代生存方式变化趋势的新特点并对军人实践活动提出许多新挑战，如果我们对此不能有一个清醒的认识并采取有效的应对之策，数字化生存有可能在某种程度上制约军人素质的进一步发展，而这是与社会历史发展的根本趋势相背离的。

数字化生存来源于现实化生存，却不是现实化生存的翻版，而是对现实化生存的超越。数字化存在毕竟不同于现实化存在，数字化存在把现实化存在中尚未实现的事物以数字化的方式表现出来，把现实的物质世界变成数字化的比特世界，原先物质质料本身的作用开始退居其次，而代表着物质质料所蕴含的功能开始一跃而占据主导地位。即原先现实存在的物质质料与功能统一的局面开始被打破，功能从质料中脱离出来，独立地行使着其职能。数字化世界中，军人以数字化的方式相互沟通交流，网络的实时性与符号性使

---

① ［爱尔兰］利亚姆·班农，厄休拉·巴里．信息社会［M］．上海：上海译文出版社，1991：3.

② ［美］拉兹洛．决定命运的选择［M］．北京：生活·读书·新知三联书店，1997：11.

③ 马化腾，等．互联网+：国家战略行动路线图［M］．北京：中信出版社，2015：9.

军人以一种近乎面具式的方式存在着，并以一种几乎与现实生活全然不同的方式体验着数字生活。数字化世界中的军人无时不在感受着现代信息科技发展的诱人魅力。数字化的人无须网页，即可完成情感交流与游戏对话。远程教育及在现实中难以进行、极具危险或无法实施的实验或工程却可以通过数字化的实践方式开展，数字化生存愈来愈成为现实化生存的重要补充，是信息时代军人认识世界、改造世界的重要方式。现实生活中由于社会地位、利益关系和伦理道德的约束，人们往往互相戒备，因而不易与人达成心灵上的沟通与情感上的契合。而数字化世界中，现实中备受关注的身份相貌、年龄、文凭等因素被遮蔽或篡改，个人的存在表现为其思想及基于此的话语，而这使军人的思想活力获得了前所未有的释放空间。数字化的存在，使军人在更广泛的意义与更深刻的程度上体会到“人生而平等”的含义，而这可使军人增强主体性，以一种更为自信的方式与人交往。人与人之间心理距离的缩小，防卫意识的减弱，人际交往气氛的轻松自由，则可使军人情感获得更多的满足。数字化生存体现为军人作为生命主体所具有本质力量的充分发挥，使人的个性得以充分张扬。生存方式的数字化，使得军人从现实中解脱出来，以一种空前的自由方式挖掘着自己的内在潜能。“个人不再被淹没在普遍性中，或作为人口统计学的一个子集，网络空间的发展所寻求的是给普通人以表达自己需要和希望的声音”①。

数字化生存对人的本质力量的确证并不表示其不会产生对现代人主体力量削弱的不利影响。数字化生存对军人主体性的提升与其对军人主体性的削弱是相伴而生的，数字化生存在丰富军人存在内涵的同时，也容易造成军人的生存缺憾。数字化世界以信息的生产、分配和使用为核心，数字化世界军人的生存方式在某种程度上体现为一种虚拟存在，人与人之间的社会互动表现为数字与符号的互动，而这势必带来现实社会规范影响的式微，去现实化、弱社会性是军人数字化生存的重要特点。数字化世界中的军人容易对现实产生一种不切实际的理想化的期望，美化甚至幻化现实社会。数字化生存所具有的去现实性，会造成人与人生动情感交流的欠缺。数字化对人的丰富性的威胁，有可能使军人日益平面化、工具化，原本生动的现实存在经过“二进制”数字文化的过滤开始蜕变为日益贫乏的抽象符号。数字消解了人的多样

① ［美］尼葛洛庞帝．数字化生存［M］．海口：海南出版社，1997：191.

性，它缩小了人与人之间的空间距离，却拉远了人与人之间的心理距离。数字化生存集中体现为计算机的大量使用，而计算机的使用，既给军人行动带来了诸多便利，同时亦给军人生活带来了许多新问题。有人指出绝大多数电脑存在资源浪费现象，以至于军人对自身选择自由支配时间的活动方式所遵循的价值体系提出了疑问①。不论是计算机，还是由计算机广泛应用引起的军人生存方式的数字化，都应该是军人追求更好生活的一种工具与手段，如果以此为最终落脚点，将之作为生活的目的，则会本末倒置，使军人丧失应有的尊严与地位。军人创造性地将现实图景再现于数字时空之中，这既是为人所直接感知的电脑屏幕上的现实影像，同时也是军人所创造出的具有抽象性的虚拟实在。但虚拟不等于虚幻，数字化军人是现实化军人的发展。数字化军人同样具有军人的诸种特性，数字化世界中的主体依然是军人，而不是机器。数字化军人依然应当互相尊重，而不应仅仅将对方看作纯粹的数字化符号。数字时代人与人的交往以及实践亦应当以一种合乎人性化的方式进行，而不应该相反。事实上，数字化时代军人精神世界出现的诸多问题很大程度即与对此缺乏正确的认识有关。信息时代，一方面社会价值体系不断得以整合，道德规范向着一种更为有序系统的方向发展。另一方面，社会价值体系整合重构中也不可避免地出现了一些暂时性的价值盲点，从而给道德领域的某些失范现象产生提供了现实的土壤。个别人道德沦丧、价值失序，这当中固然有多方面的原因，但也与我们未能正确认识军人数字化的科学内涵有关。而价值道德的混乱无序则会给社会的发展带来不可估量的损失，正如詹姆斯·M. 布坎南所言："如果我们是生活在一个原有的道德已经丧失其力量的时候，那么我们就已经摧毁了我们的公共资本存量中的宝贵的一部分。即使能够'重建'已被摧毁的东西，这里仍然有一种东西是永恒地丧失了。"② 生存方式数字化对现实世界军人主体性的双重影响，需要我们因势利导，保持军人数字化生存与现实化生存之间必要的张力，以强军实践为平台推动实现军人数字化角色与现实化人格的协调统一，以达到不断增强军人主体性、有效开发军人精神动力的目的。

① ［爱尔兰］利亚姆·班农，厄休拉·巴里. 信息社会［M］. 上海：上海译文出版社，1991：21.
② ［美］詹姆斯·M. 布坎南. 自由、市场与国家［M］. 上海：三联书店，1991：276－277.

第八章
全球化时代中的革命军人精神动力

全球化是世界经济、文化交流日益密切深入的情况下，各国之间的影响、合作、互动日益加强的一种趋势。马克思和恩格斯指出：人类之间“各个相互影响的活动范围在这个发展进程中愈来愈扩大，各民族的原始闭关状态则由于日益完善的生产方式、交往以及因此自发发展起来的各民族之间的分工而消灭得愈来愈彻底，历史就在愈来愈大的程度上成为全世界的历史。”① 全球化的基础是世界经济一体化，全球化是当今世界发展的总体趋势和基本特征。把革命军人精神动力研究纳入全球化的视野，是科学把握革命军人精神动力理论内涵及实践发展的必然要求。

一、传统国家主权的模糊与军人国家归属感的加强

全球化的发展最初表现为资本的扩张，这是伴随着帝国主义殖民步伐的发展而发展的。马克思指出：“美洲的发现、绕过非洲的航行，给新兴的资产阶级开辟了新的活动场所。”“资产阶级，由于开拓了世界市场，使一切国家的生产和消费都成了世界性的了。……过去那种地方的和民族的自给自足和闭关自守状态，被各民族的各方面的互相往来和各方面的互相依赖所代替了。”② 两次世界大战后，全球化进入了一个新的发展阶段。特别是最近几十年来，随着现代科技特别是信息技术在社会生活中的广泛应用，市场经济体制迅速向全球扩张，统一的世界市场开始形成，生产、贸易、金融、消费的国际化程度日益提高，全球化已然成为一个不可阻遏的时代潮流。马克思指出：“如果在英国发明了一种机器，它夺走了印度和中国的千千万万工人的饭

---

① 马克思恩格斯全集：第3卷［M］. 北京：人民出版社，1960：51.

② 马克思恩格斯选集：第1卷［M］. 2版. 北京：人民出版社，1995：276.

碗，并引起这些国家的整个生存形式的改变，那么，这个发明便成为一个世界历史的事实；同样，砂糖和咖啡在19世纪具有了世界历史的意义，是由于拿破仑的大陆体系所引起的这两种产品的缺乏推动了德国人起来反对拿破仑，从而就成为光荣的1813年解放战争的现实基础。”① 全球化使得各个国家联系空前紧密，不同国家、民族的人们的物质生产实践活动越来越表现出世界历史性的意义。全球化是一个整体性的发展趋势，各个国家在全球化进程中不断调整自己的角色定位，在与世界各国互动程度空前加大的形势下行使着自己的国家权力。全球化的不断发展丰富了传统国家的内涵并对其主权的有效维护提出了不少挑战，主权国家能否采取有效的应对之策直接影响着国家的兴衰和发展。全球化时代，人类实践和社会组织的活动空间和影响范围愈来愈多地超越传统主权国家的界限和不同社会制度文明的障碍，在世界各个国家之间进行自由而快速的资源信息流动和思想情感交流已经成为时代发展的客观进程和必然趋势。全球化首先表现为经济的全球化。经济全球化指商品生产、消费流通、服务娱乐等的跨国界流动的规模与形式不断增加和通过国际分工和全球市场配置经济一体化进程不断加速的进程和趋势，经济全球化主要表现为市场全球化、资本全球化、金融全球化、生产全球化、经营全球化、人才全球化等，而这些都将不可避免地对传统国家的主权独立产生重要的影响。

主权（sovereignty）最初由西方提出，亚里士多德最早诠释了主权思想，法国哲学家让·博丹第一个明确了主权的概念并赋予其近代的意义。1576年，让·博丹指出：主权是“国家（state）支配其公众和臣民的不受法律约束的最高权力（supreme power）”②。现代意义上的国家主权一般指国家独立自主地处理国内外事务的最高权力，是一个国家所具有的对本国成员、自然资源、社会事务及全部财富的神圣而不可侵犯的权力，是国家区别于其他任何社会集团的独特属性。国家的主权主要表现在两个方面，其一是国家对其领土内部一切人和事物及领土外本国人实行管理与统辖的权力，其二则是国家对其外交事务的最高决策权。全球化进程中，世界各个国家政治、经济、文化、

---

① 马克思恩格斯全集：第3卷［M］. 北京：人民出版社，1960：51－52.

② ［英］戴维·米勒，韦农·波格丹诺. 不莱克维尔政治学百科全书［G］. 邓正来，主持翻译. 北京：中国政法大学出版社，1992：725－727.

军事等诸领域的活动日渐相互交融、相互渗透、相互依存，而国家的依赖性与开放性必然与国家主权的排他性与封闭性发生抵触和碰撞，进而产生一定的矛盾和冲突。“全球化被看作世界力量的解放，从经济上使国家失去权力，对许多国家来说是一个被迫的过程、一个无法摆脱的过程”①。日益增强的相互依存在国家之间、国家与国际组织之间形成了纵横交错的关联制约关系，不管主观上愿望如何，任何国家都不可能拥有传统意义上的绝对的、至高无上的、不可侵犯的在内政、外交、国防上的主权。有人认为，全球化进程的不断深化使得民族国家对国内外事务的部分控制权不断让位于各类跨国公司和国际组织。这个说法是否正确尚待商榷，但至少表明了一种趋势，即在全球化深入发展的今天，任何国家对国内外事务的处理权都不能完全只从本国的角度出发，都不能无视其他国家的存在，都不能离开国际社会的支持与认可。传统的国家主权式微化倾向益发明显，视情让渡部分传统主权以换取各国间共存共赢局面的实现，正在成为越来越多国家全球化时代的生存发展之道。

国家主权的削弱与让渡主要表现为一个国家对其内外事务处理的最高权力愈来愈多地受到其他国家及国际组织的牵制和掣肘。众多独立于国家之外的国际组织的出现既是全球化不断深入的必然结果，同时也是全球化得以推进的重要动力。这些国际组织作为具有独立行为能力的国际主体，在促进当今世界有序运行及各个国家协商对话方面发挥的作用日益明显。由各国政府发起成立的国际组织是对全球化发展起着重要影响的组织，这些组织既有国际性的，也有地区性的。随着全球化进程的推进，区域化、集团化的趋势日益明显。应当说，全球化就是放大意义上的区域化，离开了区域化，全球化就失去了发展深化的内部动力。当代世界，区域一体化的加速正是全球化深入发展的最好见证。无论东盟、欧盟，还是非洲国家共同体、北美自由经济区的发展壮大，都从各个方面见证了全球化趋势的势不可当。而联合国、世界货币基金组织、世界银行、世界卫生组织等全球性国际组织的功能日渐增强，则更是证明了各个国家相互依赖、相互制约程度空前加大时代的到来。作为各个国家政府自愿加入并推动的国际组织，它们在国际政治、经济、文化、军事领域扮演着愈来愈重要的角色，并对全球和地方性事务的介入愈来

① ［德］汉斯·马丁，哈拉尔特·舒曼．全球化陷阱［M］．北京：中央编译出版社，1998：297.

愈多。这些国际组织发端于主权国家，同时又是一个独立的责任主体，并反过来对主权国家的内外事务产生愈来愈多的影响。国际组织作为主权国家间交流沟通、对话协商的平台，要达到有效制衡各个国家的非理性行为、促进各国共同发展的目的，必须具有超越各个国家之上的一些权力，而这必然是以各个国家主权的部分让渡与削弱为前提。当前，联合国安理会形成的决议已经对各个国家具有了相当程度的法律效力，“理解的要执行，不理解的也要执行”，是这一法律效力的生动体现，联合国派驻一些国家的机构和组织已经具有了相当的影响力与地位。国际货币基金组织积极地参与到各国的政治、经济活动之中，它不但时常监督各个国家的财政预算，研究各个国家市场化进程中的诸多问题并给出建设性的参考意见，而且直言不讳地批评某些国家的军事开支过大等不正常现象并根据各国的表现决定经济援助的份额。基于国际货币基金组织在国际舞台上的重要表现，人们给予它“世界政府”的美誉，而这正是其所具有的超越主权国家之上权力的真实写照。另外，大型跨国公司以及一些国际非政府组织同样对各个国家的行为决策产生重要的影响。许多大型跨国公司富可敌国，不仅是东道国的经济支柱，而且对各个国家的经济决策与政治动态产生着重要的影响。不少跨国公司还凭借着自身强大的经济实力，通过投资、援助、贸易，甚至武装军队、资助反对党的活动、制造经济混乱等手段不断显示出自身强大的政治影响力与经济操纵力，1957 年英国石油公司对推翻伊朗摩萨德政府活动的参与、1973 年国际电话电报公司在颠覆智利阿连德政府中的作用，都突出表现了跨国公司对一些国家传统主权稳固与否所具有的强大影响力。而“9・11”事件的发生，恐怖主义活动的猖獗，从一个侧面反映出宗教极端组织对当今国际政治、经济、文化生态的强劲作用。四年一届的国际奥林匹克运动会在世界范围内所具有的巨大感召力以及对东道国经济社会发展的强劲推动力证明了全球化对于各国主权概念的丰富和发展。

同时，我们也应当看到，全球化对各国主权的影响方向及程度不尽相同。谋求自身利益的最大化，始终是主权国家进行国际交往通行不悖的准则。无论是以战争活动表现的最具激烈形式的对抗，还是以联姻共赢表现的亲近关系的合作，其目的都在于此。没有永远的朋友和敌人，只有永远的利益，是对这一国际关系基本内涵的深刻诠释。西方国家凭借其雄厚的经济、科技、军事实力，竭力维护国际政治经济旧秩序，而全球化作为由发达国家一手主导、发展中国家被迫卷入的世界一体化进程，必然内在地渗透与浸润着发达国家与发展中国家对于事关自身国家利益资源分配、文化发展、规则制定等主导权的激烈争夺。发达国家在国际政治经济格局中的先天优势及后天实力决定了全球化进程中各国主权的削弱与让渡必然是以对发达国家更为有利的形式出现的。事实上，发达国家已通过现代科技革命的成果将主权范围扩展到太空、远洋与电磁空间，而不少发展中国家甚至连传统意义的领土、领海、领空主权都难以得到有效而充分的维护，更何谈与发达国家进行现代意义的主权之争了。发展中国家经济、技术的弱势地位，是其与发达国家在新一轮的主权较量中处于下风的根源。发展中国家不仅面临着主权维护能力愈加捉襟见肘的困境，还不得不吞下损害自身主权与国家利益的苦果。例如，网络化作为全球化的产物与标志，既是发展中国家加快自身发展的必要前提，同时也给发达国家影响并干涉发展中国家提供了新的平台。还应看到，全球化不仅对于发展中国家，而且对于所有国家的传统主权均有一定程度的削弱。随着经济全球一体化进程的加速，各国联系的日益紧密，地球愈来愈成为一个整体，目前世界各国普遍面临的恐怖主义威胁、环境污染、疾病控制等，仅靠一个国家的力量已经无能为力，而必须依靠世界各国的通力合作。在全球性问题日趋增多的新形势下，势必导致各个国家单打独斗的传统模式的日益鲜见，而这必然反衬出单个国家力量的日渐渺小，一定程度上影响国民对国家整体力量的认同。

无论普遍意义上的各国传统主权的式微，还是局部意义上的发达国家新殖民主义对发展中国家主权的侵蚀，都是作为全球化进程中发展中国家中一员的中国所必须直接面对的。主权意识、国家认同历来是凝聚人心、激发斗志的精神动力之源，更是革命军人精神动力的核心之源。亚当·斯密认为："在一般情况下，对自己国家的热爱，似乎牵涉两条不同的原则：第一，对实际上已经确立的政治体制的结构或组织的一定程度的尊重和尊敬；第二，尽可能使同胞们的处境趋于安全、体面和幸福这个诚挚的愿望。"① 在全球化加速发展的新形势下，加大军人爱国主义精神的教育，需要我们坚持国家利益至上原则，围绕增强中国特色社会主义道路自信、理论自信、制度自信、文化自信，从历史与现实的角度引导官兵正确把握中国革命、建设所取得的辉

① [英] 亚当·斯密. 道德情操论 [M]. 北京：商务印书馆，2004：299.

煌成就，深刻认识只有中国共产党才能救中国、只有中国特色社会主义才能发展中国的历史必然性，科学把握近代以来特别是我们党成立以来中国历史发展的主流和主线，增强广大官兵对中国特色社会主义制度的政治认同及坚定捍卫社会主义红色江山的使命意识，不断丰富当代革命军人爱国主义的时代内涵，以此激发广大官兵的爱国之情，坚定广大官兵的为国之志，升华广大官兵的报国之举。

二、西方话语文化的霸权与军人民族自豪感的提升

文化与经济紧密相连、息息相关，一定的文化价值总是与一定的经济样式相伴随。雅克·阿达就对经济与文化价值观的共生关系做过论述，他说："进步、平等、团结、集体福利和物质保障这些传统'凯恩斯'主义的价值观被后福特主义的价值观取而代之，像成就、成功、精明、隐私等。"[①] 发端于经济领域的全球化更是引起了各相关国家文化价值观的更迭与改变，文化全球化以经济全球化为基础，并对经济全球化产生着巨大的影响。文化全球化是指各民族国家冲破以往闭关自守的封闭状态，使得主流的文化样式逐渐扩展至全球各个国家的进程和趋势。当今世界，由于各个国家政治、经济、军事实力的悬殊差距，文化全球化一开始就以一种不平等的形式出现。因此，文化的全球化，在某种程度上就表现为西方的文化霸权与发展中国家民族文化的式微及不甘失落的抗争。这两种表现时强时弱，贯穿于全球化的主要过程。文化殖民主义是西方发达国家经济殖民主义在当代的新表现，是西方国家凭借其雄厚的经济、政治、军事实力，自觉或不自觉地强行推销自己的文化制品与价值观念的行为与过程，它集中表现为西方的文化霸权。这种文化霸权的核心在于认为西方的文化是世界上最先进的文化，是适用于一切国家的优秀文化，世界各国的文化应当一律西方化，否认文明和文化的多样性和丰富性。

为了达到对发展中国家进行文化控制的目的，西方发达国家利用各种方式施加影响，网络则是西方实施文化霸权战略的重要手段。发达国家文化的扩展与强势往往会以发展中国家文化的收缩与弱势为代价，信息技术的广泛

① ［法］雅克·阿达．经济全球化［M］．北京：中央编译出版社，2000：206.

应用为不同文化之间的相互交流与竞争提供了更为便捷的条件。正如比尔·盖茨所言："信息高速公路将打破国界，并有可能推动一种世界文化的发展，或至少推动一种文化活动、文化价值观的共享。"① "当人们更多注意全球问题或全球文化而减少对传统的、地区性问题或文化的关心时，也许有些文化就会感到面临威胁。"② 网络传播说到底是一个信息传播的问题，而信息则是由人们筛选、制作、编辑而成的。网络传播起源于美国，它是与以美国为代表的西方国家主导的全球化相辅相成的。由于这种全球化带有浓厚的意识形态性与西方化的色彩，使得基于网络的文化交流与传播从一开始就失去了对等性与平衡性。语言的强势地位是西方发达国家推行文化霸权战略的又一重要基础。语言作为文化的重要载体，不仅内含一个民族的历史底蕴，而且是一个国家现实社会生活多样性丰富性的客观反映。虽然语言不能直接与国家利益及意识形态等同，但语言的优势地位却是谋求国家利益、争取文化霸权的必要前提。当今世界的语言虽然有六万种之多，但真正在世界范围内有影响力的却寥寥无几。英语是最具强势地位的语言，目前世界上有 70 多个国家以英语作为官方语言或半官方语言，联合国则以英语为首选用语。全球约有 3 亿人以英语为母语，16 亿人经常使用英语。全世界至少有 80% 的电子信息是通过英语储存的，互联网上的信息资源同样如此，这都从一个侧面反映出以美国为首的西方发达国家利用语言推行其文化霸权战略的不遗余力和现实成果。总而言之，西方国家利用先进的科学技术和经济实力，打着旨在改变发展中国家民族文化深层理念的"全球主义"的美丽而动人的幌子，对发展中国家的文化进行全方位渗透与入侵。发达国家不仅利用其强大的媒体优势与先进的卫星技术、发达的互联网络来致力于文化的扩张，还借助商品销售、跨国公司垄断经营等经济运作手段，输出西方的生活方式和价值观念。西方国家经济扩展有着深厚的文化用意，他们卖出的不仅是商品和货物，还有随之出售的标识、声音、图像和软件。闻名于世的网上书店亚马逊公司经营的 BMVP（Book、Music、Video、Publishing）早已经超越了其所承载的物质价值，成为西方国家达成对发展中国家意识形态影响与文化控制的工具。以美国为首的西方发达国家的流行音乐、电影电视、广播网络等在世界范围内的

① ［美］比尔·盖茨. 未来之路［M］. 北京：北京大学出版社，1996：326.
② ［美］比尔·盖茨. 未来之路［M］. 北京：北京大学出版社，1996：327.

强大影响，更是西方文化霸权的一个现实例证。美国电影业不仅成为其国民经济的第四大支柱产业，还以其极强的渗透力占据了全球60%左右的市场，成为全球“美国化”的助推器。这种以美国为首的西方发达国家一手主导和推动的文化全球化必将对发展中国家所固有的传统文化、价值取向、生活态度、消费方式、语言文字等诸方面产生广泛而深远的影响，并有可能内化为发展中国家国民的深层心理意识。西方发达国家有组织、多层次、大规模地实施文化扩张战略，不断形成对发展中国家文化发展的“高位势能差”，形成对发展中国家文化演变的整体压力。面临这样一种全方位的文化进攻态势，发展中国家如果不能采取有效的应对措施，自己国家内部势必会生长出一种“亲西方”的文化因子，而这种势头一旦蔓延下去，将严重削弱发展中国家自身的民族文化根基，影响国民对国家、民族的文化认同与情感支持，破坏一个国家全体国民爱国主义精神动力得以产生并发挥作用的主要根基。发达国家正是依靠其持续不断的文化侵入攻势，以此达成对发展中国家文化同化与思想控制的目的。当今世界西方思想文化观念的强势地位与发展中国家民族文化受到严重挤压的现实，见证了西方国家这一文化霸权战略在某种程度上的有效性。

西方国家的文化霸权突出表现为西方话语权的强势地位。这里所讲的话语，是兼具名称指代和动作特征的复合性词，指的是借助于陈述、表达、文学、艺术等形式在说话者与听话者之间进行思想与意义的交流活动，是一种关于语言传递、交流和反馈的社会实践活动。语言不仅是交流思想的主要工具，而且反映着社会中不同人群之间的基本权力架构。话语可以通过一切渗透着人的价值和活动的文字资料、作品文本来传递并行使一定的社会权力和施加一定的社会影响。约翰·菲斯克认为：“话语不仅是文化的产物，也是社会的产物，是那个社会中政治关系的力量，至少在工业化国家是如此。话语总是产生于社会（或政治）识别点，把聚集在那个点周围的群体对真实的感受变成普通常识，从而为那些群体的利益服务。”① 话语不仅意味着一种语言，而且意味着对说话者地位的默认与权力的认同。话语的表达既包含谈论什么，还包括谁在谈论与如何谈论，而后者正是话语所内含的权力的栖息之所。当前全球化进程中各个国家由于其政治、经济、军事力量的殊异，其话语权行

① ［美］约翰·菲斯克. 电视文化［M］. 北京：商务印书馆，2005：60.

使的范围与程度不尽相同。发展中国家至今还停留在“有权利说”（the right to say）的层面，而“在现代国家的场景中，至关重要的是，不同群体以话语方式形成表达其利益的政策或方案的能力，并在公共领域中开辟出宣扬这些政策或方案的能力”①。西方国家依仗其强大的政治、经济、军事实力，不仅有着广泛的“有权利说”的权利，更有着充分的“有权利说且被倾听”（the right to speak and to be heard），而后者正是主导国际话语权、扩大该国文化价值影响的重要途径。语言表达功能的充分发挥在很大程度上取决于说话者自身对语言的把握能力，人是语言的主体，但人的表达却经常受到语言的制约。“不是我在说话，而是话在说我”，讲的就是这个意思。就一个国家而言，其话语的言说方式同样是该国影响力的集中体现。话语作为重要的文化载体，内含一个国家和民族独特的价值取向和思维方式，对该国国民的思想发展和心理成长起着重要的作用。通过话语权的主导来控制人的思想，历来是强势国家控制弱势国家的重要手段。“国家的发展必然与话语方式的形成相融合，话语方式建构性地塑造了国家权力。”② 历史上，许多殖民地国家的人民被剥夺了决定自己民族语言的权利后，被迫接受殖民者对他们国家和民族文化的诠释和重构，时间长了，殖民地国家的人民就习惯了这种话语体系并以一种显性或隐性的逻辑延续下来，内化为他们深层的思想观念与价值取向，与殖民者文化一脉相承的价值观念由此在殖民地民众的思维方式和行为趋向中得到实现。借助话语霸权的确立和维护，西方国家就确立起自身民族文化对发展中国家民族文化的优势地位与强势权力，有效地控制着发展中国家人民的自我认同和利益表达。话语权争夺的背后是物质利益的交锋，经济实力的强弱是话语权大小的主导因素。正如汤林森所言：“话语的权利总是与物质也就是资本主义全球秩序的经济权力连属，二者不可分离。”③ 马克思和恩格斯早在一个多世纪之前就深刻地认识到这个问题，他们指出：“支配着物质生产资料的阶级，同时也支配着精神生产资料，因此，那些没有精神生产资料的人的思想，一般地是隶属于这个阶级的。占统治地位的思想不过是占统治地位

① ［英］安东尼·吉登斯．民族－国家与暴力［M］．北京：生活·读书·新知三联书店，1998：255.

② ［英］安东尼·吉登斯．民族－国家与暴力［M］．北京：生活·读书·新知三联书店，1998：254.

③ ［英］汤林森．文化帝国主义［M］．上海：上海人民出版社，1999：33.

的物质关系在观念上的表现，不过是以思想形式表现出来的占统治地位的物质关系。”[①] 思想观念、知识文化、回忆再现、意识形态等不同的话语形态在社会的权力构成方面起着重要的作用，是较之通常的权力运行更为隐秘的一种权力运作方式。葛兰西认为，现代社会中权力的运作方式有两种，一种是暴力性的统治方式，一种是较温和的文化控制。随着人类历史的不断发展，国家结构中的意识形态及文化领导权会日益强化，经济和政治利益的冲突往往在文化的、意识形态的冲突中表现出来[②]。换言之，话语权的控制与主导是文化霸权与意识形态战略的重要内容和主要途径，文化霸权主要通过舆论教化、精英共识等促使人们自觉认同和主动效仿的途径来实现，而这种方式一旦运用到国家间的利益争夺中，则比以往赤裸裸的政治压迫、经济殖民和军事侵略更为隐蔽与富有成效。马克思指出：“通过传统和教育承受了这些情感和观点的个人，会以为这些情感和观点就是他的行为的真实动机和出发点。”[③] 发展中国家在西方国家话语权的控制之下，发展中国家人民会慢慢丧失对西方文化侵略的警惕性，不自觉地用西方化的价值观念、思维方式观察和处理问题而不自知，由此带来整个民族文化的衰微与国家认同意识的消减，甚或导致国家主权独立遭到侵害、沦为西方国家的附庸。

不管全球化如何发展，我们应当看到，全球化首先表现为民族化。没有民族性，就没有世界性，因而也就无从谈起全球化。正如马克思所言：德国人的事情“仅仅是德国人的民族事情，而且对德国说来也只有地方性的意义”[④]。西方国家的话语包含着西方国家的文化价值观，它是以西方种族和文化优越感的面貌出现的，是为现代西方新殖民主义经济利益服务的新的民族文化心理控制与压迫模式。西方国家对话语权的争夺与控制，必将大大影响发展中国家人民对自身民族文化的认同与表达，不利于其自身文化的发展与进步，阻碍这些国家的人民民族自尊感的形成和民族自豪感的确立。民族意识的有无与强弱历来是影响革命军人精神动力大小的重要因素。新时代激发革命军人精神动力，我们需要着眼全球化进程中西方文化霸权与意识形态战

---

① 马克思恩格斯选集：第1卷［M］. 2版. 北京：人民出版社，1995：98.

② 段忠桥. 当代国外社会思潮［M］. 北京：中国人民大学出版社，2001：160.

③ 马克思恩格斯选集：第1卷［M］. 2版. 北京：人民出版社，1995：611.

④ 马克思恩格斯全集：第3卷［M］. 北京：人民出版社，1960：45.

略的新特点，更加牢固确立马克思主义及其中国化最新成果在意识形态领域的主导地位，坚持以传承中华优秀传统文化为立场，以弘扬革命文化为根本，以发展社会主义先进文化为指向，努力构建具有中国特色和时代风范的先进文化体系，有效化解西方实施文化霸权战略对我的不利影响，为塑造革命军人民族心理、淬火革命军人民族意识提供有力思想文化支撑。

三、全球普世伦理的提出与军人阶级使命感的铸牢

全球化既是经济、政治、文化的全球化，也是社会各个层面的全球化。作为人们处理相互关系的基本社会实践，伦理同样有其全球化的表现与发展，所谓“全球普世伦理”的出现即是这一客观现实的历史反映。这一伦理最早出现于德国神学家孔汉思于1990年出版的《全球责任》一书中[①]，并迅即引起国内外的强烈反响。其正式文本，出现于1993年8月24日至9月4日在美国芝加哥召开的世界宗教会议通过的《走向全球伦理宣言》。应然不等于实然，现实与理想往往相去甚远。现代人们所广泛谈论的普世伦理尽管依然有一些国家及民族的人们参与协商以求达成共识的影子，但这也无法掩盖其更多地带有国际多种力量角力的实质与西方资本主义价值观大行其道的现实。以1500年以来的大历史为视角观之，“全球普世伦理”最切近的价值理念，首先是源于西方自文艺复兴以来资产阶级极力鼓吹与竭力推崇的自由、平等、民主、人权等价值理念。这些价值理念的最切近性和直接现实性，已经为资本主义运动在全球兴起、发展的现实所证明，而正是这些价值理念在全球传播的广泛性、理解的深入性、适应的跨国性促进了资本主义的发展与资产阶级的壮大，并在与新生的社会主义的较量中一度处于优势。全球普世伦理从一开始提出就带有西方思想文化、意识形态、价值理念的强制灌输的特性，西方化的色彩较之其他任何一种文明体系对普世伦理的影响都远远为甚。

尽管全球伦理一开始由神学家提出并大力推广，但我们却不能简单地将“全球普世伦理”等同于特殊的宗教伦理。全球性与世俗性，是这一普世伦理的重要特征。就其外在表现而言，“普世伦理”是一种底线伦理，而不是涵盖社会生活各个层次与方面的伦理，不可能为无产阶级利益的实现提供价值支

---

① KUNG H. Global responsibility [M]. New York: The Continuum Publishing Company, 2001.

撑。在孔汉思等人着手起草撰写《全球伦理宣言》时，他们就将普世伦理定位为底线伦理，它要表现“世界诸宗教在伦理方面现在已有的最低限度的共同之处”①。应该说，全球普世伦理不是一开始就存在的，它是在区域化的伦理体系之上发展起来的，区域化的伦理体系是全球普世伦理得以形成的前提和源泉。在人类历史的长河中，全球化只是晚近发生的事情，与之相对应的区域化时代则是人类文明绵延至今的主要生存背景。在人类文明的区域化发展阶段中，尽管不乏不同民族与国家之间的政治、经济、文化等诸方面的交流、沟通与融合，有时这种交流、沟通与融合还非常丰富，但是，就总体而言，不同区域（这种区域主要以民族国家为基本单位）之间的交流、沟通与融合还主要停留在表层之上，缺乏深层次的文化价值理念的互动与整合。一个社会的伦理规范体系无不是该社会文化价值理念的反映与外显，区域化时代文化价值理念的国家性与民族性决定了伦理体系的国家性与民族性。只有随着历史的发展，各个国家民族经济政治文化交融程度的日益加深，才使得全球普世伦理的出现成为可能。全球化离不开区域化，全球普世伦理同样离不开区域伦理。全球普世伦理是区域伦理发展的必然结果，并赋予区域伦理以新的内涵。而区域伦理与普世伦理的互动又促进着区域伦理的不断发展，全球普世伦理又将因之获得新的更为丰富的精神营养与思想资源。尽管区域伦理与全球普世伦理相互依存、相互促进，但与全球普世伦理的开放性与兼容性不同的是，区域伦理更多地表现为封闭性与保守性。在很长的一段时间内，各个国家民族都是在相对封闭的区域内发展，其政治体制、经济模式、文化系统都带有鲜明的地方特色，而这正是当今全球化进程中文化多元并存的历史渊源。相对封闭的地域特色，既是各个民族国家发展自身、证明存在的一种形式，同时也容易导致各个民族国家对自己文化价值体系的自我欣赏与自我迷恋，而这无论对于单个文明对其他文明的借鉴与学习，还是对于人类总体文明的丰富发展，都算不上是一个福音。也应看到，人类各种文明共生共荣、互相促进的趋势是任何力量都无法阻拦的，区域伦理的相对封闭性正是其形成独特价值的方式与源泉，而区域伦理独特价值的产生才使得区域伦理间的交流与融合成为必要，由此“全球普世伦理”才成为一种可能与必要。由此可见，“全球普世伦理”越是发展，越离不开区域伦理的存在与发

① ［德］孔汉思．全球伦理：世界宗教议会宣言［M］．成都：四川人民出版社，1997：2.

展。进入全球化时代，区域伦理的价值蕴含及实践内涵发生了深刻变化，区域伦理以全球伦理为发展方向但又不止步于此，全球伦理以区域伦理为价值栖息但又不局限于此。离开了自身的特色，区域伦理将会丧失其本真而活力不再。全球化时代的区域伦理同样有一个自我辨认与自我认同的问题，越是体现出本民族与本国的文化特色，就越显出其自身的价值，就越能对人类文明的丰富发展做出贡献，也就越能为全球普世伦理的发展提供更多的思想资源与精神营养。

“全球普世伦理”的成功建构，显然不是一个短时期内就可以得到圆满解决的问题。而对于“全球普世伦理”建构的蓝图式预期与现实性判断，同样是一个在目前状况下无法轻率断言的复杂问题。当前最需要解决的问题，是确立一个适应全球化发展趋势的普世伦理建构的价值取向与原则立场。这种价值取向与原则立场的确立，重点不在于具体的内容舍弃之上，而在于宏观的方法选择上。即不是讨论全球普世伦理应该包括哪些道德规范，应该放弃哪些行为准则，而是确立我们看待普世伦理的视角，即我们是赞同普世伦理的“实力进化”原则，还是支持普世伦理的“对话协商”立场？如果是前者，则我们就会对西方发达国家凭借其雄厚的经济实力与强大的军事实力推行的文化霸权战略与意识形态的“和平演变”持认同态度，就会信奉国际社会弱肉强食的“丛林法则”，就会默认西方资本主义国家原始积累时期的“炮舰政策”与“殖民主义”行径以及全球化时代的经济剥削与“新殖民主义”和“干涉主义”；如果是后者，我们就会倾向于用和平对话的方式处理国际关系与事端，就会努力捍卫和维护各个国家之间的平等地位与民主关系，就会大力强调各个不同文明的独特价值及共生共荣的和谐理念、致力于构建人类命运共同体。两种不同的行为选择与思维路径，实际上反映的是两种截然相反的价值观与阶级立场。前者是资产阶级价值观的折射，而后者则是无产阶级价值观的体现。显然，我军作为中国共产党绝对领导下的无产阶级人民军队，后一种选择当然是我军的行为准则。但是，现实往往与理想有很大的出入，“全球普世伦理”的提出及发展，无论就其形成路径，还是其核心理念，都已经被烙上了西方发达资本主义国家意识形态的印记，打上了资产阶级价值观的标识，这已经是全球化进程中的不争事实，是广大发展中国家与社会主义国家产生排斥心理却又不得不直面的严酷现实。“普世伦理”某种程度上是西方价值观的反映与写照，内在地包含着西方资产阶级的价值取向与思维方式，是为西方资产阶级的利益服务的，因而在一定程度上是与无产阶级的根本利益相悖的。恩格斯指出：“人们自觉或不自觉地、归根到底总是从他们阶级地位所依据的实际关系中——从他们进行生产和交换的经济关系中，获得自己的伦理观念。”① “一切以往的道德论归根到底都是当时的社会经济状况的产物。”② 现今全球普世伦理中所蕴含的民主、平等、人权、公正的价值理念，说到底是西方资产阶级所认可的民主、平等、人权、公正，而不是马克思主义意义上的民主、平等、人权、公正。如果我们不能对此有一个清醒的认识，并采取切实有效的措施改正之，则我们对“普世伦理”的愈加推广，则愈使得我军官兵的价值取向西方化，而这是与我军的阶级本质背道而驰的。恩格斯指出：“我们拒绝想把任何道德教条当作永恒的、终极的、从此不变的伦理规律强加给我们的一切无理要求，这种要求的借口是，道德世界也有凌驾于历史和民族差别之上的不变的原则。”③ “全球普世伦理”就其本性而言，具有超越国家和民族的特性，而这样的伦理事实上在现实社会中找寻不到生存发展的土壤。因此，它被恩格斯称为一些别有用心的人的“借口”，这些人妄图凭借臆想出来的“借口”将本阶级的意志“凌驾”于其他国家和民族之上。由于“社会直到现在是在阶级对立中运动的，所以道德始终是阶级的道德；它或者为统治阶级的统治和利益辩护，或者当被压迫阶级变得足够强大时，代表被压迫者对这个统治的反抗和他们的未来利益”④，因而“全球普世伦理”现今只能是人们头脑中的观念，而不具备其实践的品质。“全球普世伦理”在当今社会的兴起及发展，归根到底是在学术层面的兴起及发展。“全球普世伦理”也并非没有出现的可能，它的出现是与一定的社会发展阶段相联系。正如恩格斯所言：“只有在不仅消灭了阶级对立，而且在实际生活中也忘却了这种对立的社会发展阶级上，超越阶级对立和超越对这种对立的回忆的、真正人的道德才成为可能。”⑤ 面对“全球普世伦理”的提出与不断发展的新形势，我们应当认清西方资产阶级所宣传的“普世伦理”的虚伪性与欺骗性，并努力用马克思主义的话语体系诠释无产阶级的普世伦理，以此增强全球化

---

① 马克思恩格斯选集：第3卷［M］. 2版. 北京：人民出版社，1995：434.
② 马克思恩格斯选集：第3卷［M］. 2版. 北京：人民出版社，1995：435.
③ 马克思恩格斯选集：第3卷［M］. 2版. 北京：人民出版社，1995：435.
④ 马克思恩格斯选集：第3卷［M］. 2版. 北京：人民出版社，1995：435.
⑤ 马克思恩格斯选集：第3卷［M］. 2版. 北京：人民出版社，1995：435.

时代军人的阶级意识与政治意识。应该说，无产阶级的阶级使命感与历史责任感，始终是社会主义国家动员人民群众建设祖国、发展祖国的动力之源，同时更是社会主义国家军队中革命军人精神动力的核心部分。在社会主义与资本主义持续共存的当今时代，加强社会主义国家人民与无产阶级军队官兵的阶级意识有着特别重要的政治意义与现实紧迫性。应当看到，无产阶级所倡导的普世伦理，归根结底是社会主义道德体系的一个组成部分，是社会主义道德体系在国际交往实践与全球化进程中的延伸与拓展，因而同样是以集体主义为原则与为人民服务为核心的，并且同样是以马克思主义为其根本指导思想的，是无产阶级国际主义精神在道德领域中的反映与运用。认清了资产阶级所倡导“普世伦理”的虚伪性欺骗性，把准了无产阶级革命军人所应树立普世伦理的实践性先进性，我军官兵就能在全球化不断发展、国际军事交流日渐增多的新形势下，创造性处理军事社会实践中的诸多问题，全身心致力于强军打赢而信念弥坚，斗志愈强。

第九章

现代性转型中的革命军人精神动力

马克思曾经将人类社会划分为三个历史形态，他说："人的依赖性关系(起初完全是自然发生的)，是最初的社会形态，在这种社会形态下，人的生产能力只是在狭窄的范围内和孤立的地点上发展着。以物的依赖性为基础的人的独立性，是第二大形态，在这种社会形态下，才形成普遍的社会物质交换，全面的关系，多方面的需要以及全面的能力的体系。建立在个人全面发展和他们共同的社会生产能力成为他们的社会财富这一基础上的自由个性，是第三个阶段。第二个阶段为第三个阶段创造条件。"① 马克思在此论及的三种社会形态的变更，其实就是人类历史由低级形态向较高级形态的社会变迁与社会转型。就我国而言，所谓社会转型，就是指我国从传统社会向现代社会的转变与过渡，是由以人的依赖性关系为主的社会向以物的依赖性为基础的人的独立性为主的社会的转变与过渡，是社会传统性不断消解、重构与现代性不断生成、丰富的统一过程。具体论之，我国当前正在进行的社会转型，在经济形态上表现为由以计划调节为主的自然经济社会向以市场导向为主的商品经济社会的转变，在政治形态上表现为由以全能政府为特征的传统管理型社会向以社会自治为基础的民主法治型社会的转变，在文化形态上表现为思想观念相对单一社会向思想文化高度活跃社会转变。总而言之，现代性的深入发展已经成为当代中国社会一道独特的风景，任何人都无法忽视其广泛而深刻的存在。现代性同样深入渗透到军队建设的方方面面，成为革命军人军事生活实践的广阔时代背景，并对他们的生活方式、思想观念、价值取向等产生深远的影响。人的转型是社会转型的基本前提，同时亦是社会转型的最高成果。基于此，加强革命军人精神动力的开发，需要我们密切关注现代性发展所带来的机遇与挑战，认真研究现代性对革命军人思想发展与人格成

① 马克思恩格斯全集：第46卷上［M］. 北京：人民出版社，1979：104.

长的新作用与新影响，并采取有效举措加以有效应对。

一、家国同构向民主政治的转变与军人独立性人格的培养

当代中国社会的现代性转型，从根本上说是中国2000余年封建社会家国同构的君主政治向社会主义社会人民当家作主的民主政治的转变。这一历史性转变因1949年中华人民共和国成立获得根本社会条件、根本政治保证、根本制度前提而成为现实，并于1978年党的十一届三中全会召开后呈现出加速发展的态势。

在我国，封建主义作为一种社会制度早已随着辛亥革命的胜利烟消云散，而封建主义作为一种思想观念却仍旧在社会各个层面有所表现。究其缘由，是因为思想文化作为一种精神形态，有其历史的惯性。在我国，封建社会历史漫长，资本主义又没有经过充分发展，由此造成了封建思想观念清除得不甚彻底。封建主义思想观念的核心是宗法伦理与“家族本位”。家庭是传统社会最基本的社会单位，它不但是物质再生产与人口再生产的单位，还是家族政治的基础，是基于家族政治的军事组织与政治组织存在的前提。由于家族氏族的宗法制度与社会政治的等级制度的紧密结合与相互依存，导致了家族与国家的同构性，这就是传统社会中的家国同构。“家国同构”是中国传统社会的主要特征，是一种政治上全能主义的体现，这种结构表现为国家与社会没有严格的界限，它是以人对自然的直接依赖关系与人对人的从属与被从属关系为基础。在家庭中，家长的意志不可侵犯。在国家中，皇帝的意志至高无上。宗法伦理、三纲五常是家族本位在社会规范上的反映。国家是放大了的家族，皇帝则是天下之家长，这种社会讲究“尊卑有别、长幼有序”。个人依附于家族而存在，家族兴则个人兴，家族衰则个人衰，个人的社会地位与事业发展不取决于个人的努力程度与能力大小，而取决于他所蒙受和承嗣的祖荫的多寡。个人的一切行为应当以宗族利益及意志为取向，而不应擅自行事。马克斯·韦伯认为：“从社会角度说，对于宗族成员，包括在异乡、特别是城里生活的人的存在来说，宗族就是一切。”① 个人被湮没在家族之中，全然没有个人的独立性与能动性。个人的社会标志表现为身份的不同，身份关

① ［德］马克斯·韦伯. 儒教与道教［M］. 北京：商务印书馆，2003：144.

系是中国传统社会中最基本的社会关系。所谓身份是指个人在团体或社会中所形成的稳定关系中所处的地位，它反映的是传统社会中个人的政治、经济地位。个人生活在无所不在的宗法之网中，个人的一切思想行为只有以宗族为基础才有意义，个人全然是家族的附属品与衍生物。在以宗法制度为基础的身份关系网中，人的身份不同，社会地位相异。身份高贵者可以奴役、遗弃身份低贱者，而身份低贱者却只有俯首听命而不得稍有违背。中国古代女子的“三从四德”以及“君要臣死，臣不得不死；父要子亡，子不得不亡”，则是这种身份关系的极端反映。家国同构的宗法伦理决定了孝与忠的同质性，忠孝伦理在社会生活中绝对主宰地位的确立则表示着个人主体地位与独立意识缺失状况的开始。无论是效忠，还是尽孝，其最基本的要求都是依附顺从，对这一点的过度强调，无疑会对社会成员自主意识的确立产生不好的影响。新中国的成立，是中国人社会地位与主体意识得到根本提高和全面解放的分水岭。但一段时期我们将社会主义与计划经济的简单等同客观上造成包括人在内的社会各类资源要素无法充分、自由流动的后果。这一时期，作为一切社会关系总和的社会成员，更多地是作为一个单位人而存在。改革开放前的户籍管理制度、干部人事制度、劳动用工制度等一系列制度设计人为规定了社会中新的身份群体，干部、工人、农民是当时中国最主要的三大身份群体。所有制身份（全民、集体、个体）、社区身份（城市、乡镇、农村）、行政身份（干部、群众）成为确定人群分类及归属的主要身份标识。由于人的身份属性主要不是由个体后天努力中自然形成，而是主要基于血缘、职缘、地缘历史形成的，因而其具有较强的固定性与难以转换性。各类身份的固定性与难以转换性则在一定程度上禁锢了人的自主性与积极性，影响、限制甚至阻碍着个人主观能动性的发挥。

人类的经济形态可分为自然经济、市场经济与再分配经济，这三种经济形态呈递进发展趋势。如果说当今世界发达国家的现代化进程都是开始于自然经济充分发展与市场经济全面实行的话，那么社会主义国家在启动现代化进程之初则独创了一种以再分配经济形态为主的经济形式。生产力水平的低下，决定了这种本应以市场经济充分发展为基础而事实上却缺少市场经济完全发育的再分配经济形态的特殊性，这种特殊性即在于依靠国家普遍的政策干预与强劲的计划调节。随之而来的，则是对自然与社会资源的高度垄断与超强控制。中华人民共和国成立伊始，就利用国家政权的强制力量与政策调节等手段，没收官僚买办资本，对民族工商业进行社会主义改造，开展土地改革运动、推进合作化与人民公社化，由此国家获得了对整个社会战略资源、短缺资源、主要资源的所有权与处置权。由于我国生产力水平的总体偏低，中华人民共和国成立初期出于巩固社会主义政权与发展社会主义事业的目的，采取这样一种经济形态有其历史必要性。但随着历史的发展，这种体制的诸多弊端也逐渐显现出来。而这些弊端却需要借助于市场经济的深化发展来求得解决。因此，社会主义国家的现代性发展在某种程度上就是经济形态上由特殊意义上的再分配经济形态向通常意义上的市场经济形态的转型。社会主义国家经济转型的特殊性决定了改革的艰难与许多意想不到困难的出现。现代性的生成在某种意义上就是总体性社会控制体制的不断弱化、解体与市民社会的形成、发展。马克思指出："我们越往前追溯历史，个人，从而也是进行生产的个人，就越表现为不独立，从属于一个较大的集体。"① 现代性历史的追溯亦是如此，现代性转换前的中国社会，个人更多地是以集体中的一员而出现的，而现代性发展后的中国社会，个人则更多地以个体独立的形式而存在。而集体"总是作为某种独立的东西而使自己与各个个人对立起来"的东西，个人在经济上、政治上的高度依赖易导致其养成依附心理与顺从人格。

个性的独立性是军人精神动力得以产生的前提，一个没有个体独立性的军人，只会养成唯唯诺诺的性格，随波逐流，毫无主见，因而谈不上有奋发进取、开拓创新的精神动力。作为现代性发展的一个重要内容，以市场为导向的经济改革实践的发展，是由计划主导，政府全能的传统社会向市场导向、社会治理的现代社会转变，而这无疑会对包括军人在内的整个社会成员的自主性与独立性的培养与发展产生有力的促进作用。因此，加强军人精神动力的培养，需要我们抓住当代中国现代性生成和发展所带来的大好机遇，着力采取有效举措增强军人的主体意识与独立意识。另外，我们也应看到，军人独立性的增强与自主性的提高并不全然对军人精神动力的开发有利。独立性的增强，一方面使得军人体验到自身力量的存在，促进自己为个人自身素质的提高而不断奋斗，为个人物质生活的改善与精神生活的丰富而开拓进取，这是对军人精神动力开发有利的方面。另一方面独立性的增强也使得军人愈加关注自身的利益得失，而这也会为西方资产阶级的享乐思想及封建主义的

① 马克思恩格斯全集：第46卷上［M］．北京：人民出版社，1979：21．

余毒乘虚而入提供方便，弱化军人的革命斗志，这是对军人精神动力开发的不利方面。同时，我们还应看到，在单位办社会的现代性转换前期，军人精神动力开发也取得了不菲的成绩。我军官兵在革命战争年代及改革开放前期实行高度计划经济的时期所具有的强大精神动力就说明了强调集体至上的年代，军人精神动力开发大有可为。事实上，我军精神动力开发的主要业绩正是在这样的一种历史条件下取得的。集体主义的取向之所以对军人精神动力的开发能产生有力的促进作用，原因在于，集体取向的社会，个人更容易被集体的宏伟目标所凝聚并为之不懈奋斗。集体取向的社会，个人对自己力量的不甚自信与对群体力量的高度推崇，更能促使个人对集体事业产生一种崇高的情感。而这将使得那些为集体的共同目标做出贡献的人获得极大的心理满足，荣誉感也会油然而生，而荣誉感正是人的精神动力得以产生的重要源泉。正是因为如此，在今天军人独立性有所增强但社会总体发展水平依然不高的时代，依然要大力弘扬集体主义的优良传统。这里需要指出的是，问题的关键不在于放弃集体主义的价值原则，而在于消除传统社会中个体对组织的盲目信奉与人身依附。从理论上讲，与集体主义相对的概念是个人主义，与人身独立相对的概念是人身依附。无论是传统社会还是现代社会，集体主义的价值原则、个人独立人格的培养，都是代表历史发展趋势的先进思想导向和实践标尺。不管时代如何发展，集体主义的价值原则始终是激发革命军人精神动力的重要源泉，个人独立人格则将随着我国社会转型的不断深入而对革命军人精神动力的生成产生越来越重要的积极影响。因此，随着中国社会发展进程的不断推进，我们既要继续发挥传统文化中集体取向的社会心理对军人精神动力开发的有利影响，又要充分利用军人独立性增强对军人精神动力开发的促进作用，同时在此过程中注意探索在发展社会主义市场经济条件下坚持集体主义价值原则的方法路径，保持弘扬集体主义精神与尊重官兵独特个性、创造活力的合理张力，形成促进革命军人精神动力生长发展的强大合力。

二、平均主义向公平效率的转变与军人进取性精神的提振

平均主义的思想与中国古代的大同思想密切相关，大同思想是财产公有、人人平等、没有剥削、没有压迫的大同盛世的社会理想，其核心就是平均主

义的价值理念。《礼记・礼运》就曾对“大同”进行了生动的描述，文中写道：“大道之行也，天下为公，选贤与能，讲信修睦，故人不独亲其亲，不独子其子，使老有所终，壮有所用，幼有所长，鳏寡孤独、废疾者皆有所养。男有分，女有归。货恶其弃于地也，不必藏于己，力恶其不出于身也，不必为己，是故谋闭而不兴，盗窃乱贼而不作，故外户而不闭，是为大同。”《吕氏春秋》《管子》《列子》都曾描述过“未有君臣上下之别”的大同盛景。平均主义既是一种社会理想，亦是小农生产者的平等观，其实质是追求社会财富与土地资源占有的绝对平等。历史证明，这种平等观注定是一种乌托邦的空想，无论是陶渊明所描绘的“世外桃源”，还是洪秀全所创建的“太平天国”，都免不了在现实生活中无法生存或“昙花一现”的命运。平均主义者要求平均享有一切社会财富，要求人与人之间在政治待遇、经济收入、工作条件、生活水平、文化素质等方面做到绝对平均。平均主义者追求符合条件者拥有相同分配结果的价值理想，认为只要做到平均分配就是好的，否则就是社会的不公平与不平等。作为一种文化传统与价值取向的平均主义萌芽于《论语・季氏》，这篇文章提出：“有国有家者，不患寡而患不均，不患贫而患不安，盖均无贫，和无寡，安无顿。”这是人们对春秋末期社会不安定现象不满而生发出的感慨，表达了人们对平等占有生活资料的原始部落生活的眷恋，并不表示平均主义是社会发展的方向。事实上，社会越是发展，平均主义就越是没有生存的空间。原始社会是平均主义在社会各个领域得到极大体现的时期，而随着社会的发展，平均主义越来越没有市场，取而代之的是以公平和效率为核心的平等主义。

如果将历代平均主义的乌托邦理想强力推行至现实生产生活中去，不仅不会产生预期的美好结果，还会对社会的发展进步产生灾难性的后果。中华人民共和国成立后，着眼于激发占人口绝大多数农民的生产积极性，国家将土地平均分配给了农民。随着社会主义改造的基本完成，为了在中华人民共和国建立初期百废待举的条件下实现工业生产资金的原始积累，国家采取了城乡二元、以农补工的方针。尽管存在着城乡、工农及不同单位、所有制的差异，但在同一部门、行业内部却是以平均主义为主要分配方式。平均主义分配方式之所以能够迅速得到普遍实行，除了国家的行政力量支撑之外，还有一个重要原因就在于其形式上的貌似平等、操作上的简单易行及心理上的易于接受。

平均主义试图否认、取消一切差别与不同，在他们眼中，平均就是平等，任何差异或不同都是不平等。实际上，人们之间的差异与不同是绝对的，平等总是相对的，强制性地通过平均达成平等只能是虚假的平等，结果只会造成更大的不平等。人们之间的差异与不同主要表现在先天条件、后天环境、个人努力程度的差异与不同。首先，由于自然遗传与地理环境的不同，每个人一出生下来，就具有不同的身体物质条件与智商天赋状况。其次，由于社会环境、家庭条件、经济地位、政治状况、受教育水平、发展机遇的差异与不同，每个人社会发展的潜力与可能性就存在着差异与不同。最后，由于个人努力程度的不同与勤奋水平的差异，每个人的发展不可避免地存在着差异与不同。这三种意义上的不平等是客观存在与无法避免的，它是每个人现实生活中起点、环境、机会、努力程度不平等的真实写照。平均主义者试图取消人们之间客观存在着的不平等，这是在任何一个社会形态中都无法实现的梦想。

强制性地推行平均主义是违背社会运行客观规律的行为，它必将使社会发展因此而付出代价，公平的缺失与效率的低下就是平均主义的重要症状。平均主义不计人们的劳动付出与智力投入的不同，一味强调分配结果的平均，这势必损害努力工作、勤奋敬业的人们的根本利益，抑制人们的劳动积极性与主动性。人们的工作动机不仅受到绝对报酬的影响，还为相对报酬所左右。现实生活中，每个人都会下意识地将自己所付劳动与所获报酬之间的比例与他人比较。通过比较，当他感到自己的付出与所得相符，便会努力工作，干劲十足。而当他感到付出与所得不相称时，便会产生一种挫折感与被剥夺感，严重影响工作的积极性，甚而产生消极怠工的思想行为倾向。平均主义不但影响生产单位的效益，而且影响劳动者工作的效率。在平均主义的环境中，劳动者与经济效益脱钩，违背了经济运行的基本价值规律，极大抑制了劳动者的工作热情。平均主义的施行，同样使得管理者失去了靠勤勉工作、科学管理而获得的高于平均薪资水平的匹配报酬，因而也就抱着多一事不如少一事的态度，不愿付出多余的管理与监督成本，自己落个轻松，却在客观上妨碍所经营单位效益的提高。改革开放前的中国社会，不同所有制、不同行业内部、不同行政级别人员的社会分配存在差异，财富分配的平均主义只是体现在同一等级、同一单位内部。一旦一个人的工资档次或行政级别固定以后，就很难通过工作上的付出加以改变，而这势必造成其工作热情的衰减与劳动积极性的消退。一些思想积极、要求上进的劳动者即使短时期内在劳动付出与所得不相称的情况下热情依然，但劳动付出长时期得不到合理回报，同样会产生心理上的失衡感与被剥夺感，产生逆反情绪与消极思想，进而影响工作积极性的维持。对于平均主义的危害，列宁指出，平均主义“从社会主义的角度看是反动的和乌托邦的”。劳动付出与劳动所得的不相称，是平均主义引发不满的原因之一。原因之二在于每个人物质匮乏的程度不同，在分配相同物质产品的条件下，物质匮乏程度重的人感到杯水车薪、无济于事，而物质匮乏程度轻的人则感到需求满足的喜悦，而这也会引起人们对社会主义公正平等价值观实现的质疑，影响劳动者积极性的提高。

中国社会的现代化呼唤传统社会的尽快转型，而这当中的一个重要内容就是实现由平均主义到公平效率的转型，后者适应于社会主义市场经济深入发展、全面建设社会主义现代化国家的新的社会现实。中国社会的现代化呼唤个人进取精神与创造活力的竞相迸发，而这离不开全社会对于公平效率的普遍追求。计划经济向市场经济的社会转型，既以公平效率为其前提基础，同时亦以公平效率为其自然结果。所谓公平效率，即我们通常提及的“效率第一、兼顾公平”的另一种说法。公平是公正的必要条件，公正源于古希腊语中的“orthos”一词，原意为“置于直线上的东西”，后来引申为“真实的、公平的和正义的东西”。柏拉图认为公正是“每个人作为一个人应当只做适合他本性的事情”。中国古人则认为公正就是不偏私、不偏袒、正直。当前人们所提及的公正一般指社会领域内的公正，是指对一定社会结构、社会关系及社会现象的道德认知和道德评价，即对一定社会政治制度、经济政策、文化体制以及相应的法律、法规等的合理性与有效性的道德要求和价值判断。人们对社会公正的认定，即指对上述社会制度建构的适应性与有效性的认定。市场经济的有效运行，需要有公平的竞争环境、自由的市场机制、开放的政府管理、高效的流通体制，而这些都离不开社会公正的制度设计。公平是政治伦理学概念，效率是经济社会学概念，二者差别明显，而传统中国社会向市场经济社会的转型，则将二者有机地结合在了一起。没有公平，就谈不上效率。而没有效率，公平也就失去了意义。而无论公平，还是效率，二者都是中国社会发展进程中人们进取性精神得以提振的重要源泉。公平主要体现在两个方面，其一是社会成员机会平等或曰起点平等，即保障一切社会成员在一切社会领域的权利平等。其二是社会成员之间保持能带来最高生产效率的合理差距，即实现保障社会平等与生产高效的最佳结合与有机统一。历史已经证明，平均主义的大锅饭模式带来的是普遍贫穷与效率低下，而这正是人们精神动力不足、积极性低下的外在表现。现代性发展对公平效率的要求，正是人们精神动力得以激发、积极性得到提高的有利条件。

整个社会积极进取风气的形成，必将对军人积极进取精神的强化起到有力的促进作用。平均主义向公平效率的转变将成为革命军人激发强军热情的催化剂，官兵矢志军营的热情高涨，将为军人精神动力的开发创造更为有利的现实条件。在看到社会转型带给军人精神动力开发机遇的同时，我们也应看到对公平效率追求可能会带来过于重视“数字政绩”和“量化指标”的负面影响，由此导致对理想信念信仰等深层价值理念的形塑不能给予足够、充分的重视，而后者在某种意义上是我军官兵精神动力的核心之源。基于此，应紧跟我国社会主义现代化进程不断加速的时代背景，牢牢抓住强固官兵精神支柱这个根本任务，正确把握笃定信仰信念与激发热情动力之间的互促共进关系，有效发挥公平效率对革命军人精神动力的重要牵引作用。

三、一元选择向多元取向的转变与军人主导性价值的建构

二十世纪七八十年代，在我国开启的由高度集中的计划经济体制向社会主义市场经济体制的历史性转变，带来了社会结构的分化、社会阶层的增多、利益主体的多元，这为社会成员思想观念的多元取向提供了现实基础。经济成分的多样共存带来的是思想文化的丰富多彩。一个社会中公民自主选择空间的增大，体现了一个社会文明发展的进步。市场经济社会中人的主体性的增强，必然带来个人价值选择的个性化与多样化。随着政府对于社会生活介入的减弱以及社会治理方式的变化，每个社会成员根据自身需要与个人发展进行选择的自由度增大。人们可以根据个人的兴趣爱好、资质天赋、能力水平与社会环境变换的客观现实，选择自身的理想目标与发展路径，在此过程中确立起世界观、人生观与价值观，形成适合自己的价值取向、思维模式与行为方式。当前中国人多元选择思维方式的出现，从一个侧面说明了中国社会结构转型正在不断自我完善，渐渐趋向成熟。新事物的层出不穷，生活方式的不断更新，决定了现代人思维方式的现代化，即“从非此即彼的选择到多种多样的选择”。与传统一元化的生活方式选择相比，多样化的生活方式选

择面临着价值冲突的潜在危险。如果处理不好，不仅会成为社会动荡的导火索，而且有可能对社会主义的主流价值形态的优势地位构成挑战，影响马克思主义价值观对军人思想凝聚作用与激励作用的发挥。现代性的生成与发展意味着对旧体制、旧秩序、旧观念进行彻底变革，而这必然带来旧有观念形态与认知体系的瓦解，引发社会文化的震荡与思想观念的冲突，容易导致相对主义、非中心主义、无政府主义、怀疑主义等非理性思潮的萌生与扩散。各种思想文化观念的交流与碰撞，有可能对主流思想文化造成冲击，形成各说各话、没有主导价值观的"价值真空"。健康的社会一个最重要的标志就是社会上有主导价值观念的存在。如果人们行事有自己的安身立命之所，在遭遇物质出现暂时匮乏的情况时，就会因为有对主导价值观的笃信与坚守而更能容易找到心理平衡支点，整个社会也会因此能处于一种相对稳定、健康积极的发展状态。而当社会由传统向现代转型时，情况就大不一样了，原有的思想观念受到质疑，新的思想观念要被普遍接受还需假以时日，很多人开始产生迷茫和焦躁情绪，对世间诸事感到困惑不解，其中有些人甚至感到前途黯淡，无所适从。生活方式比较、整合与选择的困难，有可能引发人们理想追求的迷失、彷徨与困顿。如果说过去也存在人生迷茫的话，那是选择机会的缺失。社会思想文化的高度同一性，决定了人们思想行为的趋同性。而社会现代性发展所带来的人生迷茫，则是选择尺度的缺失——并非没有选择的余地，而是选择太多。社会现代性的转换时期多种思想文化的激荡使得一些人饱受人生迷茫之苦。这些人理想信念淡化，秉持悲观主义的人生观，否认人生具有稳定而永恒的价值，表现在日常工作生活中就是怀疑人生、悲观厌世，什么都不在乎，一切都无所谓。多样性思想文化观念的激荡碰撞，同样让部队的一些官兵陷入了痛苦和迷惘，不仅对军人个体，而且会对部队思想政治建设造成明显的危害。

中国由传统社会向现代社会的转型进程开启以来，我国思想文化领域最大的变化就是各种思想文化观念的竞相涌现与碰撞交流对原有单一思想文化观念的冲击。市场经济能够激发人们的积极性，其动力机制在于肯定社会个体对于物质利益的正当追求，通过发挥价值规律的作用使人们的付出与个人的切身利益紧密联系起来，通过强化货币这个一般等价物的功能属性来肯定人的劳动价值。在每个人都力图实现自身价值极大化即根据自己的能力和机会创造和获取尽可能多财富的动力驱动下，整个社会的生产动力和创造活力得到有效激发，人类社会历史的车轮也得以滚滚向前。市场经济社会中的物质利益驱动机制是一把“双刃剑”，运用得不好，会使社会滑向过度追逐个人利益的泥潭，使一些社会成员沦为拜金主义、享乐主义和极端个人主义的俘虏。这种情况在社会转型时期尤为明显。当社会处于由传统向现代过渡发展的转型期时，旧有的主导性社会评判机制已经过时，而新的主导性社会评判机制尚未形成。计划经济时代，牺牲奉献的道德操守在整个社会中占据着绝对的主导地位。“无私奉献”“全心全意为人民服务”在那个时代不仅仅是一个道德追求和宗旨理念，而是社会大多数成员实实在在的日常行为与工作生活。“先国家，后集体，再个人”“集体的利益高于一切”“个人服从集体”，是集体主义原则的具体体现。应当看到，伴随着社会不断发展，集体主义仍是大多数人的道德选择，是整个社会道德规范体系最为核心和根本的思想因子。但我们也不应否认，伴随市场经济深入发展而来的个人主义的兴起，加之西方意识形态的渗透，精致利己主义已有相当大的市场。这些利己主义有的表现为在不妨碍他人利益的前提下追求个人利益的行为取向，有的表现为个人利益至高无上的行为取向，有的表现为既讲奉献也讲索取的行为取向，有的表现为金钱至上、唯利是图的行为取向，有的表现为“人人为我、我为人人”的行为取向，有的表现为“人不为己、天诛地灭”的行为取向。所有这些，都表明了随着现代性的不断发展，多元化思想观念并存已经成为一个客观现实。并存既意味着融合、互促、共荣的可能，也意味着碰撞、冲突、无序的可能。发展趋向的不同，既取决于社会成员原有价值观基础的深厚与否，同时亦取决于现代性发展的价值依归与路径选择。如何保证多元思想文化能够融合共存、相得益彰？关键是以社会主义核心价值观为统领，把准政治方向，站稳人民立场，坚持中国特色，推动各种思想文化相互补充、相互借鉴、共同发展。

我军是中国共产党绝对领导下的无产阶级人民军队。这一本质属性决定了我军应当构建以集体主义为原则、以为人民服务为核心的价值观。需要指出的是，现代性转换时期所倡导并坚持的集体主义原则与计划经济时代倡导并坚持的集体主义原则是有着不同时代内涵的。计划经济时期，我们大力倡导集体主义原则，但往往对个人利益重视不够，个人利益在个别人眼中甚至是作为集体利益的对立物而存在的。个人利益受到了不公正的批判，人们耻于言利，无法公开为争取正当而合理的个人利益鼓与呼。这样，集体就成了超个体的存在，成了脱离个体的空中楼阁。这一思想认识割裂了集体主义与个人利益的紧密联系与内在统一性，在实践上是有害的。市场经济社会强调的是人生选择的自主，关注的是个人利益的实现。从这个意义上来说，市场经济社会是张扬个性、崇尚独立的社会。这种对个人利益的尊重与强调是对忽视或漠视个人利益的所谓“集体主义”的一个否定。对个人利益的充分肯定是激发个人思想活力、推动社会生产力水平不断提高的前提。万物都讲究一个“度”，对个人利益的肯定也是如此。对个人利益的过度强调，则有可能导致极端利己主义思想的出现。为了确保个人主义的健康发展，我们需要紧跟社会主义市场经济深入发展的时代步伐，深入认识和正确把握新的历史条件下集体主义与个人利益的辩证关系，不断赋予集体主义原则以新的时代内涵。市场经济时代的集体主义是对计划经济时代集体主义的科学扬弃，是我国实现现代化转型应当确立的道德原则。集体利益的实现与个人利益的实现应该相互促进并互为前提的，无论是排斥个体利益的集体主义，还是排斥集体利益的个人主义，都背离了这一马克思主义的基本原则，因而都是有着无法克服的内在缺陷的。现代性发展时期的集体主义在纠正只强调集体利益而对个人利益重视不够的思想认识偏差的同时，也坚决摒弃了一切以自我为中心、无视他人和集体利益的极端利己主义错误思想认识，是在更高层次上向集体主义道德原则的回归。之所以这么说，是因为只有在这种真实集体中，才能使每个平等自由的主体获得个性和能力的全面发展，或者说，在“真实的集体的条件下，各个个人在自己的联合中并通过联合获得自由”①。马克思曾经指出：“全面发展的个人——他们的社会关系作为他们自己的共同的关系，也是服从于他们自己的共同的控制的——不是自然的产物，而是历史的产物。要使这种个性成为可能，能力的发展就要达到一定的程度和全面性，这正是以建立在交换价值基础上生产为前提的，这种生产才在产生个人同自己同别人普遍异化的同时，产生出个人关系和个人能力的普遍性和全面性。”②由于这种集体主义与个人发展和社会进步的内在一致性，它的出现与其主导地位的确立，必将极大地激发革命军人的积极性与创造性，大大促进革命军人精神动力开发的进程。社会主导思想文化的确立，并不意味着对其他思想

① 马克思恩格斯全集：第3卷［M］．北京：人民出版社，1960：84．

② 马克思恩格斯全集：第46卷上［M］．北京：人民出版社，1979：108－109．

文化的压制。一个社会的活力在某种程度上就表现在其思想文化的丰富多样与多元并存。即使在计划经济时代，在人们思想观念高度趋同的年代，我们党在思想文化领域依然提出了“百花齐放、百家争鸣”的方针。今天，随着政治民主化进程的不断推进，我们更应在确立集体主义道德原则、旗帜鲜明与一切非马克思主义价值观做坚决斗争的前提下，对各种思想文化的丰富发展持一种宽容的态度。事实上，马克思主义正是在批判吸收古今中外诸多思想文化体系中的有益成分发展而来的。在现代性不断发展的今天，要着力强化马克思主义特别是习近平新时代中国特色社会主义思想在意识形态领域中的统领地位，牢固确立社会主义核心价值观，大力弘扬当代革命军人核心价值观，在鼓励官兵大力弘扬传统文化、传承革命文化、发展先进文化的基础上，善于汲取世界各国优秀思想文化体系的有益成分，不断深化对马克思主义科学真理性本质的认识，强固革命军人的精神支柱，夯实践履集体主义道德原则的思想政治根基。

第十章 知识型社会中的革命军人精神动力

1986 年，由发达国家组成的“经济合作与发展组织”（Organization For Economic Cooperation and Development，OECD）发表了一系列报告，首次正式提及“知识经济”（knowledge - based economy）的概念。知识经济不但迅速成为一个人们耳熟能详的时代词组，而且实实在在地深入渗透到现代社会生活领域的方方面面，成为当今时代发展的一个重要特征①。作为基于知识的经济，它的基本内涵可概括为建立在知识的生产、分配、交换、使用基础上的经济。纵观人类社会发展的历程，知识在社会生活中的重要性随着科学技术形态的演进而呈不断上升趋势。进入信息时代，人类社会比以往任何时候更加依赖于知识的生产、分配和应用，知识已经成为经济社会发展最具影响力的资源要素。我军应加强对知识型社会中革命军人精神动力特点的考察分析，在此基础上深入把握当代革命军人精神动力开发的内在机制与基本途径。

一、科学祛魅化与军人政治信仰的坚定

知识型社会的发展，无疑是以知识在社会生活中的广泛应用为重要标志，而知识的广泛应用又与科学的昌明相伴而生。知识的累进表现为科学的发展，科学的发达则集中体现为知识的增长。科学就是关于知识的科学，知识是科学的元素，科学是知识的集合，科学和知识是一个不可分离的整体。知识型社会发展的历史，就是一部科学占据社会主导地位的历史。以历史的眼光审察，我们可以将科学知识与社会发展的关系划分为三个主要阶段。第一阶段是 17 世纪开始的科学功利性阶段，其主要标志是培根提出了“知识就是力量”的论断。人们第一次开始明白科学知识不仅是认识世界的产物，更是人

① ［英］安东尼·吉登斯. 社会学［M］. 北京：北京大学出版社，2003：478.

们改造世界的力量。科学知识的生产、学习、创造的目的关键在于应用，在于对社会进步的推动作用上。这一时期，科学知识主要表现为学术性与功利性并重。第二阶段是一百多年前开始的科学生产力阶段，其主要标志是马克思提出“科技是生产力”的观点。马克思第一次将科学知识作为一种社会生产力加以看待，从而将科学纳入了社会范畴的体系。马克思指出：“任何生产力都是一种既得的力量，是以往的活动的产物。”① “大工业把巨大的自然力和自然科学并入生产过程，必然大大提高劳动生产率，这是一目了然的。”② “生产力中也包括科学。”③ 1847 年马克思在《哲学的贫困》中列举了一组统计数字：英国 1770 年由科学技术产生的劳动生产率与手工劳动产生的劳动生产率相比是 4 ∶1，而经过产业革命，到 1840 年，这个比例则变为 108 ∶1。“劳动生产力是随着科学和技术的不断进步而不断发展的。”④ 马克思“把科学首先看成历史的有力的杠杆，看成最高意义上的革命力量。”⑤ “在马克思看来，科学是一种在历史上起推动作用的、革命的力量。任何一门理论科学中的每一个新发现——它的实际应用也许还根本无法预见——都使马克思感到衷心喜悦，而当他看到那种对工业、对一般历史发展立即产生革命影响的发现的时候，他的喜悦就非同寻常了。”⑥ 第三阶段是 1988 年开始的科学知识作为第一生产力的阶段，其主要标志是邓小平提出“科技是第一生产力”的论断。虽然和马克思的论断仅仅一词之差，却是科学知识在社会生活中由从属地位上升为主导地位的历史写照。邓小平指出：“马克思说过，科学技术是生产力，事实证明这话讲得很对。依我看，科学技术是第一生产力。”⑦ “第一生产力”概念的提出，揭示了科学力量对于其他生产力要素所具有的统摄作用，并预示着一个以科技创新与应用为主要特征和发展动力的知识型社会的到来。知识经济的本质就在于对科技第一生产力地位的承认与肯定，科技取代其他生产要素发展成为第一生产力是有其历史必然性的。科技所固有的

---

① 马克思恩格斯选集：第 4 卷［M］. 2 版. 北京：人民出版社，1995：532.
② 马克思恩格斯全集：第 23 卷［M］. 北京：人民出版社，1972：424.
③ 马克思恩格斯全集：第 46 卷下［M］. 北京：人民出版社，1980：211.
④ 马克思恩格斯全集：第 23 卷［M］. 北京：人民出版社，1972：664.
⑤ 马克思恩格斯全集：第 19 卷［M］. 北京：人民出版社，1963：372.
⑥ 马克思恩格斯选集：第 3 卷［M］. 2 版. 北京：人民出版社，1995：777.
⑦ 邓小平文选：第 3 卷［M］. 北京：人民出版社，1993：274.

促进生产力发展的巨大作用，以及现代科技与社会生产活动的加速融合，是其演变为第一生产力的重要前提和现实基础。

当今世界，科技对生产发展与社会进步所具有的巨大促进作用有目共睹，科技对经济社会发展的有力推动作用日益深化，并大大改变了整个世界的面貌。经济社会发展对科技进步的要求，更是加速了科技本身的发展以及科技在生产力诸要素中主导地位确立的进程。随着历史的发展，这一进程还会继续并将进一步深化。人类经济形态演变的一个重要特征就是动力机制的演变，无论是从体力劳动为主的经济形态向以脑力劳动为主的经济形态的演变，还是从手工生产为主的经济形态向以机器大工业为主的经济形态的演变，都不能例外。而随着工业经济的不断发展，人类已经基本完成了由短缺经济形态向过剩经济形态的过渡进程。经济社会的持续发展，需要强化科技的创新功能，开辟新的产业，发展新的经济模式，以应对当前经济运行中旧有模式动力日益减弱及其引发的日渐增多的生态问题。由于对自然资源的过度利用、环境保护的实践滞后以及可替代能源开发的现实困境与可再生能源研制生产的投入不足，当代经济社会发展与其依赖的自然环境时而以一种恶化和紧张的关系呈现于世人的面前。水土流失、土地沙化、沙尘暴、大气污染等，无不对人类现有经济活动的运行方式敲响了警钟。实现人类经济活动、政治活动与自然生态系统的和谐共处，需要借助于现代科学技术的发展成果来提供解决方案，即通过科技创新及基于科技创新的知识型社会的构建，提供人与自然和谐共生的良方妙策。科学的发展与生产的发展具有直接相关性，“生产过程成了科学的应用，而科学反过来又成了生产过程的因素即所谓职能”①。科学在全社会的广泛应用的一个重要后果就是，社会实践领域科学含量的提高以及由之而来的知识型劳动者的增多与科学对社会各个行业部门的深入渗透。1992年邓小平在南方谈话中指出：“我说科学技术是第一生产力。近一二十年来，世界科学技术发展得多快啊！高科技领域的一个突破，带动一批产业的发展。我们自己这几年，离开科学技术能增加得这么快吗？要提倡科学，靠科学才有希望。”② 这深刻揭示了科学技术的发展对于现代社会发展的核心驱动作用，从而为科技兴国战略的提出及付诸实践提供了重要的理论支撑，

---

① 马克思恩格斯全集：第47卷［M］. 北京：人民出版社，1980：570.
② 邓小平文选：第3卷［M］. 北京：人民出版社，1993：377－378.

并为科学技术的深入发展、广泛运用以及革命性变革开辟了广阔的实践空间。

科学的发展使得当代人们对客观世界的认识愈益深入，因对自然界的无知与好奇而产生对外界力量的敬畏之感与膜拜之心也随之愈益变弱。科学的发展已经在不断揭开并将继续揭开笼罩在地球以及其所处宇宙运行规律之上的一层层神秘面纱，人们对科学认识得越是深入，世界在人们眼中的神秘感便越发减弱，而这将不可避免地引发对人生意义与价值追求的质问与反思。科学的祛魅作用及其客观上必然会对人们原先持有的生存意义和价值信仰所造成的或多或少的消解，已经成为知识型社会一个日益凸显的时代问题。祛魅就是去除神秘性，实现非神化，就是去除人为意义、价值心理、外在魅力等主观因素而达到客观化、机械化、物理化、具体化、公开化的一种过程或结果，就是科学对自然、社会和人类精神世界的解蔽与外显。科学作为一种追求真理的活动和事业，其本质就是对事物内在规律的分析和探究。最简单的基本粒子是组成事物的最小单位，是构成一切事物的基础，代表着存在本身，是存在的存在。它们的不同组成方式成就了世界上的万事万物，规定了这些事物特性的丰富多彩，并在日常生活中呈现出为我们能感知的数量、质量、外形、广延、密度等属性，亦呈现出为我们能触知的声音、色彩、气味、质地等属性以及由此而产生的心理上的愉悦和情感上的依恋等人文属性。前者是科学考察的对象，具有客观外在性。而恰恰后者与科学无关，却是人们所感兴趣的对象，具有属人性。尽管前者是因，后者是果，但作为人而言，与人有关才有意义。面对知识型社会时代科学对人们价值信仰领域的遮蔽与占领，我们需要加强科学理论武装，强化官兵对马克思主义的政治信仰。马克思主义就其本质而言，不但本身是人类历史上真正意义上的科学，还是人类历史上真正意义上的信仰。马克思主义的诞生，在人类历史上第一次结束了科学与信仰相互分离的状况，实现了科学与信仰的有机统一与完美结合。马克思主义是在借鉴吸收人类历史上一切思想文化资源有益成分、深入考察资本主义社会发展的现实基础上创立的科学理论，它不但给世界各国的无产阶级提供了用以解放自身的思想武器，同时亦提供了从事社会历史实践活动的人生意义。社会主义运动在全世界的兴起及发展与各国无产阶级对马克思主义事实上的至诚信仰以无可辩驳的事实对此给予了有力证明。置身于知识型社会之中，应坚持官兵科技素养与人文素养培塑相统一，既重视加强官兵现代科学文化知识的学习，掌握了解社会、自然界及人类思维领域的一般规律，也应重视加强官兵科学理论武装，正确回答官兵对于人生价值与生命意义的终极追问，筑牢革命军人对马克思主义至诚信仰的政治基础。

二、知识本位化与军人价值理想的锻造

从社会的主导因素看，人类社会一般要经历三个社会形态。其一是以权力为主导的社会。作为权力主要内容的强制权力与行政权力合二为一，成为支配控制社会一切个人或群体的决定力量。其二是以金钱为主导的社会，即财富是主导社会政治经济生活的绝对原则，以追求金钱为标志的财富获取及积累成为社会实践发展的主要驱动力。其三是以知识为主导的社会。知识成为主宰社会运行的核心要素，作为社会基础的财富与作为社会保障的权力则退居次要地位。上述三种社会形态反映了三种不同的社会演变趋势与价值取向，即官本位、金本位与知识本位。美国未来学家托夫勒指出，权力是由暴力、财富和知识组成的。前两者是过去时代的权力基础，而现在，知识经济作为一种爆炸性的新力量，“削弱了旧权力系统的每一根支柱，最终改变着家庭生活、商业、政治、民族国家以及全球权力本身的结构”①。当今社会是三种趋向并存的社会，但知识本位化已经成为影响社会发展的主导趋向。知识本位化既是知识经济发展的前提，亦是知识经济发展的产物。尼科·斯特尔认为：“在人类行为的所有领域里，对于知识的使用和依赖已经达到了前所未有的程度，并且已经造成了深远的和实际上不可逆转的社会影响。”② 随着知识经济发展的不断深入，知识本位化趋势将深化发展并使知识愈益成为主导社会发展的关键因素。知识经济是一种基于高新科技和知识精华等无形资产为主的知识密集型、智慧主导型的新经济形态，知识是知识型社会的主要生产要素和社会分配的基本依据，知识超越土地、资源等要素资本而成为第一资本。知识型社会首先是知识的变革，知识已经由传统意义上的潜在生产力资源转化为直接的生产力形式，其在经济发展中的地位作用已经超过并取代劳动力和传统资本而一跃成为资源配置的核心要素。美国未来学家约翰·奈

① ［美］阿尔温·托夫勒. 权力的转移［M］. 北京：中共中央党校出版社，1991：16.

② ［加］尼科·斯特尔. 知识社会［M］. 上海：上海译文出版社，1998：241.

斯比特指出："我们现在大量生产知识，而这种知识是我们经济社会的驱动力。"① 知识因其对人类社会生活发挥着愈来愈重要的影响而以新的面貌呈现于世，知识经济已经成为当今社会最具活力与最具发展前途的经济形式。知识的创新性与不可穷尽性，决定了知识是一种最具潜质的资源。发展知识经济可以最大限度降低自然资源损耗、提高劳动力和资本的利用效率。现今的资本已经不仅仅包括物质形态的以财产所有权为形式的实物资本，而且包括以非物质形态存在的可以转换为实物资本的知识资本。知识资本通常表现为技术专利、发明创造等。现代社会，以知识资本入股已经成为一种较为普遍而常见的经济社会现象。随着科学技术的发展和社会组织形态的演进，企业生产益发规模化和复杂化，信息网络和智能技术的发展更是大大提高了社会生产活动的高度组织化程度，现代社会生产管理愈来愈需要具备相当程度的专业知识与管理知识做支撑。社会政治、经济、文化、军事等领域实践的深入发展，同样对人才的知识化提出了相当的要求。我国著名科学家钱学森教授对我军发展的知识化趋势曾经作过描述，他所设想的"博士军长、硕士师长"就是他高度肯定知识在军队建设和发展中重要地位的例证。可以毫不夸张地说，拥有知识，就拥有了整个世界，知识已经成为当今时代的最强音。

知识型社会时代，作为第一生产要素的知识不单是观念形态的知识累积，也不仅是一种简单的生产力表现，而是当今时代经济社会发展的核心要素与综合国力竞争的重要支撑。人才资源是一个国家和民族的第一资源，而人才资源的核心就在于其拥有知识的多寡与优劣。知识的生命力在于创新，如果一种知识在资本化后不能及时进行创新，就会失去应有的竞争力，并导致拥有此种知识的人力资源的贬值。知识自身所具有的不断创新的内在要求，决定了当今社会人才的培养不仅应着眼于学校的教育灌输，更要树立工作中学习、实践中学习以及终身学习的理念。只有这样，才能适应经济社会发展变化对知识创新要求日趋加大的新形势，成为知识型社会时代的新型人才。知识在社会生活中地位日益重要的一个表现就是人们价值取向的知识化。这种对主导性生产要素推崇的价值取向在农业经济时代体现为对劳动力和土地的占有，在工业经济时代体现为对资源和资本的占有，而在知识经济时代则体现为对知识和智慧的占有。托夫勒认为：知识型社会时代，"知识本身不仅已

---

① ［美］奈斯比特. 大趋势［M］. 北京：中国社会科学出版社，1984：15.

经成为质量最高的力量的来源，而且成为武力和财富的最重要的因素。换句话说，知识已经从金钱力量和肌肉力量的附属物发展成为这些力量的精髓。事实上，知识是终端放大器。这是今后的力量转移的关键，它说明全世界争取控制知识和传播手段的斗争变得越来越激烈”①。知识本位以及由之而来的能力本位，都是整个社会崇尚知识、追求知识、以知识的占有、创造和应用为价值导向的反映。社会上白领工人的增多、蓝领工人的减少，反映了知识经济时代知识型员工正逐渐成为社会实践活动的主体，以美国为首的西方发达国家白领工人占劳动力人数80%以上的事实有力地佐证了知识型劳动者越来越成为当代经济社会发展的主导力量的历史趋势。对于知识型劳动者在现代经济社会生活中地位作用重要性的认识，我们党早就有了清醒的认识。邓小平在1985年全国教育工作会议上就指出：“我们国家，国力的强弱，经济发展后劲的大小，越来越取决于劳动者的素质，取决于知识分子的数量。一个十亿人口的大国，教育搞上去了，人才资源的巨大优势是任何国家比不了的。”②

知识型社会对知识的重视，反映到国民教育和人才培养上来，就是重视知识的传授和灌输胜过道德的教化和熏陶，而这势必影响军人对人生价值和生命意义的关注度，并有可能影响现实社会中革命军人精神动力的有效锻造。按照马克思主义的观点，物质决定意识，但反过来，精神力量能对物质实践活动施以巨大的能动反作用。正如1944年4月谭政在西北局高干会上所作的《关于军队政治工作问题》的报告中指出：“在一定的物质基础之上，思想掌握一切，思想改变一切。”有学者也认为：“我们的精神世界就像一个海洋。它的容纳力、它的弹性是如此的神奇，超乎了我们的想象，却不容置疑。它在人的一生中积聚的能量是如此的神秘，却又如此的巨大。”③ 拥有源源不断的强大精神动力是革命军人的鲜明标识，也是人民军队焕发出强大战斗力的基础支撑。知识反映了军人对真理的追求，是军人认知能力的体现和要求。对知识的追求，即是实事求是地掌握客观对象，揭示外在世界的内在规律。判定知识的标准在于其能否真实、客观地反映、说明和描述世界，而不在于

① ［美］阿尔温·托夫勒．力量转移：临近21世纪时的知识、财富和暴力［M］．北京：新华出版社，1991：20.

② 邓小平文选：第3卷［M］．北京：人民出版社，1993：120.

③ ［英］格雷厄姆·沃拉斯天才的思考［M］．北京，企业管理出版社，2000：195.

其此后的应用以及这种应用是否符合军人的价值期待和理想追求。知识与价值无涉，它本身不包括军人的价值追求和意义寻觅。军人所进行的一切求知活动，都必须暂时撇开主体的需要利益、目的价值、兴趣爱好、情感原则等主观因素，必须以真实客观地反映外界事实为目的。知识不对其具体的应用前景作任何价值评价，亦不对其产生的任何社会后果承担任何道德责任。换言之，知识并不内在地必然包含价值因子和理想元素，强调知识型军人的培养，并不能保证其崇高人生追求和远大理想抱负的生成。现代社会，"知识和信息往往是丰富的，缺少的只是以有意义的方式利用它们的能力"①。这种"能力"是以一种正确的价值取向利用知识的能力。随着社会发展进步的步伐加快，这种价值取向从某种程度上讲比知识内容本身更为重要。实际上，单纯而过度地注重军人知识型素质的培养，容易使得一些军人在知识愈益丰富的情况下出现道德堕落、理想缺失的情况。社会上出现的不少高学历人才违法犯罪的事例就充分说明了这一点。知识水平与价值理想并不存在线性正相关的关系，相反在特定环境与条件下还处于一种负相关的状态之中。知识的丰富反映着人类对客观世界认识的加深，反映着人的本质力量的增强，反映着人们改造世界能力的提高，反映着人们精神生活世界的丰富，因而是与人的全面发展和社会的全面进步具有内在的一致性。尽管如此，但这并不表示个体知识的丰富必然会导致其包括精神世界在内的素质全面发展。因单纯强调知识吸收、忽视价值引导而带来人们精神生活贫乏与社会丑恶现象蔓延在社会发展历史中并不鲜见的事实就是对后者的证明。换言之，知识既是价值无涉的，但其最终结果却表现为促进人的发展和社会进步的正向价值。知识既有与人的发展和社会进步一致的本质特征，却不能在任何时候保证知识接受者价值观的积极向上及其所生存社会之道德水平的健康发展。而后一种情况的发生，无疑是与我们加强革命军人精神动力开发的诉求相违背的。因此，在知识型社会日益发展的今天，加强革命军人精神动力的开发，一方面需要我们继续重视学习型军营的建设和知识型军人的培养，这既是因为认知能力的提高有利于深化对马克思主义科学真理的理解把握，也是因为知识丰富内在地具有终极意义上的正向价值作用。另一方面需要我们加强官兵的世界观、人生观、价值观教育，坚持用马克思主义及其中国化最新成果武装官兵头脑，

① 经济与合作组织（OECD）. 以知识为基础的经济［M］. 北京：机械工业出版社，1997：8.

加强革命军人的理想信念教育，充分发挥政治灵魂铸造对军人知识型能力素质发展的正向固本作用，确保广大官兵成为政治过硬、本领高强的新一代革命军人。

三、理性技术化与军人情感心理的发展

邓小平早在1978年即指出："当代的自然科学正以空前的规模和速度，应用于生产，使社会物质生产的各个领域面貌一新。特别是由于电子计算机、控制论和自动化技术的发展，正在迅速提高生产自动化的程度。同样数量的劳动力，在同样的劳动时间里，可以生产出比过去多几十倍几百倍的产品。社会生产力有这样巨大的发展，劳动生产率有这样大幅度的提高，靠的是什么？最主要的是靠科学的力量、技术的力量。"① 技术的广泛应用与巨大作用已经事实上成为知识型社会的主要推动力和关键因素，整个社会越来越成为一个崇尚技术理性的社会。历史上，笛卡儿是近代理性主义学派的第一个代表和创立者，他认为理性是人之为人的本质，是人与生俱来的。理性不仅就是思想、思维（包括怀疑、理解、肯定、否定），同时也是意志（愿意、不愿意），甚至还包括想象和感觉②。康德强调了理性的重要作用，认为理性既有理论理性（也称技术理性），又有实践理性（也称道德理性）。他说："故我发现其为信仰留余地，则必须否定知识。"③ 黑格尔强调逻辑推演，提出了绝对理性的概念，这在某种程度上是对康德理论理性（技术理性）的发展。但由于他轻视人的主体性及社会实践活动的作用，因而最终陷入了客观唯心主义的泥潭。黑格尔指出，康德"在灵魂的口袋里尽量去摸索里面还有什么认识能力没有，碰巧发现还有理性"④。黑格尔批评康德对于认识能力的考察"完全经验地予以接受，而不是根据概念或按照逻辑的必然性去发展它们"⑤。近代以来的社会演变的一个重要特征，就是道德理性逐渐让位于技术理性，

---

① 邓小平文选：第2卷［M］. 2版. 北京：人民出版社，1994：87.

② 北京大学哲学系外国哲学史教研室. 十六—十八世纪西欧各国哲学［M］. 北京：商务印书馆，1975：137－138，162－163.

③ ［德］康德. 纯粹理性批判［M］. 北京：生活·读书·新知三联书店，1957：19.

④ ［德］黑格尔. 哲学史讲演录：第4卷［M］. 北京：商务印书馆，1978：275.

⑤ ［德］黑格尔. 哲学史讲演录：第4卷［M］. 北京：商务印书馆，1978：263.

技术在人类社会中地位日益重要并逐渐占据主导地位，理性的技术化是当代社会发展的一个重要趋势，知识型社会的兴起发展则强化了这种趋势，并使其成为当今社会发展的基本特征。

我们在享受着技术进步所带来的种种便利的同时，也不得不考虑技术的应用对人的负面影响。人是一切社会关系的总和，社会造就了人的特殊本质。军人是有着社会情感、道德信仰、价值追求的活生生的人，而不是没有感情交往、冷漠颓废的缺乏生气的生物有机体。然而，现实生活中理性的技术化却使得军人朝着严重物化的方向发展成为可能。马尔库塞就认为，现代科学技术是一种新的控制，科学技术与人是对立的。科学技术的控制使得发达工业社会陷入单向度的“病态社会”，而生活在其中的人则成为单向度的人。技术的进步使得一些人倾向于享受富裕的物质生活，而放弃了对理想、自由和高级精神境界的追求。马克思和恩格斯就曾对技术发展对于人的道德情感发展的负面效应作过深刻的阐述。他们说：“在我们这个时代，每一种事物好像都包含有自己的反面。我们看到，机器有减少人的劳动和使劳动更有成效的神奇力量，然而却引起了饥饿和过度的疲劳。新发现的财富的源泉，由于某种奇怪的、不可忽视的魔力而变成了贫困的根源。技术的胜利似乎是以道德的败坏为代价换来的。随着人类愈控制自然，个人却似乎愈益成为别人的奴隶或自身卑劣行为的奴隶。甚至科学的纯洁光辉仿佛也只能在愚昧无知的黑暗背景上闪耀。我们的一切发现和进步，似乎结果是使物质力量具有理智生命，而人的生产则化为愚昧的物质力量。现代工业、科学与现代贫困、衰颓之间的对抗，我们时代的生产力和社会关系之间的对抗是显而易见的，不可避免的和无可争辩的事实。”① 理性的技术化是对理性的人本化的一种否定，而现实生活中技术理性的负效应则需要我们在更高层次上用道德理性来纠正技术理性的负面影响。这种对笛卡儿及康德道德理性的否定之否定，并不是对其所含人本思想的简单回归，而是在知识型社会技术作用日益凸显的时代背景下对传统哲学理念的深刻变革。马克思不但肯定并预见到科学技术作为一种革命力量对人类社会发展进步所具有的重大意义，同时他也深刻地洞察到技术的泛化对人的发展的不利影响。他指出：“变得空虚了的单个机器工人的局部技巧，在科学面前，在巨大的自然力面前，在社会的群众性劳动面前，

① 马克思恩格斯全集：第12卷［M］．北京：人民出版社，1962：4.

作为微不足道的附属品而消失了；科学、巨大的自然力、社会的群众性劳动都体现在机器体系中，并同机器体系一道构成‘主人’的权力。”① 在马克思看来，作为技术进步表现的机器不仅与资本家一起成为工人的对立面，而且使得工人成为毫无意义的空洞内容。他认为：“机器劳动极度地损害了神经系统，同时它又压抑肌肉的多方面运动，侵吞身体和精神上的一切自由活动。甚至减轻劳动也成了折磨人的手段，因为机器不是使工人摆脱劳动，而是使工人的劳动毫无内容。”② 技术的发展及运用使得自然界从人类赖以生存和发展的基础转变为被驾驭与征服的对象，技术的迅猛发展，带给了人类社会生活的极大便利和物质生活的极大丰富。这确定了技术在知识型社会中的支配地位，由此也带来了军人对于技术的信赖乃至崇拜，理性的技术化即是在这样的一种时代背景下应运而生的。人们相信，借助技术的持续进步及其深入应用，人类可以实现从必然王国向自由王国的跨越，实现人的自由而全面的发展。然而我们发现，当今社会技术主导地位的确立，带给人们的似乎不完全是福音。环境污染的日趋严重，生态系统的日益失衡，大规模杀伤性武器的屡禁不止，克隆技术所带来的无法预知的伦理后果，等等，都证明了技术的发展及其主导地位的确立，也将不可避免会给人类社会带来一系列严重的社会问题。如果我们不能采取有效的措施切实加以应对的话，必然会对军人自身以及整个社会的发展造成不可估量的危害。当我们还在惊叹于技术对于社会生活改变作用如此巨大神奇时，技术发展的负面效应似乎有愈演愈烈并呈现出压倒一切之势。伽达默尔指出：“当科学发展到全面的技术统治，并因而导致‘存在的遗忘’的‘世界的黑暗时期’这种尼采曾预言的虚无主义时，难道我们要目送黄昏落日那最后余晖，而不欣然转身去期望红日重升的第一道彩霞吗?”③ 技术不仅仅是一种推动历史进步与社会发展的力量，而且有发展成为一种异己力量的可能。它既可以使得军人感觉到自身本质力量的增强与主体地位的提升，同时亦可引发军人的精神空虚与情感缺乏。当今社会精神病发病率的增多以及自杀率的升高都从一个侧面反映了理性技术化的附带负面效应。一些军人自身精神生活空虚，外在表现之一就是对工作和他

---

① ［德］马克思．资本论：第1卷［M］．北京：人民出版社，1975：464.
② ［德］马克思．资本论：第1卷［M］．北京：人民出版社，1975：563.
③ ［德］伽达默尔．真理与方法：上卷［M］．上海：上海译文出版社，1992：15－16.

人难以产生持久的热情和炽热的情感，长此以往，将会带来个人思想活力的下降与情感世界的冷漠。在因技术进步带来社会成员物质生活水平大幅提高、人与人之间交流沟通日益便捷的情况下，人们却陡然发现相互之间的感情交流有减少的趋势，这难道是技术发展进步不可避免产生的负面效应？按照辩证法的观点，任何一种新事物的出现，都是利弊并存的。科学技术作为一种对人类社会发展进步最具革命意义的力量，更是利大于弊。理性技术化是社会发展过程中的客观现象及趋势，既给革命军人精神动力开发提供了难得机遇，同时也提出了严峻挑战。趋利避害、兴利除弊、化危为机，是我们直面这一新机遇新挑战的必然选择。从某种意义上讲，精神动力就是军人对于某一目标的激情或热情，是一种情感心理的正向表现。缺乏了激情或热情，则任何实践活动都将无法进行。应深入分析技术理性给现代社会特别是精神生活所带来的深刻影响，重视回应和积极应对理性主义思潮兴起对人文主义思潮冲击的挑战，探索融合推进理性主义教育与人文主义教育的方法路径，强化当代革命军人核心价值观对革命军人思想行为塑造的定型作用，促进革命军人道德理性和价值理性的有效整合，提高新时代革命军人精神动力开发的针对性和有效性。

四、工人白领化与军人历史责任的明确

人类社会由商品经济、工业经济向知识经济的历史转变，对社会劳动者的素质提出了新的要求。安东尼·吉登斯认为："在知识经济中，大多数劳动力并不是从事物质商品的生产或流通，而是负责设计、开发、技术、推销、销售和服务。这些雇员也可以称为知识工人（knowledge workers）。"① 知识型社会呼唤知识型劳动者的出现，劳动者实现由简单机械劳动为主向复杂脑力劳动为主的转变，是社会形态实现由工业经济向知识经济过渡的基本前提。白领工人数量的持续增长与脑力劳动在社会生产中所占份额逐渐增大的事实，是知识型社会赖以形成的前提，同时亦是知识型社会不断发展的产物。知识型社会白领工人增多的事实，既是对马克思主义阶级理论应用的新发展，也是对马克思主义阶级理论内涵的新丰富。阶级使命感源于理论自觉与政治信

---

① ［英］安东尼·吉登斯. 社会学［M］. 北京：北京大学出版社，2003：478.

仰，而这种理论自觉与政治信仰即是革命军人精神动力的一个重要来源。知识经济的发展将使社会一切劳动者日益知识化与白领化，每个劳动者都将是有产者，马克思主义经典作家曾论及的无产阶级的阶级基础的内涵已经有了新的发展。如果我们不能结合现实发展马克思主义的阶级理论并赋予这一理论以新的时代意蕴，革命军人就有可能因对自身阶级属性认识不清而出现历史责任感淡化的情况，这势必给革命军人精神动力的开发造成负面影响。应当看到，无论社会如何发展，经济形态如何演变，工人的文化素质如何提高、工作方式如何改变、生活水平如何改善，都始终改变不了资本主义社会工人被剥削与被压迫的事实。社会主义国家劳动者文化素质的提高、工作方式的进步与生活水平的改善，是社会主义国家社会发展与人的发展有机统一的应有之义。自从马克思在 19 世纪 50 年代末发现剩余价值是资本利润的唯一来源后，无产阶级或工人阶级的概念就不再仅仅指生产过程中的体力劳动者，还包括被资本家雇用创造剩余价值的其他劳动者。尽管白领工人出卖的是脑力劳动，蓝领工人出卖的是体力劳动，尽管白领工人和蓝领工人获取财富的方式及多寡有些许差别，但他们都不拥有生产资料，都不得不将自己的劳动出卖给资本家，都参与了剩余价值的创造过程，他们被资本统治而不是统治资本的阶级属性是并无二致的。根据马克思主义的阶级理论，划分阶级的根本标准是对生产资料的占有关系。就此而论，白领工人与蓝领工人一样，都是与资产阶级相对立而存在的当代无产阶级。正如邓小平所言："科学技术是第一生产力嘛，知识分子是工人阶级一部分嘛！"① 无产阶级已经不仅包括从事简单劳动的体力劳动者，而且包括从事复杂劳动的脑力劳动者。他们不仅仅是接受指令和落实任务的执行者，而且是参与决策和实施控制的管理者；不仅仅是机器生产流水线上的螺丝钉，而且是产品设计、技术创新的主力军。白领工人作为无产阶级的新成员，不但壮大了无产阶级的力量，而且提高了无产阶级的整体素质。无产阶级的白领化，代表着工人阶级的发展方向。它的成长壮大，对于无产阶级有效履行解放自身从而解放全人类的历史使命具有重大而深远的意义。

知识型社会实现人的革命和转型，归根到底是将工业经济下的劳动者转变为知识经济下的知识型劳动者。人的转型对于知识型社会革命的持续推进

---

① 邓小平文选：第 3 卷［M］．北京：人民出版社，1993：275.

具有根本性意义。资本主义向共产主义社会的历史性飞跃能否实现，取决于资本主义条件下劳动者的历史性转型能否实现。只有实现人的转型，才能顺利实现社会转型。当我们把研究视角扩展至整个人类社会的广阔视域，不难发现历史上任何一次由旧有社会形态向新的社会形态的转变，无不取决于旧有社会形态内作为劳动者的被统治阶级能否成功转型。在资本主义机器化大生产中成长起来的工人阶级将最终成为资本主义制度的掘墓人，资本主义将会愈来愈创造出自己的否定因素，即资本主义越是发展，资本主义内部的矛盾将越发尖锐，无产阶级将越具备消灭资本主义的条件。担负着消灭资本主义制度、建立共产主义社会历史责任的无产阶级应当通过何种具体途径实现这一目的？一般认为，资本主义大生产过程中成长起来的无产阶级要用武力推翻现存的资本主义制度，即必须通过砸碎旧的国家机器、建立无产阶级政权来实现对资产阶级生产资料的强制占有、进而实现对整个社会资源的全面占有。这个思路无疑是正确的，实现这一思路需要一个基本的前提。即任何一项伟大事业的完成，都需要一定素质的历史主体去完成。经济活动如此，社会革命亦然。作为承担这一伟大历史重任的无产阶级，仅靠在资本主义初期、工业经济条件下所获得的对于生产活动的简单知识，就可以在先进政党的领导下完成埋葬资本主义制度、取得社会主义革命伟大胜利的历史任务，但无法在短时期内有效完成建成共产主义社会这一重大历史使命。资本主义工业化大生产条件下的工人阶级，尽管由于其与现代化的大生产相联系、并被剥夺了生产资料而成为人类历史上最为先进、最为大公无私、最富战斗力与集体纪律性的阶级并注定成为埋葬人类历史上最后一个剥削制度的阶级，但这并不等于他们一开始就具备推进这一伟大事业的基本素质。事实上，如果不具备关于现代化大生产和经济管理的丰富知识，即使工人阶级通过武力夺取了政权，也不会在真正意义上全面占有生产资料、顺利掌控社会的基本资源并有效驾驭现代化大生产的运行。仅仅实现了政治意义上对生产资料的占有，而因为缺乏深厚的关于现代生产和经济管理丰厚知识而无法理性、有力驾驭经济社会活动和科学、高效推进生产实践的话，是不可能实现在真正意义上成为自己命运的主人、实现共产主义远大理想的宏伟目标的，这样的工人阶级就不能在完全意义上算作成熟的代表先进生产力的阶级。之所以这么说，是因为由其所创建的社会还没有经历资本主义充分发展和高度发达的历史阶段，因而不得不花较长时间去完成共产主义初级阶段——社会主义社会时期大力发展生产力的历史任务，而工人阶级只有在这一历史过程中才能真正实现自身先进性组织性纪律性的全方位、由内而外的质的提升。作为奠基于工业经济之上的更高一级的经济形态，知识经济时代的工人阶级主要由知识型的劳动者所构成。知识经济时代的白领工人，由于其掌握着现代生产活动的运行规律及经济管理的广泛知识，作为工人阶级的新形态，他们更有能力承担起消灭资本主义制度、实现共产主义远大理想的历史责任。或者说，他们的出现，将使得工人阶级距离最终消灭资本主义社会、实现共产主义远大理想的目标更近了一步。知识经济条件下，马克思主义的阶级理论没有过时，无产阶级的历史责任感依然是革命军人精神动力的不竭源泉。我们需要做的就是用马克思主义的阶级分析理论解释知识型社会中社会生产和社会交往关系出现的新变化，教育官兵深刻把握当代社会无产阶级的阶级基础呈现出的新特点，以此引导官兵站稳阶级立场，强化阶级意识，明确历史责任，进而达到铸牢革命军人精神支柱、促进革命军人精神动力开发的目的。

第十一章 革命军人精神动力开发的时代价值

重视并加强革命军人精神动力开发是我军成长壮大与中国革命取得胜利的基本经验，是保持和强化我党我军政治优势的重要抓手。当前，我军建设面临着一些亟待解决的重大问题。这些重大问题诸如：在精神因素对于社会历史发展推动作用空前增强的新形势下，如何为军队建设注入源源不断的发展动力，加快全面建成世界一流军队的历史进程？如何坚定革命军人的理想信念与强化革命军人的精神支柱，确保部队绝对忠诚、绝对纯洁、绝对可靠？如何培育参战人员的战斗精神，为我军打赢具有智能化特征的信息化战争提供强有力的精神支撑？等等。正确回答并有效应对这些问题的一个重要前提，就是要大力加强军人精神动力的开发。价值源于需要，加强革命军人精神动力开发的时代价值就在于它是有效应对新形势下我军面临的诸多重大历史性课题的必然抉择与客观需要。

一、在社会发展过程中精神因素作用空前增强的新形势下为军队建设发展注入新动力的需要

精神动力作为人类在认识世界、改造世界中主观能动性的集中体现，其地位与作用必将随着人类社会的发展而愈显其重要性。精神动力是人类社会向前发展的一个重要前提，其强弱表征着社会发展的程度与水平。按照马克思主义的观点，人类社会的历史，就是一部人类物质生产实践活动的历史。而人的一切社会实践活动，都不可能离开精神动力的作用而进行。从某种意义上说，人类社会发展的历史，就是一部精神动力不断发生作用的历史。正如马克思所言："历史不过是追求着自己目的的人的活动而已。"① 精神动力

① 马克思恩格斯全集：第2卷［M］．北京：人民出版社，1957：118－119．

的有无及强弱，不但是实践活动能否开展的先决条件，同时也是人类社会活动与动物本能活动相区别的本质特征。正如马克思在《资本论》中指出的那样："蜘蛛的活动与织工的活动相似，蜜蜂建筑蜂房的本领使人间的许多建筑师感到惭愧。但是最蹩脚的建筑师从一开始就比最灵巧的蜜蜂高明的地方，是他在用蜂蜡建筑蜂房以前，已经在自己的头脑中把它建成了。劳动过程中结束时得到的结果，在这个过程开始时就已经在劳动者的表象中存在着，即已经观念地存在着。"① 这里"在劳动者的表象中观念地存在着的结果"就是推动人从事社会实践的精神动力。恩格斯对此同样也曾有过一段精辟的论述，他说："社会发展史却有一点是和自然发展史根本不相同的。在自然界中（如果我们把人对自然界的反作用撇开不谈）全是没有意识的、盲目的动力，这些动力彼此发生作用，而一般规律就表现在这些动力的相互作用中。……相反，在社会历史领域内进行活动的，是具有意识的、经过思虑和凭激情行动的、追求某种目的的人；任何事情的发生都不是没有自觉的意图，没有预期的目的的。"② 精神动力，顾名思义就是精神的力量。精神资源作为一种历史而具体的存在，离不开前人创造精神财富的孕育、孵化与滋养。每一时代精神资源的丰富与发展，无不是基于对以往精神资源的吸收、批判与创新。由此可见，精神资源的生成与发展具有历史的累积性。文化即是精神资源的现实表现形式，随着人类历史的演进，文化的积淀必将越发深厚，人的精神力量也必将越发强大，精神资源的地位作用将随之不断得以提升，而这必将带来精神动力在社会发展中地位作用的增强。无论是精神资源的累积，还是思想文化的积淀，都无可非议地表明了精神动力作用的渐趋增强与益发显著。

纵观人类社会的历史发展，尽管存在着物质产品极度匮乏的蒙昧时代和野蛮时代社会；物质产品持续增加并不断丰富的文明时代社会；物质产品极大丰富的共产主义社会，但贯穿其中的都是：人类自身的再生产、物质资料的生产及精神文化的生产，所不同的只是这三种生产地位作用的殊异。在蒙昧时代和野蛮时代社会，以人类自身的再生产为标志的生物动力是推动社会发展的主要动力。在文明时代社会，以物质资料生产为标志的物质动力取代生物动力成为推动社会的主要动力。在这个历史阶段，精神生产已经作为一

① 马克思恩格斯全集：第 23 卷［M］. 北京：人民出版社，1972：202.

② 马克思恩格斯选集：第 4 卷［M］. 2 版. 北京：人民出版社，1995：247.

个独立的生产领域而存在，并对社会历史的发展发挥着越来越重要的作用。而共产主义社会，由于生产力高度发达，物质产品极大丰富，劳动已不再成为谋生的手段，人类将实现真正自由而全面的发展，步入千百年来人们梦寐以求的自由王国，这个时候精神动力的地位作用将得到史无前例的极大提升。早在一百年前，恩格斯就曾指出，“很可能我们还差不多处在人类历史的开端”①。用这句话形容当前的社会发展状况依然比较确切。当前我国正处于生产力还不是很发达的社会主义初级阶段，世界范围内资本主义社会及其制度仍有着比较旺盛的生命力。在相当长的一段时期内，社会主义与资本主义的共存现状将不会有太大的改变，并且在此期间发达资本主义国家还将在某些方面保持着对社会主义的比较优势。因此，这个时代物质动力仍将是社会发展的主要动力，但精神动力在社会发展中的地位作用将会得到空前的提升。事实上，精神动力在当今社会发展中的作用已日益彰显。思想理论、精神文化、意识形态等精神资源对于近代人类社会发展的空前巨大作用已为历史所证实。马克思曾经指出：“理论一经掌握群众，也会变成物质力量。”② 自马克思主义诞生以来一百多年间，世界范围内共产主义运动的风起云涌及成功实践就充分证明了作为精神资源之一的马克思主义科学理论对于社会历史发展的巨大促进作用。亨廷顿“文明冲突论”的提出并得到广泛的认可，也从一个侧面反映了作为文化的精神力量已与传统的政治力量、军事力量、经济力量一样成为决定一个国家的世界地位及全球政治生态的重要实力风向标。

作为推动人类实践活动的精神力量，精神动力始终是与人类社会发展相伴而行的。马克斯·韦伯指出：“在任何一项事业的背后，必然存在着一种无形的精神力量。”③ 现代社会，随着人类认识世界、改造世界能动性的增强与自觉性的提高，精神愈来愈作为一种“超越”现实的手段而存在。精神已不再满足于对于社会历史“事后诸葛式”的总结与评判，不愿被现实牵着鼻子走而丧失自己的独立性与创造性，而是更多地寻求洞察纷繁复杂的社会现实背后不变的客观规律，准确预见社会历史的发展趋势，以此给人们现实活动提供科学的理论指导。精神动力这一历史性变化的客观事实，要求我们高度

① 马克思恩格斯选集：第3卷［M］. 2版. 北京：人民出版社，1995：426.
② 马克思恩格斯选集：第1卷［M］. 2版. 北京：人民出版社，1995：9.
③ ［德］马克斯·韦伯. 新教伦理与资本主义精神［M］. 成都：四川人民出版社，1986：3.

重视精神动力对于中国特色社会主义伟大事业的时代价值，努力探索研究精神动力的生成之道，自觉利用精神动力为强国兴军服务。无视精神动力之于人类社会发展愈来愈重要的作用，仅仅因为精神动力的作用为唯心主义所首肯而将之置于历史发展动力系统无足轻重的位置之上，恰恰是对马克思主义历史发展动力理论科学性的曲解与阉割。事实上，对精神动力的承认与否，不是历史唯物主义与历史唯心主义的分水岭。马克思主义从来不否认精神动力对于社会历史发展的巨大作用。与历史唯心论不同的是，马克思主义在说明这种动力的地位、作用机制的问题上，坚持社会存在对社会意识的最终决定作用。正如恩格斯所言，“不彻底的地方并不在于承认精神的动力，而在于不从这些动力进一步追溯到它的动因”①。在人类社会早期，由于精神动力的作用相对较弱，因而人们能够较好地理解物质对于意识的决定作用。而当人类社会发展到较高阶段时，人的能动性、自主性、创造性得到极大提高，精神动力对于物质生产实践的推动作用空前增强，这个时候人们往往淡忘甚至无视精神因素背后物质动因的存在。不管什么时候，坚持物质对意识的最终决定作用，重视精神动力的同时不忘进一步追溯其背后的物质动因，始终是我们坚持用马克思主义的宽广眼界与科学思维观察世界、改造社会的基本原则。

与战争年代相比，今天我军的全面建设已经取得了长足的进展。但与西方发达国家相比，我军的现代化程度还很低，离打赢具有智能化特征的信息化战争的要求还有不小差距，加快建设一支强大的现代化革命军队任重而道远。如何真正发挥“后发优势”，加快我军机械化、信息化、智能化融合发展的历史进程，提高我军打赢现代战争的能力，维护国家安全与发展利益，是我军必须予以正确回答与有效应对的迫切问题。考虑到我国还处于社会主义初级阶段，国家在相当长一段时期内还不可能拿出太多的钱用于军队建设。在这样的时代背景下，大力加强对于人类社会历史发展日益重要的精神动力的开发，既是适应历史发展规律、发挥我军传统政治优势的客观必然，同时也是新时代坚持经济建设与国防建设协调发展的国家战略、在现有条件下加快我军建设的迫切要求。我国军事工业体系的发展历程，见证了精神动力对于人民军队现代化建设的历史价值。“两弹一星”精神的诞生及其实践运用，正是精神动力对于国防和军队建设巨大推动作用的生动写照。在新的历史条

① 马克思恩格斯选集：第4卷［M］. 2版：北京：人民出版社，1995：248.

件下，我们需要坚持以习近平新时代中国特色社会主义思想为指导，全面贯彻习近平强军思想，大力加强军事理论研究，聚力建设先进军事文化，以此丰富军人精神动力的内涵，提高军人精神动力的层次，努力发挥革命军人精神动力对强军实践的重要推动作用。

二、在“培育‘四有’革命军人、锻造‘四铁’过硬部队”的新形势下促进官兵全面发展的需要

培育“四有”革命军人、锻造“四铁”过硬部队，是强军兴军的时代要求。2016 年 1 月 5 日，军委习近平主席视察第 13 集团军时强调，要“努力培养有灵魂、有本事、有血性、有品德的新时代革命军人，锻造具有铁一般信仰、铁一般信念、铁一般纪律、铁一般担当的过硬部队”①，这一重要指示，为以强军目标为统领加强部队建设指明了方向、提供了遵循。培育“四有”革命军人和锻造“四铁”过硬部队，一个是路径和抓手，一个是目标和方向；一个是方法论，一个是价值观；两者构成了一个完整的强军方略。培育“四有”革命军人着力的重点是“有灵魂、有本事、有血性、有品德”，锻造“四铁”过硬部队着力的重点是“铁一般信仰、铁一般信念、铁一般纪律、铁一般担当”，两者都以“信仰灵魂”这一深层次精神要素为根本统领，涵盖革命军人素质全面发展的核心要件。“四有”“四铁”既是实现军人全面发展的应有之义，同时也是促进军人全面发展的重要抓手。

我军历来重视官兵的全面发展，强调在强国强军的宏大事业中为官兵个人成长进步提供建功立业的大舞台。精神动力的有无及强弱是军人全面发展的前提与基础，精神动力开发对于促进军人全面发展具有根本性作用。人的全面发展是“人以一种全面的方式，也就是说，作为一个完整的人，占有自己的全面的本质”②。即人的本质不断对象化的过程。而精神动力正是人的本质不断对象化的力量，正如马克思所言：“激情、热情是人强烈追求自己的对

① 习近平在视察第 13 集团军时强调：深入推进政治建军改革强军依法治军，坚定信心、狠抓落实，开创强军兴军新局面［N］. 解放军报，2016－1－7（1）.

② 马克思恩格斯全集：第 42 卷［M］. 北京：人民出版社，1979：123.

象的本质力量。”① 换言之，精神动力是人的全面发展的重要前提，精神动力的开发过程，就是军人不断朝向全面发展的目标迈进的过程，也即军人精神动力开发是军人全面发展的一个必经阶段，精神动力与人的全面发展具有内在的一致性。对此，恩格斯同样指出：“人离开动物越远，他们对自然界的影响就越带有经过事先思考的、有计划的、以事先知道的一定目标为取向的行为的特征。”② 在这里，“人离开动物越远”与人的全面发展程度的不断提高相一致，“越带有经过事先思考的、有计划的、以事先知道的一定目标为取向的行为的特征”则与人的精神动力的不断丰富相一致。换言之，人的全面发展程度越高，他所表现出的精神动力也就越高。精神动力源于对生命意义的探求及对个人价值理想的追索。人的全面发展在某种意义上讲就是人的价值、理想、追求不断得以实现与升华的过程，军人的全面发展就是军人精神动力不断生成、实现与升华的过程。

人的全面发展是以精神动力的不断生成与升华为路径取向与必要前提的，没有对马克思主义的坚定信仰、离开共产主义远大理想的崇高追求，就无法解释军人精神动力的形成与发展，进而也就无从谈起军人的全面发展。萨特认为，人“必须始终在自身之外寻求一个解放（自己）的或者体现某种特殊（理想）的目标，人才能体现自己真正是人”③。由于我们党历来重视用科学理论武装部队，因而使广大官兵萌生并进而坚定了为共产主义而奋斗的崇高理想，这种革命理想就是我军官兵强大的精神动力之源。共产主义理想的不断坚定与强化的过程，同时也就是我军官兵精神动力不断生成、发展与升华的过程，在这个过程中，我军官兵的思想境界得以提升，精神状态日益勃发，由此带来了各项军事素质的提高，他们的全面发展也进入了一个新的发展阶段。革命战争年代如此，和平建设时期亦然。作为以马克思主义为指导思想的人民军队，我军官兵的精神动力主要来自对马克思主义的崇高信仰与为共产主义而奋斗的远大理想。新时代，我军官兵对马克思主义及其中国化最新成果的政治信仰越坚定，共产主义远大理想树立得越牢固，他们就越能在军事实践中迸发出越发强大的精神动力，就越能全身心地忘我工作、努力学习、

---

① 马克思恩格斯全集：第42卷［M］. 北京：人民出版社，1979：169.

② 马克思恩格斯选集：第4卷［M］. 2版. 北京：人民出版社，1995：382.

③ ［法］萨特. 存在主义是一种人道主义［M］. 上海：上海译文出版社，1988：30.

积极投身强军兴军的时代伟业，这也会牵引和带动他们拥有更为宽广的战略眼光与更为精深的理论思维，掌握更为全面的科学文化知识与更为娴熟的军事技能，他们的全面发展水平也就能够更上一层楼。当前，我军要做到有效履行党和人民赋予的历史使命，就必须紧紧抓住培养“四有”革命军人、锻造“四铁”过硬部队这个现实抓手，以促进军人全面发展为重要着眼点，坚持用习近平新时代中国特色社会主义思想武装官兵头脑，强固官兵精神信仰，厚植官兵精神根基，着力激发官兵矢志强军、锐意进取的奋进热情与奋斗动力。

三、在铸魂与蛀魂较量一刻没有停止且有愈演愈烈之势的新形势下保持我军性质、本色和作风的需要

我国是当今世界上最大的社会主义国家，也是最大的发展中国家。我国与西方国家在社会政治制度上的本质区别，是双方意识形态领域存在巨大鸿沟的根本原因。一些西方国家秉持冷战思维，打心眼里不愿意看到一个强大的社会主义中国屹立在世界东方，处心积虑给我们设置各种障碍。而随着网络化、全球化、市场化的日益发展，世界各国的联系越来越紧密，经济利益你中有我、我中有你，传统的以军事征服、政治压迫、经济殖民等为主的霸凌手段越来越显得不合时宜，文化殖民、意识形态渗透则成为西方国家加紧对我进行颜色革命的主要途径。军队是人民民主专政和社会主义制度的坚强柱石，历来是敌对势力对我进行“西化”“分化”的重点对象。特别是近年来，随着我国综合国力的不断增强，世界影响力不断加大，中国声音、中国模式、中国道路越来越成为一个时代热词，西方敌对势力对我实施政治转基因工程的力度也随之加大，妄图从精神层面对我军“拔根去魂”，使我军变质变色、红旗倒地，进而脱离党的绝对领导，以实现其不可告人的政治目的。

同时，随着我们国家以市场为导向的经济体制改革的不断深化发展，也为西方对我进行意识形态渗透客观上提供了现实的可能。市场经济是一把双刃剑，它既可以激发人们为美好生活而奋斗的动力，培养人们奋发进取的开拓创新精神，也可使人们为了感官欲望的满足而放弃精神的追求，为了一己私利而做出置个人人格与国家尊严于不顾的可耻行为。弗洛姆曾对此做过深刻的阐述，他说：“现代人异化于自己，异化于同类，异化于自然。人变成了

商品，其生命变成了投资，以便获得在现存市场条件下可能得到的最大利润。人与人之间的关系，从本质上讲不过是已经异化为自动机器的人与人之间的关系。”① 肯定生活层面物质享受的合理性与正当性，对于以往压抑和漠视人的物质欲望与物质利益的旧有观念来说，确实是巨大的进步。然而，当人们过度沉醉于“物”时，就会适得其反，引发全社会物欲泛滥。

市场化内在地要求资源要素自由流动，全球化是市场化深入发展的必然要求和自然结果。伴随着市场经济深入发展，我国对外开放的程度和层次不断提高，这一方面有利于我们在全球范围内互通有无、实现资源优化配置，但另一方面也为西方对我进行意识形态渗透客观上提供了便利条件。市场经济社会中逐利化倾向发展与西方意识形态对我加紧渗透，使得革命军人精神支柱锻造面临严峻现实挑战。价值规律和商品交换原则在经济生活中的广泛运用，容易带来人际关系的功利化、庸俗化倾向，对我军健康纯洁的内外关系产生不良影响。革命战争年代，国家民族的命运危在旦夕，战场环境异常剧烈与残酷，广大官兵生死与共，“亡国何以家为?!”的严峻现实把个人前途与国家、民族的命运紧紧捆绑在一起，因而民众更容易保持共同理想和信念，形成万众一心、积极进取的精神氛围，这种精神氛围能很快地转化为干部战士为中国革命战争胜利不惜流血牺牲的精神动力。和平建设时期，个人利益考量成了影响人们社会交往和职业选择的一个重要因素，加之西方各种社会思潮的涌入特别是敌对势力有针对性地对我进行意识形态渗透，部队官兵个人意识、自主意识增强的同时，个人主义、享乐主义也开始在一些官兵身上滋生。有的军人理想信念淡薄，认为马克思主义已经过时，对社会主义的前途信心不足；有的拜金主义思想严重，为了金钱不择手段，甚至铤而走险，以身试法；有的精神萎靡，斗志衰退，以欣赏和追求低级趣味为乐事；有的思想空虚，相信伪科学及邪教，沉溺于各种封建迷信活动之中不能自拔；有的宗旨意识淡化，追名逐利，跑官要官。理想信念的淡漠，精神支柱的倾斜，是这些人逐步走入歧路的症结所在。雅斯贝斯曾就西方社会的类似情况既一语中的而又不无忧虑地指出，“今天的人失去了家园”②。一些官兵在市场经济条件下斗志衰退、精神颓废、信仰迷失的出现，正是他们精神“家园”不

① ［德］弗罗姆. 爱的艺术［M］. 成都：四川人民出版社，1986：96.

② ［德］卡尔·雅斯贝斯. 时代的精神状况［M］. 上海：上海世纪出版集团，2003：2.

在的表现。

历史表明，一个国家、一支军队从兴盛到衰落，无不是从道德滑坡、精神萎靡、信念失落开始的。历史上的古罗马帝国曾何等强大，其军队则是威震四方，但当古罗马帝国达到鼎盛之后，政治腐化，道德沦丧，古罗马军团则开始纪律涣散、精神奢靡、耽于享乐，而这带来的一个直接后果就是军队战斗力的丧失，并成为导致强大的古罗马帝国分崩离析的一个重要原因。同样，当曾经以勇锐著称的八旗子弟迷耽于声色犬马、无所事事之时，整个社会与军队就丧失了凝聚人心的思想基础与精神动力，中华民族近代历史剧痛屈辱的一页由此而被掀起，清王朝自身则在内忧外患、风雨飘摇中走到了历史的尽头。历史是一面镜子，回望历史、反思历史，我们更能深切地感受强大精神动力之于我军发展壮大、英勇善战的重大意义。很显然，我军官兵高昂的精神状态与强烈的进取意识，就是我军建设和发展的基础，我军成长壮大的光辉历史已经对此作出了有力的证明。而保持人民军队的性质、本色和作风，任何时候都是我军官兵理想信念坚定、精神追求高尚、政治思想纯洁的先决条件。推进强军兴军，革命化始终是第一位的。能否保持人民军队的性质、本色和作风，是关系到人民军队的政治方向乃至国家政权的稳固与否，关系到人民军队为谁打仗、为谁服务及能否有效履行使命的根本问题。从政治上掌握和建设军队，是一个需要紧紧抓住、绝对不能有任何闪失的重大问题。对此，党的历代领导人都极为重视。毛泽东通过提出和建立党对军队绝对领导、全心全意为人民服务等一系列根本原则、制度和宗旨，使我军始终保持人民军队的性质、本色和作风。邓小平围绕坚持党的军队、人民的军队、社会主义国家的军队的性质问题，提出了加强和改进军队思想政治工作的一系列重要思想。江泽民提出要把思想政治建设放在全军各项建设的首位，坚持党对军队绝对领导这个永远不变的军魂。胡锦涛提出要树立当代革命军人核心价值观，大力弘扬我军听党指挥、服务人民、英勇善战的优良传统。进入新时代，军委习近平主席对新时代政治建军作出部署，强调抓军队建设首先必须从政治上看，必须全面贯彻党领导军队的一系列根本原则和制度，确保部队绝对忠诚、绝对纯洁、绝对可靠。可以说，一部我军成长壮大的历史，就是一部人民军队听党指挥、为民而战的历史。

提高军队的革命化水平，保持人民军队的性质、本色和作风，离不开卓有成效的理想信念教育，离不开革命军人精神支柱的有力锻造，离不开革命军人精神动力的有效开发。革命战争年代，我军之所以能始终置于党的绝对领导之下，始终保持无产阶级革命军队的政治本色，关键一点就在于我们党始终坚持用马克思列宁主义、毛泽东思想武装全军。进入社会主义建设的新时期，我们党同样一刻不曾放松军队思想政治建设，始终不忘用发展着的马克思主义武装全军，始终不忘坚定革命军人对马克思主义中国化最新成果的崇高信仰，始终不忘坚定革命军人理想信念。唯其如此，我军才能永葆政治本色，广大官兵才能保持旺盛斗志，我军也才能在革命战争年代战无不胜、威名远扬；和平建设年代不负重托、不辱使命。随着社会主义市场经济深入发展和敌对势力加紧对我进行政治渗透，我军一些官兵出现精神世界荒芜、精神动力弱化的现象，对我军性质、本色和作风的保持构成了严峻的挑战。我军政治工作历来是在有效应对军队建设面临的重大问题、为军队建设和作战提供坚强政治保证中创新发展的，部队思想政治建设面临的现实挑战就是军队政治工作的着力点。当前，我们需要一如既往地把军人精神支柱的强化与精神动力的开发作为加强军队思想政治建设的一项重要工作来抓，紧紧围绕树立正确的世界观、人生观、价值观这个核心，坚持不懈地抓好部队的理想信念教育，坚持用真理说服人、用真情感染人、用真实打动人，提高思想政治教育的时代性感召力，补足精神之钙，强固政治灵魂，炼就广大官兵的“百毒”不侵之身。

四、在世界百年未有之大局加速演变的新形势下全面建成世界一流军队的需要

人类社会进入21世纪以来，随着发展中国家的群体性崛起，西方国家独大的国际格局开始发生变化，原有的西方主导的国际格局逐渐为东西方相对平衡的新的国际格局所取代。二十国集团（G20）逐渐取代七国集团（G7）成为当今世界进行国际合作和治理的主要平台。中国用了70余年的时间，就成功将14亿中国人由农业社会带入工业社会，创造了人类社会发展史的奇迹，开启社会发展现代化的新模式，为世界各国结合本国实际实现发展提供了中国模式、中国经验，中国的国际影响力日益扩大。随着信息技术、物联技术、无人技术、智能技术等的深入发展和广泛运用，新一轮科技革命已经启动。这一轮科技革命的加速启动和快速前行，将不可避免为人类社会发展

带来新的强大动能，深度影响和全面塑造社会生产和社会交往领域的方方面面，并将引发现有产业结构和经济布局的重组重塑。谁能在这一轮科技革命中崭露头角、抢占先机，谁就将在未来的国际竞争中占据主动、引领潮流。当今世界正在孕育并发生的重大变化，对我们国家来说，是历史机遇，也是严峻挑战。一方面我们距离中华民族伟大复兴的目标从来没有如此之近，另一方面我们面临的风险挑战从来没有如此严峻复杂。伴随着我国综合国力的显著增强，是我国对现有国际体系和国际格局的深度介入，特别是随着“一带一路”合作倡议不断推进，我国国家利益日益与世界各国紧紧相连。国家利益延伸到哪里，军事力量就应跟进到哪里。伴随着我们距离民族复兴的宏伟目标日益趋近而来的，是对一支强大军队和稳固国防的紧迫期盼。

当前，随着以信息技术为核心的新一轮军事变革的深化发展，世界军事竞争格局正在发生广泛而深刻的历史性变化。这场世界新军事变革，以信息化为核心、以智能化为重要特征，以军事战略、作战思想、作战方法、作战手段、组织指挥、领导管理等创新为基本内容，以重塑军事力量体系、谋求制胜优势为主要目标。其速度之快、范围之广、程度之深、力度之大，为第二次世界大战以来所罕见。世界主要国家都在不约而同发力新一轮军事变革，力图在新一轮国际军事竞争中抢占优势。百年难得的军事变革历史机遇的不期而至，是实现强军目标、加速全面建设世界一流军队进程的一个机会窗口期，是对中国人民和中国军人勇气智慧的一次全面检验。今后一二十年，是世界军事变革的快速推进期，也是我军强军兴军的战略机遇期。机不可失，时不再来。中国特色军事变革既是一场深刻的革命，是一个十分复杂、充满艰辛的过程，更是全军将士发扬大无畏精神、勇于开拓、应对时代挑战的奋斗历程。面对这样一项前无古人的宏伟工程，没有广大官兵强大的精神动力做后盾几乎是不可想象的。

崇高的精神是伟大事业的灵魂，伟大的事业是崇高精神的结晶。马克思指出：“人则使自己的生命活动本身变成自己意志和自己意识的对象。他具有有意识的生命活动。”① 人的一切行动最终都要通过人的意识、心理而得以产生，精神动力是军人军事实践得以有效开展的基本前提。强调精神的反作用，注重发挥精神动力对军队各项事业的巨大作用，正是坚持历史唯物主义和辩

---

① 马克思恩格斯选集：第1卷［M］. 2版. 北京：人民出版社，1995：46.

证唯物主义的具体体现。精神是信念，精神是支柱，精神是动力。中华人民共和国成立初期，针对党内一部分同志“革命意志有些衰退，革命热情有些不足，全心全意为人民服务的精神少了，过去跟敌人打仗时那种拼命精神少了，而闹地位，闹名誉，讲究吃，讲究穿，比薪水高低，争名夺利，这些东西多起来了”的情况，毛泽东强调要“把我们党艰苦奋斗的传统好好发扬起来”①，并号召“要保持过去革命战争时期的那么一股劲，那么一种革命热情，那么一种拼命精神，把革命工作做到底”②。党的十一届三中全会以来，面临把中国由不发达的社会主义国家变成富强民主文明的社会主义现代化国家的历史使命，邓小平要求在党中央的正确领导下，大力发扬在长期革命战争年代形成的“革命和拼命精神，严守纪律和自我牺牲精神，大公无私和先人后己精神，压倒一切敌人、压倒一切困难的精神，坚持革命乐观主义、排除万难去争取胜利的精神”③。进行革命斗争需要革命精神，从事建设事业同样需要把这一精神继续发扬光大，以为社会主义事业发展提供有力精神支撑。诚如梁启超所言：“夫既以有此精神以为国家过去继续成立之基，即可用此精神以为国家将来滋长发荣之具。”④

伟大的事业需要并将产生伟大的精神，伟大的精神支撑并推动着伟大的事业。加速军队建设的现代化转型、全面建成世界一流军队不仅需要雄厚的物质技术基础，而且需要强大的精神支柱。恩格斯指出：“当技术革命的浪潮正在四周汹涌澎湃的时候，让这些保守的偏见在军队中占统治地位，是没有好处的。我们需要更新、更勇敢的头脑。”⑤ 所谓变革，就是指改革不合时代要求的旧的思想观念、行为方式与制度体制等。既然是变革，既然是走前人没有走过的路，既然是通过向未知的事物宣战来谋求军队建设的跨越式发展，就注定会遭遇常人难以预料到的许多未知艰难险阻，就注定会有失败的风险伴随始终。而从事这一项史无前例的崭新事业，如果没有对党、对国家、对人民及对军队的无限忠诚与热爱以及由此而迸发出的强大精神动力，任何推进新军事变革的动人说辞都只能沦为“痴人说梦”式的喃喃之语，任何关于

① 毛泽东著作选读：下册［M］. 北京：人民出版社，1986：799.

② 毛泽东著作选读：下册［M］. 北京：人民出版社，1986：801.

③ 邓小平文选：第2卷［M］. 2版. 北京：人民出版社，1994：368.

④ 梁启超. 中国道德之大原［J］. 庸言，1912（2）.

⑤ 马克思恩格斯全集：第22卷［M］. 北京：人民出版社，1965：445

新军事变革的宏伟蓝图也就只能沦为可望而不可即的“海市蜃楼”，恩格斯提及的“更新、更勇敢的头脑”也正是从这一意义上讲的。广大官兵既是强军大业的积极发起者，更是强军实践的主要参与者。我军发展壮大的实践证明，越是在军队建设的重大关头，全军官兵就越是需要坚定的理想信念以及由此所产生的非凡精神动力。有了这种精神动力，我们就能最终战胜前进道路上的一切困难，不断夺取新的胜利。新的形势与新的任务，需要我们坚持不懈地加强与改进理想信念教育，进一步强化全军官兵的政治意识与坚定革命军人的精神支柱，增强他们献身国防的光荣感与爱国奉献的自觉性，不断培育他们忘我工作的奉献精神及艰苦奋斗的优良品质，效法并弘扬“公而忘私、国而忘家”的爱国情怀与“苟利国家，死生以之”的高尚情操，传承并培育“天行健，君子以自强不息”的民族精神与“愚公移山”“精卫填海”的不屈不挠的奋斗风范，以此为强军兴军注入源源不断的精神动力。

五、在现代战争对参战人员心理毁伤日趋加重的新形势下培育广大官兵战斗精神的需要

列宁指出：“战争本来就是危险的。在战争中你无时无刻不被危险包围着。”① 战争是你死我活的拼杀，本身具有很大的危险性。信息化智能化条件下的现代战争，由于大量射程远、精确度高、毁伤力大的精确制导武器及隐形兵器使用于战场，使得战争的突然性、残酷性、复杂性、危险性超过以往任何战争。每一个参战官兵随时都要经受血与火的洗礼、直面猝不及防的战场伤亡，极易产生怕苦怕难、悲观消沉等消极心理。现代战争不仅是高技术兵器的较量，更是人的素质（包括毅力、斗志、吃苦精神、献身精神等）的较量，作战双方不仅要展开战术、技术的综合对抗，而且要进行包括信念、意志、毅力和耐力在内的全面抗衡，参战军人将承受超负荷的心理压力。害怕困难、害怕艰苦、害怕流血牺牲的士兵，是进不了现代战场的。心理攻防已经成为敌我双方作战较量的一个重要内容，敌方心理作战手段的有效运用，必然会或多或少给我方参战人员心理以冲击和震撼，有可能使官兵对战争产生怀疑、动摇、厌战，甚至不满情绪，从而加剧恶劣战场环境对军人心理所

---

① 列宁全集：第33卷［M］．北京：人民出版社，1957：76.

造成的不良影响。战争中处于劣势的一方将会因为敌方对技术优势的刻意渲染而在心理上未战先败。强者自负气盛，弱者自怨心虚。当军人的心理负荷超过正常的心理承受极限时，就会产生心理疾病。

近期世界范围内发生的几场局部战争表明，现代战争中战场上的紧张危险因素对军人心理毁伤程度比以往任何时候都更为强烈。各种新式武器的层出不穷及其命中精度、作战半径、杀伤威力的不断增大，参战军人的战场自危意识与恐惧心理呈日渐上升趋势。当军人感到自身处于对方武器的打击范围之内时，就会自然而然地产生担忧自己身体受到伤害及生命受到威胁的恐惧心理。现代武器的杀伤力不仅表现在对人肉体的攻击上，还表现在对人心理的震撼上，并且在某种情况下对军人心理杀伤比对军人肉体杀伤的破坏力更强，对战争的结局影响更大。现代战争，由于以信息技术、智能技术为代表的高新技术的广泛应用，作战双方更可能出其不意地使用新式武器装备与新的作战方法，更能通过精准打击、精确杀伤而引起对方参战人员的心理恐慌。加上信息化条件下分散作战及独立执行任务的情形较以往为多，缺乏群威群胆的心理支持，参战人员心理恐惧的程度将较以往更为严重。

面对现代战争危险日趋增大、官兵心理恐惧不断加大的新形势，军队政治工作应当积极寻求应对之策。在空前残酷、激烈、紧张的现代战争中，军人心理恐惧感的增大是必然现象。恐惧本身并不可怕，关键是对之进行有效的克制与化解。心理学家波洛霍夫指出：“必须记住，无畏，并不是指没有恐惧的感觉，而是指具有克服恐惧感的能力。”临危不惧的关键就是激发军人的爱国主义情感和英雄主义气概，也即加强军人精神动力的开发，由此培育军人的战斗精神。刘伯承元帅常提起一句名言，“狭路相逢勇者胜”，内在地揭示了我军战无不胜、攻无不克的奥秘。而这种“勇”即是战斗精神，它来源于对共产主义及社会主义远大理想的追求以及由之而产生出的强大精神动力。现代战争的残酷性、暴烈性急遽增大，在血与火的厮杀中，危险、恐惧自始至终伴随着参加战争的每一个人。如果没有一种一往无前的英勇精神及锲而不舍的战斗意志，参战人员很可能会在心理上先败下阵来。美军认为，未来战争不应再过于强调摧毁敌人的兵力，而应把重点放在削弱敌人的战斗意志上来。削弱敌人的战斗意志，是伊拉克战争中美军推出的新作战理念。利德尔·哈特指出：“就战争的较低阶段来说，在战斗中杀死一个人，只不过使这支军队损失一个士兵而已，但是一个神经受到震撼的活人，就可以成为恐怖病菌的传染媒介，足以造成一种恐怖的现象。在战争的较高阶段中，如果使对方的指挥官在心理上受到震撼，则可以使其所带领的整个部队丧失作战力量。”① 战场心理恐慌并非无法克服，心理问题的解决还需要从精神层面上去寻求答案。军人如果认识到自己所从事战争的正义性及持对战争必胜的信念，他们就会迸发出强大的精神动力，这支军队的士气就会高昂，即使赴汤蹈火也会在所不辞，就会不论在任何情况下都能够沉着冷静、机智勇敢，表现出一往无前、英勇顽强的战斗精神，实现人与武器的完美结合。恩格斯指出：“勇敢和必胜的信念常使战斗得以胜利结束。”② 我军在长期革命战争中创造的一个个以劣胜优、以弱胜强的经典战例，不仅在世界战争史上留下了浓墨重彩的一笔，而且也以无可辩驳的事实雄辩地证明了我军官兵所具有的强大精神动力及其所具有的巨大作用。邓小平指出：“没有革命精神就没有革命行动。”③ 精神动力是“源”，战斗精神是“流”。没有为共产主义理想而奋斗的精神动力，就不可能有革命军人在艰难困苦条件下迸发出的强大战斗精神。面对现代战争中强有力精神力量之于克敌制胜的重要性日益上升、战时心理对抗与较量日趋激烈的新形势，要求我们将官兵精神动力开发置于更加突出的地位，坚持研战结合、攻防并举，深入探析信息化战争条件下官兵心理行为变化发展的特点规律，聚力探寻敌方对我进行心理攻势的破解之道，配合对敌重要作战目标进行火力毁伤，精准筹划和融合实施强固我军心理防线和对敌攻心夺志毁气的作战对抗，保证我军在军心士气和精神气势上压过敌方，为我军打赢具有智能化特征的信息化战争提供坚强精神支撑。

六、在我军武器装备总体水平与强敌差距依然较大的新形势下强化政治工作服务保证打赢制胜重要功能的需要

中华人民共和国成立以来，党的历代领导集体都高度重视我军武器装备

---

① ［英］利德尔·哈特. 战略论［M］. 北京：战士出版社，1981：300.

② 马克思恩格斯军事文集：第1卷［M］. 北京：战士出版社，1981：236.

③ 邓小平文选：第2卷［M］. 2版. 北京：人民出版社，1994：146.

的现代化建设，并在不同的历史阶段，针对不同的历史条件，提出了一系列加强武器装备建设的重要思想，做出了一系列加强武器装备建设的战略决策，推动我军武器装备现代化建设稳步发展、步入新的发展阶段。毛泽东发出建设一支现代化国防军的号召，领导创建了海军空军，实现了我军由单一军种向诸军兵种合成的历史性跨越；做出了发展“两弹一星”的战略决策，打破了西方的核讹诈与核垄断，为我军的现代化建设尤其是机械化建设奠定了国防工业和国防科技的基础。邓小平确立了建设强大的现代化、正规化的革命军队的总目标，我军开始走上了有中国特色的精兵之路。江泽民从我国国情和军队现代化建设的实际出发，按照“突发事件有准备，局部战争有保障，威慑有手段，发展有基础”的目标，确立了科学的武器装备发展战略和发展思路。胡锦涛强调，要大力发展和努力形成具有我军特色和优势、以军事信息系统为支撑的现代化武器装备体系，不断增强我军由机械化半机械化向信息化转变的物质技术基础。党的十八大以来，习主席高度重视武器装备建设，强调“要贯彻总体国家安全观，牢牢把握党在新形势下的强军目标，坚持统筹兼顾、突出重点，加快构建适应履行使命要求的装备体系”①。经过几代人持之以恒的探索创新和接续奋斗，我们走出了一条有中国特色的武器装备发展之路，我军武器装备技术状况有了很大改善，总体建设水平也有了很大提高。但由于我军现代化建设的起点较低，加之以美国为首的西方国家在以信息化为核心、以智能化为重要特征的世界新军事变革中已经抢占了先机和主动，我军在很多方面与世界强国军队的差距还是很明显的。可以说，我军当前既面临着赶超世界先进强国军队的历史任务，也面临着与强国军队整体差距依然较大的严峻挑战。

恩格斯指出：“暴力的胜利是以武器的生产为基础的。”② 武器装备的发展不仅引起战略战术思想、作战方法、军事学术等理论上的变革，还给编制体制、军事训练、战场建设、后勤保障等军队建设的各方面都带来深远影响。正如恩格斯所言：“一旦技术上的进步可以用于军事目的并且已经用于军事目的，它们便立刻几乎强制地，而且往往是违反指挥官的意志而引

---

① 习近平出席全军装备工作会议时强调：加快构建适应履行使命要求的装备体系，为实现强军梦提供强大物质技术支撑［N］. 解放军报，2014－12－5.

② 马克思恩格斯选集：第3卷［M］. 2版. 北京：人民出版社，1995：509.

起作战方式的改变甚至变革。”① 武器装备始终是遏制战争、打赢战争的物质基础。对此，恩格斯曾说：“手枪战胜利剑，这样，即使是最幼稚的公理论者也可以理解，暴力不是单纯的意志行为，它要求具备各种实现暴力的非常现实的前提，特别是工具，其中，较完善的战胜较不完善的。”② 尽管如此，我们也应看到，人始终是战争胜负的决定性因素。从根本上讲，人对武器装备是起支配作用的。武器装备的发展要靠人，运用也要靠人。战争的最终胜负取决于人与武器的完美结合，有了人的优势，劣势装备可以发挥出强大的战斗力。反之，优势装备也只能是废铁一堆。周恩来指出：“战时的战斗精神，对于战争的胜负是很重要的。战斗情绪的旺盛，能够以少胜多，以不良的武器战胜装备精良的军队。”③ 历史上恃强而败者的一个共同特点，就是高估了武器装备的作用，忽视了人在战争中的决定作用，犯下了骄傲自满和轻视对手的错误。古今中外，这样的战例很多。美军深陷越南战场而不能自拔，苏军入侵阿富汗劳而无功。抗美援朝战争初期，我军既无飞机，又无坦克，火炮也很少，但我军战略战术运用得当，加上我军官兵士气高昂，因而使得拥有海空优势和现代化装备的美军不得不承认：“海空优势决定不了朝鲜战争。”

在中国革命漫长的光辉历程中，尽管我军的武器装备总体水平一直保持着稳步发展的势头，但与强敌相比却始终存在较大差距。正是依仗于我军各级指战员对党和人民事业无限忠诚而催生的不竭、强大精神动力，才得以在极其艰难困苦的情况下以劣势装备战胜优势装备之敌，取得中国革命战争的一个又一个胜利。抗日战争和抗美援朝战争无可置疑地表明：在特定的历史条件下，即使是在与世界军事强国武器装备差距很大的困难时期，只要充分发挥我军特有的政治优势，有效催生和激发革命军人强大的精神动力，就能最大限度挖掘出现有武器装备的作战潜能，最终释放出让敌人胆寒的现实战斗力。世界各国的战争实践同样证明了军人精神动力对于弥补武器装备不足，战胜强大敌人的重要作用。列宁在总结十月革命胜利的经验时就强调了精神力量的重要性。他说：“因人数少而力量薄弱，因灾难和贫困而疲惫不堪的我

① 马克思恩格斯选集：第3卷［M］．2版．北京：人民出版社，1995：514－515．

② 马克思恩格斯选集：第3卷［M］．2版．北京：人民出版社，1995：509．

③ 解放军政治学院政治工作教研室．周恩来同志论军队政治工作选编［M］．1979：33．

国无产阶级在这种援助下取得了胜利，它所以取得了胜利，是因为它获得了精神力量因而变得强大有力。”[①] 毛泽东指出：“打仗的胜败，不决定于武器，而决定于人心。”[②] 直面我军武器装备与强敌的差距依然较大的严峻现实，我们需要在因应职能使命需要、立足现有条件、突出重点不失时机加快推进我军武器装备建设的前提下，更加注重强固我军的政治优势，大力加强军人精神力量建设，强化精神因素对于推动潜在物质战斗力向现实战斗力转变的催化作用和倍增效应，有效发挥政治工作服务保证打赢制胜的重要功能。

① 列宁全集：第32卷［M］. 北京：人民出版社，1958：263.

② 毛泽东文集：第5卷［M］. 北京：人民出版社，1996：213.

第十二章
革命军人精神动力开发的对策方略

理论研究的目的在于引领实践、指导实践、推动实践。加强革命军人精神动力研究，其核心议题和理论旨趣是前瞻指导推进革命军人精神动力开发，深化革命军人精神动力开发实践。面对意识形态领域斗争复杂严峻和思想政治建设地位作用日益凸显的新形势，必须坚持以习近平新时代中国特色社会主义思想为指导，全面贯彻习近平强军思想，系统筹划，综合施策，从强化信仰驱动、使命激发、舆论引领、荣誉激励、价值实现等环节发力，加大革命军人精神动力开发力度，努力为强军兴军提供强大精神支撑。

一、熔铸革命军人理想信念，补足精神之钙

信仰，是对某种主义、主张、信条等的极度尊敬和信任，解决的是人的终极关怀和精神家园问题。我军是中国共产党绝对领导下的人民军队，是用马克思主义武装起来的新型军队。对马克思主义的政治信仰，是我军官兵精神动力的深层源泉。共产主义的远大理想和中国特色社会主义的坚定信念，是革命军人精神动力的不竭源泉。政治信仰是魂，理想信念是根。习近平总书记在党的十九大报告中指出："共产主义远大理想和中国特色社会主义共同理想，是中国共产党人的精神支柱和政治灵魂，也是保持党的团结统一的思想基础。"① 革命的理想信念不是凭空产生的，也不是从天上掉下来的，而是产生于社会主义运动的实践并引领社会主义运动的实践发展、反映最广大人民群众的根本利益并促成最广大人民群众的根本利益实现、体现人类历史发展的一般规律并确保人类历史活动符合规律运行，具有无与伦比、无可置疑

① 习近平．决胜全面建成小康社会，夺取新时代中国特色社会主义伟大胜利［N］．人民日报，2017－10－28．

的科学性与真理性。

革命的理想信念奠基于人类历史发展进步的客观规律。革命的理想信念不是空想和幻想，而是内含着对于人类社会发展一般规律的深刻洞察和准确把握。一部人类社会发展的历史，就是一部生产关系和生产力矛盾运动的历史。资本主义作为旧的生产关系发展的最高阶段，在它所能容纳的全部生产力发挥出来之前，是不会灭亡的。而资本主义所固有的生产资料私人占有和生产社会化之间的矛盾又决定了资本主义社会形态必然被更高级的社会主义社会形态所取代。正是基于对“资本主义必然灭亡和社会主义必然胜利是不可避免的”这一历史规律的科学把握，一代又一代中国共产党人胸怀实现社会主义和共产主义的革命理想，浴血奋战，前仆后继，带领中国人民相继完成新民主主义革命、社会主义革命的历史任务，在此基础上把社会主义建设不断推向前进，社会主义中国一改近代以来任人宰割的积贫积弱而成为世界上最富生机和活力的国家。社会主义在中国的成功实践以无可辩驳的历史事实证明了革命理想信念的合规律性，这一奠基于人类历史规律的理想信念必将随着中国共产党人深入践履初心使命、朝着共产主义目标接续奋斗而放射出更加夺目的光辉。

革命的理想信念凝结了最广大人民群众的愿望追求。革命的理想信念不是少数人的自我设计和目标追求，而是最广大人民群众愿望追求的最大公约数。人民是历史的创造者，是真正的英雄。是否以为人民谋福祉为价值归宿，是判断理想信念是否具有先进性的根本标准，也是判断一个理想信念实践者能否在历史发展的大舞台上成就伟业的根本标准。一切为了人民、一切依靠人民，是革命理想信念的核心意涵，也是革命理想信念具有强大感召力和广泛影响力的根本原因。站稳了以人民为中心的根本政治立场，中国共产党人因此获得最广泛的社会支持而成为当代中国历史发展的掌舵者和领航人，中国共产党人秉持的革命理想也因动员了最深厚的社会力量而得以一步步转化为中国人民站起来、富起来直至强起来的实践成果。革命理想信念因最为广泛而深刻地反映和符合最广大人民群众的利益和意志而成为推动社会发展的主流理想信念，也必将因最为全面而彻底地发展和贯彻最广大人民群众的利益和意志而继续成为引领历史进步的精神旗帜。

革命的理想信念植根于世界社会主义运动的伟大实践。革命的理想信念不是专家学者坐在书斋里的突发奇想，也不是有志青年初涉社会时的一时冲动，而是在波澜壮阔的世界社会主义运动实践中孕育和绽放的精神之花。20世纪上半叶以苏联为首的一系列社会主义国家的建立和发展，既使科学社会主义学说成为深刻改变世界发展格局的最有影响力的学说，也使得革命的理想信念成为加速人类历史发展进程的最为坚强的精神力量。历史证明，什么时候共产党人坚守这一革命理想信念，社会主义事业就会大踏步前进。反之，社会主义事业就会陷入停滞甚至归于失败。为有牺牲多壮志，敢叫日月换新天。有了革命理想高于天的壮志豪情，就没有克服不了的艰难险阻。中国共产党人对革命理想的执着和坚守，必将推动形成世界社会主义运动蓬勃发展的生动局面和喜人态势，从而为全人类的解放事业做出更大的贡献。

坚定革命军人理想信念，夯实革命军人精神动力的根基，核心在于用马克思主义特别是习近平新时代中国特色社会主义思想武装官兵，强固革命军人对于科学理论的政治信仰，引导官兵在为人民谋幸福、为民族谋复兴的历史伟业中成就自我、实现自我，解决革命军人的意义之问、价值之问。

一是坚持坚定军人政治信仰与激发军人个性活力相统一。长期以来，我们在推进科学理论武装工作时，对政治性强调较多，但对军人的全面发展和军人个体思想活力的激发却没有给予足够的重视，影响了军人精神动力的有效开发。马克思和恩格斯在《共产党宣言》中明确指出：共产主义“将是这样一个联合体，在那里，每个人的自由发展是一切人的自由发展的条件”①。个性的全面发展和自由发展是密切相关的。人的个性是在一定的社会历史条件下，通过社会实践活动形成和发展起来的，是个体在社会实践中作为主体而表现出来的思想和行为的总体特征。过去我们常常把个体的独特性与集体性对立起来，似乎社会主义只能谈集体性，而不能谈个人的个性，这是一种错误的认识。集体不仅不应压制人的个性，还应为人的个性提供生长的土壤，任何个人离开人与人之间的交往，离开了集体，就不可能成为人，也就无从谈起个性的发展。反过来，任何集体离开个人的发展，集体也将不复存在。在对官兵进行理论灌输的同时，注重尊重官兵的人格，启发他们的自主意识与主体观念，创造一个能够充分进行独立思考的人文环境，有利于他们从更深层次上把握集体主义原则的科学内涵，强化为无产阶级整体利益而奋斗的政治自觉，进而起到坚定政治信仰的目的。

---

① 马克思恩格斯全集：第42卷［M］．北京：人民出版社，1979：121．

二是坚持纯洁军人政治思想与促进军人心理健康相统一。坚持马克思主义在意识形态领域的指导地位，是强固革命军人政治信仰的必然要求。纯洁官兵政治思想既要求持续深入推进科学理论的武装工作，也要求着力培育官兵健全完整的精神人格。试想，一个心理健康有问题的人，会产生积极向上的政治情感，会萌生高尚远大的理想追求吗？答案显然是否定的。同理，一个思想消沉、精神颓废的军人，也不可能生发出矢志强军的宏伟志向与精神动力。理论武装的最终目标是使军人成为世界观、人生观、价值观正确，精神世界和个性心理健康、完整、健全的人。官兵日常生活中出现的思想问题，常常表现为因不能正确处理个人与他人及社会的关系而产生的各种思想或道德问题，在更深层次上可能表现为世界观、人生观的偏差。而心理问题则是指由外部环境变化引发的不良心理反应。思想问题与心理问题密切相关，二者都是人脑对客观世界的主观反映，同属于精神活动的范畴。一方面，心理活动是思想活动的基础，因感觉、思维、情感等导致的心理问题必然影响思想活动，从而可能引发思想问题的出现。另一方面，思想活动是心理活动的高级阶段。前者的认识成果反过来可以引起或加重后者。因此，激发革命军人的精神动力，需要我们在继续重视纯洁军人思想的同时，更加重视抓好军人心理健康工作。

三是坚持给予军人终极关怀与提高军人科技素养相统一。信仰问题，事关革命军人安身立命之本。我军历来重视用先进的理论武装部队，以科学之光给予革命军人以终极关怀，极大丰富了广大官兵的精神世界。但也应看到，马克思主义的政治信仰是建立在科学基础之上的理性信仰，因此，强固官兵马克思主义的政治信仰，既需要从政治属性层面阐发马克思主义的先进性，还应从科学理性层面确证马克思主义信仰的科学真理性。可见，加强革命军人精神动力的生成与开发，则应既重视加强官兵的政治素质锻造，也应着力加强官兵的文化素质培养。毛泽东曾指出："没有文化的军队是愚蠢的军队，而愚蠢的军队是不能战胜敌人的。"① 中华人民共和国成立后军队内部掀起的学习科学文化的运动，极大地改善了我军指战员的知识结构，广大官兵的科学文化素养有了相当大的改观。但也应看到，如果从强军兴军和备战打仗的现实需要来看，我军官兵整体科学文化素养还不容乐观。特别是，在精神力

① 毛泽东选集：第3卷［M］. 2版. 北京：人民出版社，1991：1011.

量益发显现的新时代，只有知情意、真善美的协调统一，才是当代高素质革命军人所应有的样子。单纯就政治素质而抓政治素质锻造，是不牢靠的。只有在加强官兵政治素质培塑的同时，配合进行军事科技和人文知识教育，这样的教育才是完整的。也只有经过这样教育的革命军人才会秉持更为坚定的政治信念、具备更为健全的人格特征、蕴含更为深厚的精神力量。

二、牢记我党我军初心使命，扛起强军重任

党的十九大报告指出："中国共产党人的初心和使命，就是为中国人民谋幸福，为中华民族谋复兴。这个初心和使命是激励中国共产党人不断前进的根本动力。"① 我军历来以党的旗帜为旗帜，以党的方向为方向，以党的意志为意志。党旗所指，军旗所向，党的初心和使命就是我军的初心和使命，是激励革命军人不断前进的根本动力。对于我军而言，初心就是紧紧地与中国人民站在一起，全心全意为人民服务。关于我军使命，2019 年中国政府发布的《新时代的中国国防》白皮书指出："为巩固中国共产党领导和社会主义制度提供战略支撑，为捍卫国家主权、统一、领土完整提供战略支撑，为维护国家海外利益提供战略支撑，为促进世界和平与发展提供战略支撑。"② 行进在强国强军伟大征程上的中国共产党及其领导下的人民军队，比以往任何时候更加需要从初心中汲取奋进前行的力量，不忘初心、牢记使命，践行初心、不辱使命。习近平总书记深刻指出："一切向前走，都不能忘记走过的路；走得再远、走到再光辉的未来，也不能忘记走过的过去，不能忘记为什么出发。"③ 如何把初心变成恒心、把使命当成生命，并转化为强军兴军的强大动力？重要的一点就是牢记我党我军优良传统，传承人民军队红色基因，赓续人民军队精神血脉。人民军队光荣传统和优良作风，内含着我党我军为人民谋幸福、为人民打胜仗的初心使命，蕴藏着我军战无不胜、攻无不克的制胜密码，是我军在新的历史征程上再创辉煌、再续荣光的政治滋养和强大动力，必须结合新的形势任务传承发扬。

---

① 中国共产党第十九次全国代表大会文件资料汇编［G］. 北京：人民出版社，2017：1.

② 中华人民共和国国务院新闻办公室. 新时代的中国国防［N］. 人民日报，2019－7－25（4）.

③ 习近平. 习近平谈治国理政：第 2 卷［M］. 北京：外文出版社，2017：32－33.

（一）紧紧扭住铁心向党厚植忠诚底色

坚持党对军队的绝对领导、坚定不移听党话跟党走，是我军取得一切发展进步的根本保证，也是我军光荣传统和优良作风最本质的特征。从三湾改编确立“支部建在连上”的制度，到古田会议确立政治建军的一系列根本原则和制度，党对军队绝对领导的军魂深深植入我军将士的精神基因之中，成为我军政治品质的核心。正是深入骨髓、浸入灵魂、融入血脉的赤诚之心与忠诚信仰，保证了我军不论面临任何风险挑战，都能始终做到坚如磐石、坚不可摧。当前，部队建设面临的形势任务发生了很大变化，但听党指挥的铁血军魂永远不能丢，必须坚持政治建军的根本原则，坚持用习近平新时代中国特色社会主义思想和习近平强军思想武装官兵，补足精神之钙、固牢思想之元，把坚决听党指挥作为最高政治原则来把握、最高政治纪律来遵守、最高政治要求来落实，做到“两个维护”，贯彻军委主席负责制，坚决听习主席指挥、对习主席负责、让习主席放心。

（二）紧紧扭住信念如磐强固精神力量

理想因其远大而为理想，信念因其执着而为信念。崇高的理想，坚定的信念，是中国共产党人的政治灵魂，是人民军队的精神支柱。邓小平曾经指出：“为什么我们过去能在非常困难的情况下奋斗出来，战胜千难万险使革命胜利呢？就是因为我们有理想，有马克思主义信念，有共产主义信念。”① 自建军之日起，崇高理想信念就如同光亮如炬的灯塔一样，照亮人民军队的前进方向，指引人民军队奋勇向前。革命理想高于天。必须深学笃信科学理论，努力掌握马克思主义这个看家本领，增强“四个自信”，做共产主义远大理想和中国特色社会主义共同理想的坚定信仰者和忠实践行者。

（三）紧紧扭住锐意改革砥砺创新品质

我军发展壮大的历史，就是一部改革创新的历史。人民军队边战边改，边建边改，愈改愈强。从红军时期提出游击战争“十六字诀”，到抗日战争时期提出“基本的是游击战，但不放松有利条件下的运动战”，从解放战争时期提出“十大军事原则”，到抗美援朝战争时期提出“零敲牛皮糖”的战术指导原则，我军坚持从战争中学习战争，从军事实践中探索作战指导规律，书

---

① 邓小平文选：第3卷［M］．北京：人民出版社，1993：110.

写了我军战争指导艺术与时俱进、不断创新的光辉篇章。唯改革者进，唯创新者强。人民军队的力量来自改革创新，人民军队的胜利来自改革创新。必须坚持解放思想、实事求是，主动来一场思想革命，坚定不移深化国防和军队改革，深入实施创新驱动发展战略，提高科技创新对战斗力的贡献率，任何时候任何情况下都永不故步自封、永不僵化停滞。

（四）紧紧扭住英勇无畏培塑血性胆魄

我军历来以英勇顽强、不怕牺牲而著称于世。革命战争年代，面临武器装备强大得多的敌人，我军官兵气势如虹、无所畏惧，宁可前进一步死、绝不后退半步生。冒着敌人猛烈炮火飞夺泸定桥的22勇士、宁死不屈的“狼牙山五壮士”、血拼到底的“刘老庄连82壮士”、舍身炸碉堡的爆破英雄董存瑞、挺身堵枪眼的孤胆英雄黄继光等无数英雄群体和革命先烈，用鲜血和生命诠释了革命军人一往无前、英勇决绝的英雄气概。对此，毛泽东曾指出：“不论在任何艰难困苦的场合，只要还有一个人，这个人就要继续战斗下去。”① 正是靠着这种精神，人民军队打出了国威军威，赢得了党和人民的信任信赖，也赢得了世界的尊重尊敬。战争不仅是武器装备的对抗，更是精神力量的比拼，必须牢记我军根本职能，强化忧患意识、危机意识、打仗意识，弘扬敢打必胜的精神品质，任何时候任何情况下都保持革命英雄主义的昂扬斗志。

（五）紧紧扭住高度自觉锻造严明纪律

军无纪不立，纪不严无威。我军自创建之日起就把革命的坚定性、政治的自觉性、纪律的严肃性结合起来，统一意志、统一指挥、统一行动，始终保持了强大的凝聚力和战斗力。与以往一切旧军队不同，我军纪律是建立在高度政治自觉基础之上的革命自觉。这是我军纪律的显著特征，也是我军纪律的独特优势。1948年，东北野战军解放锦州时，部队住在苹果园里，却没有一个战士摘苹果吃。毛泽东在中共八届二中全会提到此事，感慨地说：“不吃是很高尚的，而吃了是很卑鄙的，因为这是人民的苹果。我们的纪律就建筑在这个自觉性上边。”正是由于有了建立在高度政治觉悟基础上的革命纪律，将士们哪怕冻饿交加，也不拿群众一针一线；哪怕烈火焚身，也岿然不

① 毛泽东选集：第3卷［M］. 2版. 北京：人民出版社，1991：1039.

动，直至付出生命；哪怕身陷绝境，也坚守战位，慷慨赴死。加强纪律性，革命无不胜。过去我们面对强大的敌人，是靠革命纪律走向胜利的；今天面对强军兴军的历史重任、面对潜在强敌的战争威胁，依然需要用铁的纪律凝聚铁的意志、锤炼铁的作风、锻造铁的队伍，做到守纪如铁、执纪如钢，攻如猛虎、守如泰山。

（六）紧紧扭住鱼水深情巩固军民团结

我军来自人民、服务于人民、完全彻底地为了人民利益而英勇战斗。战争年代，我军官兵为了推翻压在中国人民身上的“三座大山”，南征北战、勇往直前。和平时期，我军为了捍卫人民利益，坚决打击一切来犯之敌，积极投身抢险救灾、反恐维稳等党和人民赋予的任务中去。哪里最危险，哪里就有我军官兵的身影，我军官兵被人民群众亲切地称为“最可爱的人”。军队打胜仗，人民是靠山。有了人民群众的支持，我军就能有效运用人民战争的战略战术，做到无往而不胜。军政军民团结是我党我军特有的政治优势，必须坚持全心全意为人民服务的根本宗旨，发扬军民一致、军政一致、官兵一致的优良传统，始终与人民同呼吸、共命运、心连心，做好人民利益的坚定捍卫者和忠实守护神。

三、深植全民国防意识根基，增进社会认同

全社会国防意识的提高，是增强革命军人价值认同的一个前提条件。很难设想，一个没有尚武传统与崇军文化的国家，其军队成员会对自己的身份产生强烈的自豪感和对自己的工作产生强烈的责任感。而一个不能产生强烈自豪感和责任感的军人，精神动力对他来说只是一件奢侈品。因此，全民国防意识的增强，是革命军人精神动力得以存在并得到生长的重要条件。全民国防意识的增强，意味着全社会对国防和军队建设重要性的深刻认识，意味着对军队地位以及军事职业重要性的深刻认识，意味着对军人投身军营、爱军习武重要价值的高度认同与深度首肯。社会对军人地位及作用的价值认同，是军人安心部队、矢志军营的文化氛围得以产生的坚实基础。我国历来有“好铁去打钉，好男去当兵”之说，这既是我国传统文化对国防意识重要性认识的深刻反映，也是影响革命军人价值取向的文化根源。价值理念是一个人

生活目标与人生意义的集中体现与核心要素，军人对军事职业的价值认同将会极大激发其献身军营、报效祖国的革命热情，促进其投身强军备战、抛洒热血青春之精神动力的生长与发展。

重视全社会国防意识的培养，是我国历代有作为、有抱负的政治家、军事家、教育家的共同选择，是我国传统治国安邦思想的优秀资源。孙子就曾指出：兵者，国之大事，死生之地，存亡之道，不可不察也①。中国古人不仅意识到了国防和军队建设的重要性，同时也看到了增强全民国防意识对国家和民族生存发展的重要意义。“居安思危”“明耻教战”“有备无患”“教戒为先”“天下虽安、忘战必危”就是我国传统文化重视国防建设、注重全民国防意识提高的思想结晶。如果说国防建设是民族国家生存之盾，国防意识就是民族国家安全之气。光有盾，没有气，就会失其锋芒。只有盾气合一，才能发挥其应有的威力。

加强全民国防意识培养对军人精神动力的增强作用主要表现在如下两个方面。其一是通过社会文化氛围影响军人的价值判断。全民国防意识的增强，将使爱军尚武成为主流文化的价值因子，渗透到社会生活的方方面面，而这反映到军人的思想上来，必然会坚定其从事军队建设、致力强军事业的理想信念，强化其献身国防的精神动力。其二是通过军人亲属朋友影响军人的价值选择。一首歌曲唱得好：“军功章啊，有你的一半，也有我的一半。”这句话既生动反映了军人妻子无私奉献精神的伟大，也深刻揭示了军人妻子的坚定支持对军人安心军营、成就事业所起的巨大作用。全民国防意识的增强，必然会带来军人亲属朋友国防意识的增强，而他们国防意识的增强，必然会使他们更加支持家人在部队的工作与事业，支持他们以部队为家、以苦为乐、以奉献为荣的崇高情怀，支持他们矢志军营、奋发前行的高尚情操。而这必然使得军人因感受到亲人朋友的支持和厚望而更加斗志昂扬、激情迸发。推进革命军人精神动力的开发，需要我们加大全民国防意识的培养力度，加强全社会的国防教育，努力在全社会营造一个关心支持国防和军队建设的良好氛围，为革命军人坚定从军报国的价值判断和价值选择营造一个积极向上的良好氛围。

加强国防教育是增强全民国防意识的重要途径。国防教育，就是从国家

---

① （春秋）孙武，《孙子兵法·计篇》。

民族的安全和发展利益出发，有组织地在全体公民中进行灌输国防知识、增强战备意识、提高全社会支持关心国防和军队建设的意识、强化抵抗侵略、保卫祖国历史责任感的活动。增强国防意识，提高全社会对建设国防重要性的认识至关重要，若米尼认为："如果政府不采取措施培养人民的尚武精神，那么它为建设军队而采取的一切最好的措施也都将是徒劳的。"① 我们党自成立以来，一贯重视全社会国防意识的培养与全民国防教育的开展。在卢沟桥事变后不久，毛泽东就于 1937 年 7 月 23 日提出了包括对人民大众进行"国防教育"在内的抗战八大纲领。1938 年 5 月 26 日至 6 月 3 日，毛泽东在延安抗日战争研究会上发表《论持久战》的著名演讲，把"厉行国防教育"作为一个重大问题提出来加以强调。中华人民共和国成立后，我们党结合国际形势及国内安全形势的变化，又提出了许多富有真知灼见的国防教育思想。中华人民共和国成立初期，面临着帝国主义的军事挑衅与经济封锁，毛泽东发出了"提高警惕，保卫祖国"的号召，并提出要在全国人民中间深入进行爱国主义教育和国防教育的思想，他说："第一，我们不要战争；第二，如果有人来侵略我们，我们就予以坚决回击。我们对共产党员和全国人民就是这样进行教育的。"为了将国防教育落到实处，我们党研究制定了一系列的方针、政策。1938 年 9 月颁发的《中共扩大的六中全会政治决议案》指出："实行国防教育政策，使教育为民族战争服务。"1939 年 1 月颁布的《陕甘宁边区抗日时期施政纲领》，则进一步对国防教育的方针做了制度性的规定。在以后的抗美援朝战争、对印自卫反击战、对越自卫反击战等历次战争中，我党我军均加强了全民国防教育的工作并制定了一系列的方针政策，这些举措无论对动员全国军民的爱国热情与树立他们敢打必胜的信心，还是对维护凝聚军心民心、维护社会安全稳定，都具有极其重要的意义。冷战结束后，着眼两极体制瓦解后国家安全形势的新特点新变化，我们党及时调整创新国防教育的指导思想和实践路径，有力发挥了国防教育服务支撑国家安全的重要作用。江泽民指出："只要国家存在，就有国防，国防教育就要长期进行，并作为公民的终身教育来抓。""对公民进行国防教育不是单纯的军事教育，应当贯穿于政治、经济、外交、科技、军事等各方面，成为对公民进行以爱国主义教育为主要内容的全社会性的教育。"1994 年中共中央印发的《爱国主义教育实

① ［瑞士］若米尼. 战争艺术概论［M］. 北京：解放军出版社，2005：93 - 94.

施纲要》和《中国教育改革和发展纲要》，都对搞好以爱国主义为主要内容的国防教育提出了具体的要求。2001 年 4 月 28 日，九届全国人大常委会第二十一次会议审议通过了《中华人民共和国国防教育法》（以下简称《国防教育法》）并于同日公布实施，2001 年 8 月 31 日，九届全国人大常委会第二十三次会议决定设立“全民国防教育日”，这标志着我国的国防教育进入了法治化、规范化的新阶段。

（一）扎实推进青少年国防教育这个基础工程

青少年是一个国家和民族的未来，培育青少年的国防意识，是加强国防教育的基础工程。从中小学生抓起，有利于民众在进入社会之初就生长出关心国防、支持国防、热爱军队、爱兵习武的国防心理，从而在他们心中打下关心支持国防和军队建设的深厚印记。加强青少年国防意识的培养，需要着力做好如下工作。一是把国防教育的内容贯穿到中小学的课程教学中去。在教学实践中可视情设立专门的国防教育课程，或将国防教育作为专门的章节列入历史课或政治理论课进行教学。通过课程学习，应当使中小学生既了解我党我军成长壮大的光辉历程以及在此过程中立下的卓越功勋，还应当使他们了解近代以来中国饱受列强侵略欺凌的屈辱历史，以此增强他们振兴祖国、心系国防的历史责任感和时代紧迫感。二是推进中小学军训活动制度化开展、规范化运行。各个学校要善于利用本地的军事资源，在寒暑假期间有计划地对各个年级的学生开展军训活动，深化他们对军队建设及部队生活的感性认识。有条件的应适时组织学生到部队体验火热的军营生活，让他们与解放军官兵同学习、共生活，体验普通士兵紧张而充实的生活，耳濡目染军人令行禁止的严格纪律与雷厉风行的良好作风。另外，各个学校还应积极创造条件邀请现役军人、战斗英雄、先进集体代表到学校做报告或担任校外辅导员。三是要抓住学校领导和教师这个重点。教育的人应首先受教育，中小学生国防教育成效如何，关键在于学校领导和教师，加强对他们的国防教育，是推进中小学国防教育的重要内容。应当充分利用教育进修、集训及专门授课的时机，有组织地加强对学校干部和教师的国防教育。通过教育，应当使其认识到在教书育人中融合培养学生国防意识，既是党和国家赋予他们的神圣职责，同时也是培养全面发展学生的一个重要内容。

（二）突出领导干部这个关键少数

加强全民国防意识的培养，首先即是加强地方党政一把手国防意识的培养。领导干部国防意识增强了，才会重视国防和军队建设，才会在党中央领导下不等不靠、主动作为，做好支持国防和军队建设的各项工作，推动全社会形成支持国防、尊崇军人的浓厚氛围。应将国防意识的有无及强弱作为干部考察的一个重要内容。各级党校应将国防意识的培养纳入课程体系并将之作为各级干部进修培训、学习深造的必修课程。通过学习，使各级领导干部思想上充分认识到抓好民兵预备役部队建设、关心支持国防和军队建设是自己义不容辞的光荣职责，增强主动参与和支持军队建设的行动自觉。经济建设的有效开展离不开国防建设的协调发展。不重视国防和军队建设，是领导干部缺少战略眼光的表现，是政治意识、大局意识不强的另一个表现，这样的干部就算不上很称职。地方党政一把手应将对国防和军队建设的关心支持转化为切实可行的规划方案和现实行动。各级领导干部应充分利用公共假期、任务转换及年关岁尾的时机，适时召开国防动员会议，抓好国防和军队建设专题集训教育。认真落实地方党委政府的议军制度，积极为驻地部队解决实际困难。地方各相关部门应在党委政府的统一领导下，分工合作，争取每年或一个时期办一两件对部队建设有重要影响的实事。各地应利用重要的节日组织党政机关干部的军事日活动，有可能的话，让党政一把手亲自体验军营生活，增强对国防和军队建设的感性认识。各单位在组织领导干部述职时，应要求领导干部将依法履行关心支持国防和军队建设的职责情况作为必述内容，并有针对性地对国防和军队建设作出突出贡献的地方领导干部加以表彰与宣扬。

（三）抓住在全社会大力开展国防宣传这个重点工作

各级宣传部门应充分利用并有效整合电视、广播、报刊、网络等资源，发挥大众传媒及社会舆论对社会成员国防意识培养的潜移默化作用。要把宣传国防和军队建设的成就以及地方人民群众关心支持国防和军队建设的好人好事作为各级宣传部门的一项重要工作来抓。军队应发挥自身优势，在国防宣传方面走在全社会的前列，既应与地方相关业务部门一道对国防和军队建设中涌现出的重大典型和英模代表加大宣传力度，还应对军队积极参与抗洪抢险、支持地方建设、开展拥政爱民的先进事迹进行广泛宣扬，另外还应对新时代我国国家安全面临的现实挑战和强军事业所取得的历史成就进行客观报道。地方宣传部门除了配合军队宣传部门做好上述工作外，还应对地方各级党委政府拥军优属的扎实工作与显著成绩进行广泛宣扬，对人民群众关心支持国防和军队建设的先进典型和动人事迹如实报道。各地区、各单位、各部门、各行业，应结合各自的实际，建立健全国防宣传的组织领导机构，制定出适合自身的国防宣传制度与办法。应当看到，由于各个单位的具体情况不同，其开展国防宣传的情况及效果也不尽相同，有的甚至存在较大的差异。这当中既有客观方面的原因，同时也有主观方面的因素。因此，有必要通过广泛开展检查督导、评比表彰等活动激励先进、鞭策落后，并通过经验交流、理论研讨、参观访问等形式促进国防宣传活动的互促共进。

（四）用好军民双拥共建这个制度平台

开展军民双拥共建活动是我党我军增进军民团结、促进全社会支持国防关心国防的重大举措。进入新的历史时期，我们需要结合社会形势急速变化发展的现实，加大军民双拥共建活动的力度，以此巩固军政军民团结的大好局面，营造关心支持国防的浓厚社会氛围。对于违反《国防教育法》和国家相关法律的行为，应依法予以惩罚。对于其他因工作疏忽或思想问题造成的不良影响，应注重通过思想政治教育达到促其改进领导方式和工作作风的目的。各级党委政府应将双拥共建活动纳入年度工作计划，并将其开展情况作为评判各级机关和部门工作业绩的一个重要指标。关心支持国防和军队建设，既需要地方党委政府下发专门文件予以明确，更需要推动其进入工作实践，转化为社会各方切切实实的具体行动。要利用每年的征兵时节与民兵整组集训，大张旗鼓地宣传关心和支持国防和军队建设的好人好事，并结合重要节日假期，利用各种形式和渠道对本地驻军、退伍军人、转业干部、军队烈士子女家属及本地现役军人及其家人开展慰问活动，营造参军光荣、军人受尊崇的浓厚氛围。若米尼曾指出："假使在一个国家里，那些牺牲生命、健康和财产去保卫祖国的勇士们，还不如那些包税者和交易所的生意人受到尊重，那么这个国家就一定是非常可悲的！"① 增进全社会对军队的感情，关键在于军队自身的行动。我军应始终坚持以党的旗帜为旗帜，牢记全心全意为人民服务的根本宗旨，刻苦训练，勠力备战，令行禁止，纪律严明，在党和人民需要时勇往直前、英勇奋战，以忠诚向党、全心为民、战必全胜的良好形象

① ［瑞士］若米尼．战争艺术概论［M］．北京：解放军出版社，2005：94.

捍卫新时代“最可爱的人”的崇高荣誉，为在全社会营造关心支持国防和军队建设的浓厚氛围奠定坚实的群众基础。

四、优化军人待遇保障制度，彰显职业荣光

2018年11月13日至14日，军委习近平主席在中央军委政策制度改革工作会议上强调，应“以调动军事人员积极性、主动性、创造性为着力点”，“重塑军事人力资源制度体系设计，建立军官职业化制度，优化军人待遇保障制度，构建完善军人荣誉体系”①。这一重要论断，深刻指出了优化军人待遇保障制度对于激发革命军人精神动力的重要意义。部队物质生活待遇的高低，历来是激发官兵斗志、增强军事职业吸引力和军队凝聚力的重要因素。正如若米尼所言：“不论国家实行什么制度，作为一个英明的政府，其一贯的宗旨应该是：提高军职的地位，以培养居民的光荣感和英勇精神。否则，这个政府就可能受到子孙后代的谴责，就可能使国家遭到拜占庭帝国的命运。”② 军人物质生活待遇的偏低，在一定程度上会使军人因自己的劳动得不到合理回报而产生失落心理，降低他们作为一名军人的职业荣誉感。长此以往，将会挫伤他们安心军营、建功立业的积极性，影响革命军人精神动力的开发效果。

军人劳动是社会劳动的一部分，是一种特殊的生产要素。军人劳动虽不直接表现为物质财富，却为物质财富的生产提供安全保证。军人劳动产出的潜在性，并不表示军人劳动价值的微不足道。相反，军事实践对人的体力、脑力的要求比一般劳动实践要高，其所产出的国防安全亦为一个国家、一个民族生存发展须臾不可缺少。恩格斯指出：“军官所处地位极为重要，他们必须受到完备的军事教育，熟悉每一兵种在行军和战争中的能力，因此，在各国，这些军官都是从最有才干的人员中选拔出来的，并在高级军官学校中受严格的训练。”确保军人劳动付出的合理回报，既是对其劳动成果与职业价值的客观认定，亦是坚持按劳分配和按生产要素分配相结合、确保社会公正的必然要求。尽管如此，实现军人劳动产出的合理回报却不是一件容易的事。

---

① 习近平在中央军委政策制度改革工作会议上强调：认清推进军事政策制度改革重要性紧迫性，建立健全中国特色社会主义军事政策制度体系［N］. 解放军报，2018-11-15（1）.

② ［瑞士］若米尼. 战争艺术概论［M］. 北京：解放军出版社，2005：96.

由市场交换实现劳动成果的价值是市场经济的通则，而国家安全作为军人的劳动产出，具有不可交换性，无法通过市场行为实现军人劳动的价值，因而也就无法精确确定军人应得的报酬。军人劳动的收入完全来自国家的军费开支，而非由市场交换获得。因此，确保军人劳动付出与所得比率的公平合理，必须借助于军人劳动与其他社会劳动的科学比较。选择军人作为职业的过程，存在一个机会成本的问题。军队是一个武装集团，军人的存在就是为了打仗，军人随时都有流血牺牲的危险。这一机会成本应该在军人的工资待遇中得到补偿和体现，以吸引地方优秀青年入伍，鼓励军人从事各种急难险重工作，防止军队优秀人才外流。军队高度的组织纪律性要求军人时刻保持与国家及军队的高度一致，不得从事军事职业以外的以营利为目的的其他工作。军队的这种特殊要求使得军人在业余时间利用自身技术谋利的机会不复存在，这种机会成本对于那些掌握着军地通用专业技术的军人影响更大。军事实践活动的高危险与高强度，需要军人有良好的体质条件与灵活的反应能力，因而军人的主体必然是以 18 岁到 45 岁之间的青年人为主，而这一年龄段正是人生的黄金时段。由于大部分军人面临着二次就业的困扰，而军人服役期间所掌握的军事知识和专业技能与地方经济建设的格格不入，使得军人二次就业的机会成本损失骤然增大。如果国家在经济收入上不能给予相应补偿，就会在某种程度上削弱军人建功立业的动力，导致他们产生晚走不如早走的心理，影响军心凝聚和部队战斗力提高。

实行军队待遇高于地方的政策是世界大部分国家的通行做法。目前，世界主要国家，无论是发达国家，还是发展中国家，军人的物质待遇都大大高于地方公务员。美军军人待遇比地方公务员高 20%～60%，印度军队军人待遇比地方公务员高 30%～100%。美军实行军人待遇高于地方的原则，坚持士兵和军士的工资收入不低于地方相同职务、相同专业人员工资收入。美军军人的物质激励分为直接激励和间接激励两种，直接激励表现为国防部向军人支付工资和减免税捐等，间接激励表现为国防部支付军人日常服役、训练、调动、个人保障（医疗、单人训练、创造良好的生活条件）过程中的费用和享受地方人员所没有的特殊权利。美军军人不受年龄限制（地方限制在 55～57 岁），服役 20 年退役后即享受退休金，金额高于地方。军人有 30 天假日，地方仅有 12～28 天。退休军人及家属享受免费医疗、住房及就餐的待遇，不到退休年龄的军人不享受退休金，但可获得数额巨大的一次性退职金，没有找到工作的退休（职）军人享受失业优抚金。现役或退役士兵在地方院校接受训练时均可享受训练费资助，志愿在常规部队服役或参加军官预备役的大学生，享受训练费资助和奖学金等。美军为特殊人才提供了专门的津贴，如为有特殊技能、知识和工作效率高的军人设置了士兵和军士津贴，为熟练掌握外语的军人设置了外语知识津贴，为舍弃地方医务人员高收入的军队医疗人员设立了军医军官服役津贴，为在电子、航空、航天领域工作的科技人员设立了奖金。英国军人有着较高的工资收入和退休金保障，其工资逐年增加10%～15%，在北约诸国中工资最高。德国、法国和意大利的军人与英国相似，享有多种补贴和补助，因而能保持军事职业的吸引力。俄罗斯军人除了拥有较之地方更高的工资外，还享有多种优惠政策。诸如，财产所有权，服役10年以上的军人，可将其服役地点的住房无偿划归个人所有，或者根据其意愿得到一块可继承的土地；免税优先，对军人的收入免征个人所得税，免征土地税和自然人财产税，住房和购建房优先；医疗和疗养优先，并享受军人人身保险金，一次性退役补助金；交通和邮政优先，劳动优先，安家费优待；享受休假补助、学位和学衔补贴；副博士和副教授，其学术职称补贴为其职务工资的10%，二者兼有，为职务工资的20%；博士或教授，其学术职称补贴为职务工资的25%，二者兼有，为职务工资的35%。世界主要国家对军人待遇与地方相关人员的区别安排与适当优待，体现了军事劳动较之于一般社会劳动具有更高强度与更高风险的特殊性。军事劳动的艰苦性与高危险性，需要国家在军人的工资福利待遇中予以补偿和体现。

社会物质生产部门作为社会初次分配的领域，其所在行业劳动者的收入与经济效益密切相关，他们的劳动付出能及时而迅速地通过市场得到体现。而包括军队在内的社会再分配领域，则无法做到这一点。作为军人劳动最终产品的国家安全，其价值具有无法量化的特点，这导致了军人劳动价值不能得到及时、准确的衡量和确定。军人收入除了受到国民经济发展水平的制约，还受到一定时期国家的国防政策、军费支出等因素的影响，而这势必导致军人收入与其体力脑力的实际付出脱节。地方政府机关与军队一样虽然同属非物质生产部门，参与社会再分配，但地方工作人员灵活的工资结构保证了其收入水平与经济发展水平能够做到动态协调。当前，地方公务员实行职级工资制，即包括基本工资和地区津贴、奖励工资，军队干部工资由职级工资、军衔工资和军龄工资构成。前者由地方政府根据地方经济发展水平、物价上涨情况等因素灵活调整，后者由军委后勤保障部统一制定。前者能较好地体现劳动者的劳动所得，后者由于各地经济发展水平的差异与全军军人工资收入的高度统一性使得军人的收入与其应得存在差距。前者的弹性保证了地方公务员能够及时享受到国家社会经济发展的成果，后者的统一使得军人的收入不能及时随着国家社会经济发展水平的提高而水涨船高。国家实行军人工资高于地方同级别工作人员的政策，这一点在计划经济时代比较容易实现。市场经济时代，由于地方干部收入的多元化，工资收入外的绩效奖励、补贴福利占有越来越多的份额和比重，传统的军人基本工资比地方高 20% 的规定已不能保证军人收入总体水平略高于地方目标的实现。实际上，由于军人基本工资在总体收入中的比重较大，加之军人住房公积金和住房补贴实行的是挂账处理，不少地区军人的实际待遇水平已经低于该地区相同级别政府工作人员的待遇水平，这一点在经济发达地区尤为明显。

市场的基础配置作用反映在人力资源上，就是劳动者以利益为导向、以供求关系为参照在各用人单位之间的自主流动，人们根据自己能力素质与社会各个劳动岗位竞争的激烈程度及收入水平确定职业意向和工作流向。一般来说，能力素质高的会流向收入待遇高的行业，能力素质低的则流向收入待遇低的行业，职业选择的市场行为在某种程度上就是个人能力素质水平的指示器。在市场发育成熟、各项机制比较健全的社会中，收入水平的高低往往在很大程度上预示着一个人能力素质的强弱，反映着一个人人生价值的大小，体现着一个人社会地位的高低。军人劳动的特殊性，军人劳动所得的计划性，使得军人的能力素质、劳动付出不能直接由市场进行评价。军人劳动所得不能由市场直接反映而只能由国家计划调节的事实，决定了军人收入对军人能力素质及劳动复杂程度反映的滞后性。军人收入的偏低，容易导致军人自我评价的偏低，而这无疑会在一定程度上伤害军人献身军营的工作热情。我党我军早就意识到了军人较之一般社会群体劳动付出更多的特点，并在实践中确立了军人待遇高于地方的原则。事实上，我军军人的物质待遇在中华人民共和国成立后大部分时间是高于地方的。而此后随着国家经济体制的改革及社会分配方式的变化，军地收入差距逐渐缩小，不少地方军地收入甚至出现了倒置现象。从 2006 年以来，军人的工资收入经过几次定期增资后，与全国公务员的平均水平相比具备一定优势。但应该看到，不同地区的经济发展程度不同，财政支付能力强弱有别，相应地，公务员工资待遇水平也有很大差异，这导致军人的收入待遇水平与中西部欠发达地区相比有优势，但与东部经济发达地区相比却处于劣势。由此也就不难理解，为什么每年退役时中西部地区选择计划安置进公务员的比例较低，而东部发达地区选择计划安置进公务员队伍仍占大多数。

军人工资福利是国家通过税收实现的对军事劳动的价值补偿，军人工资福利的供给是属于市场初次分配之后的社会再分配。社会再分配由于不直接以市场配置为基础，因而必须坚持公平原则，确保军人军事劳动的价值得到科学评判和合理实现。提高军人物质待遇，改善军人工资福利，需要根据国家分配制度改革和军队建设发展的要求，逐步建立起适应社会经济发展、体现军事职业劳动特点、与国家和军队建设发展相协调的军人薪金待遇的政策制度体系。具体而言，就是在现行军人工资结构的基础上，加大军人军衔工资、岗位津贴、任务补贴、地区补助等的投入和比重，拉开军队内部不同衔级、岗位和地区人员收入的差距，坚持军队待遇优于地方的原则，确保军人能够共享社会经济发展的成果，确保军人的收入水平与强军事业发展的实践要求相匹配。

第一，在适当提高全军军人收入水平的基础上加大边远艰苦地区军人的补贴力度。边远艰苦地区尽管军队工资水平高于地方，但仍对军队人员缺乏吸引力。究其原因，边远艰苦地区工作的军人劳动付出多，已婚军人两地分居多，随军配偶大多无正式稳定工作，子女教育受影响，二次就业困难大。因此，应当加大对边远艰苦地区军人的津贴补助力度。应该说，军队建设的基础在基层部队，而基层部队大多地处山区、农村及边远艰苦地区，稳定驻边远艰苦地区部队军人的军心是关系我军建设的一个根本性问题。应着眼当前国家经济发展水平不断提高与不同地区军人生活成本及工作艰辛程度的差异，合理确定整个军队军人收入水平，确保其共享经济社会发展成果与享有应有经济社会地位，同时着力提高驻边远艰苦地区军人的津贴补助，以此激发他们献身军营、建功立业的精神动力。

第二，承认军事人力资本要素参与收入分配，建立有吸引力的军人收入分配机制。军事人力资本是指军人通过正规教育、军事训练和作战实践等途径所获得的军事指挥素质和军事技术素质，它是军人从事军事实践、进行军事劳动的基础。军事人力资本投资的收益应当略高于地方上同等人力资本投资的收益，这种收益即军人的收入待遇水平。军事人力资本要素既包括指挥管理要素，又包括专业技术要素。随着现代战争形态的发展，军事人力资本要素的知识含量与技术要求都越来越高。为了使军人的工资待遇恰如其分地体现军人军事劳动的价值，需要将指挥管理要素和专业技术要素纳入军人收入分配体系之内，结合推进等级军衔主导、待遇级别调节的政策制度改革，建立军衔、岗位、任务、地域、学历、职称等多要素参与分配的军人工资制度，实现指挥管理要素与专业技术要素共同参与创造劳动价值的收入调节目标。只有军人军事劳动的价值得到有效实现，军人献身军营的报国之志才能真正得到强化。改善军人的工资结构，应充分考虑到军人复杂劳动所能创造的特殊价值。当前，军队人才流失较为严重的是文化水平较高、创新能力较强的高层次人才，而这些军人正是当下和未来强军事业发展的中坚力量。适度提高这些军人的工资津贴水平，让他们获得与其劳动相称的合理收入，既是尊重知识、尊重人才在军队建设领域中的体现，也是加快全面建设世界一流军队历史进程的必然选择。

第三，建立军人待遇与国民经济增长协调发展的机制。根据国民经济发展水平的提高和城镇居民职工基本生活费用指数的变化及地方公务员收入水平的提高，不断提高军人的总体收入水平，是增强军事职业吸引力的必然要求。军人待遇主要由军人工资和军人福利组成，其中军人工资是军人待遇的主体。据国家统计局的数据表明，2019 年年底我国人均国内生产总值已达 10 276美元①，我们应以此为基础，对照全面建成小康社会目标各项任务指标的实现程度，结合考虑军人劳动较之一般社会劳动更为复杂与艰苦的特点，确定军人待遇的合理区间。军人工资的增资机制不仅应包括伴随物价增长的动态增资机制，还应包括参照地方公务员收入水平的相对增资机制。市场经济条件下物价指数上升和通货膨胀发生是常有的事，如果军人的工资待遇不能随之及时做出调整，军人的实际生活水平就会下降。对此，外军一般是每年根据物价上涨指数和生活指数变化情况调整军人工资收入，确保工资增长幅度高于物价增长幅度。我军可以维护家庭的基本生活需要为标准确定军人的起步工资，并根据军人在部队工作的劳动强度、职业风险与机会成本提高军人的军龄工资及职业津贴，以此确保军人劳动的价值得到有效实现和充分体现。

第四，进一步完善军人社会保障制度体系。紧跟社会发展步伐，进一步

① 去年我国经济总量 990 865 亿元，人均 GDP 达 10 276 美元［N］. 人民日报，2020－2－29.

完善军人人身伤亡保险和退役养老保险，大力推进军人特种保险和军人家庭子女的医疗保险和意外伤亡保险的建设。对与军人生活密切相关的服务业实行税收优惠或减免政策，以提高军人的购买力，改善军人的生活。逐步加大对军人家属子女的优待力度，地方政府及相关部门应优先解决军人子女的入学问题，出台相关促进军人家属优先就业的政策措施，建立随军家属无工作的生活补助制度，提高军烈属的抚恤待遇水平，以此改善军人及其家庭的生活境况，激发军人扎根军营、矢志强军的积极性。

第五，提高军人福利待遇的货币化水平。在计划经济条件下，国家可以利用统一调控的方式确保军人物质福利优于地方，而随着市场经济的发展，如果军人的福利待遇依然采取实物分配为主的方式，则不易达成与地方以货币化方式为主体现的由于收入来源多元化而带来的总体收入增加的比较，因而不能确切反映当前军人收入水平总体偏低的现状。战争年代和 20 世纪 50 年代初期，由于受物质条件的制约，我军长期实行军事共产主义性质的实物供给制。1955 年实行工资制度后，则与国家的分配制度相一致，实行货币分配与实物分配相结合的方式，即实行“低工资高福利”的政策，国家将劳动者应得收入的一部分分发给劳动者，把本属军人消费范畴的住房、医疗、养老等作为福利。改革开放以后，随着国家分配制度和福利制度的改革，劳动者的收入基本上通过货币形式的工资得到体现，个人生活福利主要依靠社会保障，而非传统的单位集体福利供给，而军队由于工资福利改革的滞后，依然保持着很强的实物分配痕迹。以实物分配为主的福利保障作为计划经济时代的主要分配方式，随着以市场为导向的经济体制改革的不断深入，已经逐渐显露出其运行成本过高、效益偏低的弊端。军人福利待遇的货币化既不宜早，也不宜迟，应与社会保障制度的改革同步推进，以最大限度地保障军人应得福利待遇的落实。过早，则会因为缺乏社会保障制度的配套改革而失去支撑；过迟，则将会使军人应得的福利待遇受到损失。军人福利待遇的改革还应考虑到平时与战时的区别，完善货币化与实物化相互转换的灵活机制，为军人合理利益的有效供给提供坚实的政策保障。

五、营造干事创业良好环境，强化事业激励

生存需要、发展需要同为革命军人精神动力的源泉，生存需要是人的基

本需要，发展需要既是军人的基本需要，又是军人的高层次需要。在全面建成小康社会的新形势下，我军官兵生存需要已经得到基本满足，发展需要开始凸现并逐渐上升为主导需要，并发挥着其对于军人精神动力发展的统摄作用。列宁强调要“激发到现在为止还没有觉醒的广大群众的积极性”，“在相当广阔的范围内培植进取心、毅力和大胆首创精神”①。邓小平指出：“要创造一种环境，使拔尖人才能够脱颖而出。改革就是要创造这种环境。”② 当前加强革命军人精神动力开发的一项重要内容就是引导官兵将个人成长发展路径与强军实践、强国梦想结合起来，鼓励官兵在强国兴军的战略大舞台上找寻个人自我实现、自我发展的人生小舞台，推动官兵在为军队建设和国家发展的奋斗历程中积累知识、增长才干，开拓个人成才发展的广阔空间。

（一）确立与时俱进的人才理念

强军兴军，要在得人。军事人才，从某种意义上讲，就是在某一领域专业知识更为精深、技术水平更为高超的军人。专业知识的更为精深与技术水平的更为高超，预示着一个人认识世界、改造世界能力的更为高深，也意味着一个人本质力量的更为强大。换言之，人才即是全面发展程度更高的人。而追求自身发展程度的提高，是人之为人的本性。而将人才视为第一战略资源，则是在社会层面上对个人谋求全面发展愿望的肯定和支持，这一重要导向将成为激发军人潜能、谋求个人发展的催化剂，必将大大增强军人立足军营实现自身价值的精神动力。换言之，把人才视为军队建设的第一战略资源，会极大地增强广大官兵刻苦学习、努力工作、立足本职干事创业的精神动力，激发他们在部队火热的军事实践中学习、提高自身素质的工作热情。毛泽东指出：“政治路线确定之后，干部就是决定的因素。”③ 邓小平认为：“事情成败的关键就是能不能发现人才，能不能用人才。”④ 我们讲人才是第一资源，主要是与其他各种资源相比，人才资源更具基础性、主导性。无论是自然资源还是社会资源，都需要人去开发、利用方能转化为现实的生产力。人才资源作为第一战略资源，其开发利用的程度决定着其他社会资源的有效整合。

---

① 列宁全集：第26卷［M］. 北京：人民出版社，1959：378.
② 邓小平文选：第3卷［M］. 北京：人民出版社，1993：109.
③ 毛泽东选集：第2卷［M］. 2版. 北京：人民出版社，1991：526.
④ 邓小平文选：第3卷［M］. 北京：人民出版社，1993：92.

在世界经济加速一体化的今天，各国越来越意识到人才作为第一战略资源的重要地位与价值，人才资源开发已被置于各国综合国力竞争的战略位置。各国纷纷采取多种措施，开发人才资源，以期能在激烈的科技和经济竞争中取得主动，抢得先机。新加坡之所以能在35年的时间内走完发达国家用400年左右的时间走完的路程，跻身于富国之列，很重要的一点就是人才立国战略的成功施行。不少发达国家为了争夺高新科技及相关产业的制高点，纷纷制定面向未来的教育和人才资源开发战略。他们除了通过增加教育和科研投资去加大人才培养力度外，还通过制定各种政策想方设法从国外网罗人才。为了留住人才，这些国家斥巨资改善交通、美化环境、强化治安、提高各类人才的福利待遇与生活质量。为了吸引国外人才，他们还通过修改移民法、放宽技术移民限制等措施去创造开放、流动、竞争、协作并能集聚各方英才、便于人才发挥潜能的机制环境。人才建设的问题已成为关系民族复兴时代伟业的大问题。这个问题解决不好，我们就可能与大好的发展机遇失之交臂。

当今和未来的世界竞争，从根本上说是人才的竞争。世界军事的竞争，同样可以归结为各国军人基本素质的竞争。在世界多极化与经济全球化的大背景下，军事人才建设已成为关系国防和军队建设的大问题，并成为关乎国家未来与民族强盛的重要议题。如何培养、使用、留住人才，已成为我军加强人才队伍建设和干部工作的现实课题，并成为深入推进人才强军战略的时代课题。观念是行动的先导，只有整个军队树立起先进的人才观，广大官兵立足岗位发展成才的积极性才会得到有力的激发，强军事业才会大有希望。牢固树立人才是第一资源的理念，就是牢固树立把官兵作为军队建设最宝贵资源的理念，就是树立相信军队建设的内在动力是广大官兵、只有依靠官兵才能从根本上实现强军目标的理念。在军队建设的发展上树立人才是第一资源的理念，是对马克思主义关于人民群众是历史发展根本动力思想与我们党群众路线思想的有机整合和创造性发展。革命战争年代，我军重视吸引各方英才从军报国。当时的革命圣地延安，不但是全国各地大批有志青年蜂拥而来的地方，也是众多国际友人汇聚奉献的热土。我军历来重视人才建设，长期以来我军人才济济，人才辈出，以无可争议的历史事实说明了正确用人导向之于官兵成长成才的重要意义。当前正在施行的“科技强军、人才强军”战略，既是我军一贯重视人才建设，把人才视为第一资源优良传统的集中体现，又是我军着眼强军兴军过程中对高素质专业化军事人才需求空前迫切而作出的战略举措。我军不但重视吸引人才，更重视现有人才作用的发挥。政治民主、经济民主、军事民主制度的施行，既是人民军队发展史上的一大创举，同时也是我军一贯重视广大官兵主体作用和创造精神发挥的生动反映。新时代随着市场化、全球化、信息化、智能化的不断推进和强军兴军事业的不断发展，非但没有削弱人在军队建设中的主体地位，反而对军人的主动性、创造性、能动性提出了更高的要求。鉴于此，我们需要牢固树立人才是第一资源的理念，重视尊重广大官兵在军队建设中的主体地位，不断激发他们矢志强军、在更为广阔的历史舞台上成就自我的精神动力。

（二）完善人尽其才的用人机制

用人导向是最根本的导向，是军事人才干事热情的最强风向标。吏治腐败是最大的腐败，是对军事人才士气动力的最大挫伤。完善人尽其才的选人用人机制，是促进军事人才精神动力生长的重要支撑和前提。邓小平指出："我们要开一条路出来，让有才能的人很快成长，不要老是把人才卡住。"① 做好官兵基本素质的测评、鉴别、分类工作，是将官兵安排到最能发挥其潜力的合适岗位的前提条件，是完善人尽其才的用人机制的重要内容。对官兵基本素质的测评，应坚持以政治标准为首要标准，以专业能力标准为主要标准，着眼军事职业特殊性要求，区分不同岗位专业，建立一套能反映军事职业要求、对官兵进行甄别、选择和评估的素质测评模型，以此作为对某岗位相关人员工作能力和业务素质进行定性分析和定量评估的依据。根据对某一岗位特定人员所作出的"优秀""称职""基本称职""不称职"的分类评价，对相关人员的工作作出适当的调整，以达到鞭策后进、带动中游、激励先进的目的。对素质测评优秀的官兵，应将其安排到更高一级的岗位或赋予其更具挑战性的工作，以满足其自我发展、自我实现的需要，形成促进其精神动力增长与强军实践发展互促共进的良性循环。对素质测评称职的官兵，应有意识地通过压担子、加任务或送学、培训的方式不断挖掘其内在的潜能，激发其争创一流、争当先进的积极性和努力钻研本职业务的工作热情。对素质测评基本称职的官兵，应通过关心并解决他们实际问题、加强业务培训、典型引路、物质激励与精神激励相结合的方式增强他们干好本职工作的自信心，

---

① 邓小平文选：第3卷［M］. 北京：人民出版社，1993：18.

激发他们不甘平庸、奋发图强的革命斗志。对素质测评不称职的官兵，应该通过加强思想政治教育、帮扶补差、传帮带等形式提高他们的自身专业技能，增强他们做好本职工作的荣誉感和责任感，提高他们干好本职工作的积极性和主动性。对官兵基本素质、能力水平的判定，应是从其日常生活与一贯工作中得出的必然结论，而不应是通过一两次考核谈话形成的浅表认识。对一个人基本素质和能力水平的评估要做到尽可能客观、全面，需要深入听取与其朝夕相处的同事和领导的意见。因此，对官兵基本素质的测评、分类、鉴定需要开阔视野，拓宽渠道，走好群众路线。

增强军队各级领导干部识人用人的能力与智慧，是完善人尽其才用人机制的重要环节。邓小平指出："人才，只有大胆使用，才能培养出来。"① 领导者就其本质来说，是对人的领导。领导者的智慧主要表现在识人、选人、用人的艺术上。在这三者当中，识人特别是识才尤为重要，它是选人与用人的前提与基础。姜太公怀才不遇，垂钓于渭水河边等待至暮年；诸葛亮博古通今、深有韬略，却在隆中隐居十多年。二人之所以能出山大展身手，主要是因为周文王、刘备慧眼识才、执意求贤，而这正是周文王、刘备的过人智慧之所在。否则，周文王与刘备也就可能不会成就霸业，名垂千古。"世有伯乐，然后有千里马。千里马常有，而伯乐不常有"②。这句话说明了具备发现人才的能力是何等的重要。新时代各级领导干部，不仅要有识人的智慧，同时还需要有用人的气魄。应按照军队好干部标准，坚持德才兼备、以德为先，坚持五湖四海、任人唯贤，坚持看人品、看水平、看政绩，而不能看亲疏、看关系、看假象，把各方面的优秀人才和优秀干部选好用好。人才建设方面的政绩是第一位的政绩。人才建设的水平关系着一个单位、一个部门的工作成效甚或整个军队的强弱兴衰，决定着其他方面建设的水平。领导干部要破除论资排辈的陈旧思维，破除求全责备的狭隘偏见，破除担心年轻同志超越自己的私心杂念。"心底无私天地宽""不拘一格降人才"，把人才选好用好，形成优秀人才竞相成长的良好局面。

此外，完善人尽其才的机制，还需要创造人才合理流动的制度环境。要想有效发挥官兵的潜能，为其提供成长发展的空间，就不应将其始终限制在

① 邓小平文选：第3卷［M］. 北京：人民出版社，1993：17.

② （唐）韩愈，《马说》。

一个单位一个岗位上。如果说，刚开始时，一项工作对某个官兵比较适合。那么，过一段时间后，随着工作经验的积累和专业技能的熟练，他就需要更富挑战性与更具复杂性的工作来施展自己的才华。而要做到这一点，就需要鼓励人才的合理流动。“流水不腐、户枢不蠹”[①]，有了人才的合理流动，军队人才队伍才能保持应有的活力，官兵个人素质的提高也才能有更为广阔的天地。

（三）增加发展自我的学习机会

军人能否安心军营，军人报效祖国的赤胆忠诚与满腔热情能否得到充分激发，重要的一点就在于军人能否意识到军队的建设与个人的发展是否一致以及军队能否给个人提供增强发展后劲的机会。而要做到这一点，就需要我们给那些在本职岗位上作出突出贡献的人创造学习深造、进修培训的机会，使他们能够系统性地学习一些与本职工作及军队建设密切相关的知识，全面提高自身素质，以便从事一些更富挑战性和创造性的工作，在推进强军实践的过程中不断实现个人的人生价值。增加军人送学深造、进修培训的机会，在此过程中全面提高官兵素质、增强他们的发展后劲，是军人安心军营、报效祖国的重要精神动力。各级应充分认识到人才培养的重要性。“国以人兴，政以才治”，能不能把人才培养作为关键工程，关系着强军事业的发展。我国是世界第一人口大国，有着丰富的人力资源。我军作为世界上规模最大的军队，具有丰富的人力资源优势，要把这种丰富的人力资源优势转化为巨大的人才资源优势，唯一的途径就是大力开发人力资源，加大人才培养力度，努力创造官兵送学深造、进修培训的机会。有计划地遴选一批有发展潜质的人员送学深造，是进行人才储备、实现可持续发展的必然要求。经济学家指出：人才资源投资是效益最佳的投资，是得到回报最好的投资。“十年树木，百年树人”。加大官兵送学深造、进修培训的力度，是一件关乎部队长远建设发展的大事。各个单位、各个部门对此都要从强国兴军的战略高度把使用人才与培养人才结合起来。就某个单位来说，即便送学或进修的官兵毕业后不能回到原单位，对于整个军队来说，依然是一笔不可多得的财富。虽然从表面上看，原单位好像是人才流失了，但从整体和长远来说，必然会带动全军各部

① （战国）吕不韦，《吕氏春秋·尽数》。

队建设水平的水涨船高。增加官兵送学深造、进修培训的机会，从根本上来说，既是整个军队建设发展的客观需要，也是各个单位谋求发展的客观必然。要把军队人力资源开发与人才队伍建设放到更加突出的战略地位上去，加快构建军队院校教育、部队训练实践、军事职业教育三位一体的军事人才培养体系，为强军兴军提供源源不断的军事人才支撑。

提高官兵能力素质，为官兵个人发展创造机会，主要应抓好学习培训。第一，训练基地培训。真正将那些军事素质过硬、政治素质合格、专业技术素质优良的官兵送到训练基地进行系统性的培训和学习，进一步提高他们履行本职业务、创造性开展工作的能力。第二，任职院校培训。实行经过院校区分层级培训后获取晋升更高一级职务的资格，是我军军官制度的一项重大创新，也是新时代我军构设以军衔为主导的军官发展路径的一项重要内容。着眼提高初级培训、中级培训、高级培训以及军兵种培训、联合作战培训对我军干部队伍建设和军队建设发展的促进作用，建强院校教员队伍，健全完善任职教学制度，创新教育内容体系，有效整合各类院校教学资源。第三，技术院校培训。要充分发挥承担技术培训任务的士官学校和军官学校对具备一定技术发展潜能官兵素质提高的关键支撑作用，加强这些学校课程教学内容的创新力度。要将专业基础理论与专业技术理论的教学放在同等重要的位置上，防止出现重专业技术教学、轻专业基础理论教学的不良倾向。各相关院校要加强与武器装备生产厂家与研究所的技术交流，针对武器装备更新换代日趋加速的现实，不断创新教学内容，努力提高官兵掌握最新军事科技和操作最新武器装备的能力。第四，专业知识进修培训。要根据现代战争形态演变、形势任务变化和我军建设发展实际，有针对性地调整并改革各级各类司令部工作培训、政治工作培训、保障工作培训的方式、内容、手段，促进更多适应转型建设发展要求新型军事人才的涌现。第五，院校学历教育。面对世界范围内新一轮军事变革加速推进，面对军事斗争准备拓展深化，要以军队人才战略工程的实施为契机，加强院校建设，优化军队研究生教育体系，努力发挥院校教育对军事人才培养的先导作用。第六，依托国民教育培养军事人才。应充分利用国民教育的丰厚资源，采取吸引地方高校优秀毕业生入伍、选送部队优秀人才赴地方高校和科研院所深造、军地联合办学等形式，不断拓展广大官兵成长成才的空间。

（四）营造成就事业的良好氛围

官兵成就事业精神动力的有无及强弱，与军队中成就事业氛围的有无及优劣有着极大的关系。当以成就事业为荣、以空耗人生为耻在整个军队蔚然成风，则生活并工作于其中的军人必将迸发出积极进取、努力创业的精神动力。成就事业的价值取向一旦通过军事实践成为群体及整个军队的文化因子并上升为主流价值取向，官兵就会在不知不觉中认同这种谋求自我实现与发展的方式与途径，并将之诉诸实践。自我实现和自我发展作为人之为人的本质，是军人的内在需要，是军人精神动力的本质所在。在军队内部营造成就事业的良好氛围，对于军人精神动力的开发至关重要。营造成就事业的良好氛围，应做好以下几点。第一，营造支持创新的良好氛围。人的自我实现与自我发展，离不开思想观念和行为方式的创新。如果一个人固守僵化陈旧的思维模式和行为方式，工作中循规蹈矩，缺乏应有的冲劲和闯劲，就无法在强军征途上取得突出成绩，书写无愧于时代、无愧于历史的辉煌篇章。因此，军人要想保持积极向上的进取精神，在强军兴军的时代伟业中实现自我，就必须具有强烈的创新意识，养成善于创新、勇于创新的生活习惯。只有这样，才能在日常生活和工作实践中不断精益求精，不断完善自我、超越自我。创新意识是决定军人自我实现愿望强弱的关键因素，创新意识包括创新需要和创新认识。创新需要即是军人的本质需要，是马斯洛所论及的五种需要中的自我实现需要；创新认识在创新需要基础上产生并对主体的创造活动起着主导和引领作用的心理活动。美国哲学家莫里斯认为：“自我的出路深刻地、不断地、必然地要受到自我身体的影响。在体格方面最最微小的区别日积月累地持续下去也可能成为重大差异。”① 先天的禀赋是军人创新意识强弱的生理基础，而外部环境的优劣以及个人后天的社会生活实践水平亦可对军人创新意识的发展产生重大的影响。创新人格特质是一个人创新意识、创新动机的综合表现，创新文化氛围对官兵影响的最直接表现就是官兵创新人格特质的强弱。随着社会信息化、智能化的深入发展，社会对劳动者创新品质的要求越来越高，军事领域作为变化最为迅速的领域，对创新的要求更高。因此，支持创新已经成为军队建设和发展的迫切需要和客观要求。应充分利用当前

---

① ［美］莫里斯. 开放的自我［M］. 上海：上海人民出版社，1965：27.

各级重视创新、支持创新的时代契机，努力营造支持创新的文化氛围，以此激发和强化军人成就自我、实现自我的内生动力。第二，营造鼓励竞争的良好氛围。鼓励竞争，就是鼓励军人工作中冒尖，就是鼓励军人凭借自身素质和勤奋努力脱颖而出，就是反对平庸，就是反对不思进取。营造鼓励竞争的良好氛围，对于增强军人自我实现的欲求不可或缺。马克思指出："在大多数生产劳动中，单是社会接触就会引起竞争心和特有的精力振奋，从而提高每个人的个人工作效率。"① 竞争的本质是一种优胜劣汰的过程，从根本上说是有利于军队建设和个人发展的。在竞争中胜出的军人，其个人能力素质由此得到提高自不必说，还将促进其进一步提高自身能力素质以应对更富挑战性的竞争，在此过程中实现个人发展和军队发展的良性互动。在竞争中败出的军人，也不一定是件坏事，他从失败中看到自身的不足，失败的压力在某种程度上就是奋起的动力。而这在推动失败者努力提高个人素质的同时也将带来其个人工作的进步和军队建设的发展。列宁认为："竞争在相当广阔的范围内培植进取心、毅力和大胆首创精神。"② 由此可见，竞争在总体上是有利于增强军人谋求自我发展的精神动力的。我们需要充分利用竞争的有利作用，避免其无序而造成对军人工作和军队发展的不良影响。防止竞争蜕变为相互挤压、钩心斗角，关键就在于确保竞争的公开、公正、公平，并通过法律制度加以规范引导。随着社会主义市场经济的深入发展，竞争意识已经深入人心，我们要充分利用时代发展所带来的社会竞争意识日渐深厚的有利条件，为革命军人精神动力开发创造必要的社会实践环境。第三，营造敢于发表意见的良好氛围。能否创造一个成就事业的良好氛围，还在于能否包容不同意见，让不同的人的思想活力能够得到最大限度的激发。微软公司的成功有众多方面的原因，但其中重要的一点，即有一条"保护怪论"的制度规定，从而使得公司内部处于不同位置、资历经历不尽相同的员工都能畅所欲言，发挥他们自身的创造性和积极性。创造适宜军人发展的良好氛围，同样需要创造一个鼓励官兵敢于发表不同意见、勇于提出自己见解的文化环境。利奥塔呼吁："让我们向统一的整体开战，让我们成为不可言说之物的见证者，让我

① 马克思恩格斯全集：第23卷［M］. 北京：人民出版社，1972：362.

② 列宁选集：第3卷［M］. 2版. 北京：人民出版社，1972：392.

们不妥协地开发各种歧见差异，让我们为秉持不同之名的荣誉而努力。”① 鼓励不同意见的存在，可以有效促进军人自我实现的欲望的生成，具体表现在以下方面。其一是促进军人好奇心理的生成。求真是人的本性，军人好奇心的增强，就会对军队建设中的新鲜、独特的事物产生好奇感，产生对问题的不断追问和探求的执着精神，萌发进一步探究的兴趣，而这将促进军人钻研本职工作的积极性的生成。其二是促进军人想象思维的生成。军队容许甚或鼓励不同意见的良好氛围，有利于军人想象思维得到很好的发展，使得他们善于运用联想、类比、演绎等思维手段，创造性地开展工作，而这将会增强他们体验自身本质力量、发掘自身潜能的欲望，促进他们奋发工作、寻求自我实现的精神动力的生成。其三是促进军人挑战性心理的生成。军人的不同意见得到鼓励，有利于增强和激发他们敢于挑战未知的胆量和气魄，使得他们养成处事果敢的风格与勇往直前、不达目标决不罢休的精神，勇于承担责任、分担风险。有了这样一种宽容的氛围，他们更会不唯书、不唯上、不唯学术权威，敢于向军队建设的未知领域提出挑战，敢于向部队发展的陈规旧律发起质疑，而这势必在不断促进军人工作进步与军队建设发展有机统一的过程的同时增强他们进一步发展自我的勇气，促进他们致力于强军实践的精神动力的生成和丰富。

① ［法］利奥塔．后现代状态［M］．长沙：湖南美术出版社，1996：211．

参 考 文 献

［1］中共中央马克思恩格斯列宁斯大林著作编译局．马克思恩格斯选集：第1卷［M］．2版．北京：人民出版社，1995．
［2］中共中央马克思恩格斯列宁斯大林著作编译局．马克思恩格斯选集：第2卷［M］2版．北京：人民出版社，1995．
［3］中共中央马克思恩格斯列宁斯大林著作编译局．马克思恩格斯选集：第3卷［M］．2版．北京：人民出版社，1995．
［4］中共中央马克思恩格斯列宁斯大林著作编译局．马克思恩格斯选集：第4卷［M］．2版．北京：人民出版社，1995．
［5］毛泽东选集：第1卷［M］．2版．北京：人民出版社，1991．
［6］毛泽东选集：第2卷［M］．2版．北京：人民出版社，1991．
［7］毛泽东选集：第3卷［M］．2版．北京：人民出版社，1991．
［8］毛泽东选集：第4卷［M］．2版．北京：人民出版社，1991．
［9］邓小平文选：第1卷［M］．2版．北京：人民出版社，1994．
［10］邓小平文选：第2卷［M］．2版．北京：人民出版社，1994．
［11］邓小平文选：第3卷［M］．北京：人民出版社，1993．
［12］习近平．习近平谈治国理政：第1卷［M］．北京：外文出版社，2014．
［13］习近平．习近平谈治国理政：第2卷［M］．北京：外文出版社，2017．
［14］习近平．习近平谈治国理政：第3卷［M］．北京：外文出版社，2020．
［15］中国共产党第十九次全国代表大会文件汇编［G］．北京：人民出版社，2017．
［16］中共中央宣传部．习近平新时代中国特色社会主义思想学习纲要［M］．北京：学习出版社、人民出版社，2019．
［17］马克思 恩格斯 列宁 论意识形态［M］．北京：人民出版社，2009．
［18］徐冰．人之动力论［M］．沈阳：辽宁人民出版社，1999．
［19］骆郁廷．精神动力论［M］．武汉：武汉大学出版社，2003．
［20］赫登峰．现代精神动力论［M］．广州：广东人民出版社，2005．

[21] 肖益朝. 信息化战争军人精神动力开发论 [M]. 北京: 解放军出版社, 2006.
[22] 宋开祥. 信息战军人精神动力论 [M]. 北京: 解放军出版社, 2010.
[23] 张明仓. 实践意志论 [M]. 南宁: 广西人民出版社, 2002.
[24] 王德义, 沈根华, 章爱先. 军官职业素养研究 [M]. 北京: 人民日报出版社, 2018.
[25] 陈耀武. 先进文化与中华民族凝聚力 [M]. 北京: 军事科学出版社, 2004.
[26] 吴东莞. 新型军事人才成长动力开发研究 [M]. 北京: 国防大学出版社, 2002.
[27] 陆复初, 程志方. 中国人精神世界的历史反思: 第 1 册 [M]. 2 版. 昆明: 云南人民出版社, 2001.
[28] 陆复初, 程志方. 中国人精神世界的历史反思: 第 2 册 [M]. 2 版. 昆明: 云南人民出版社, 2001.
[29] 金一南. 心胜 [M]. 武汉: 长江文艺出版社, 2013.
[30] 任立亚, 张付. 军事心力研究 [M]. 北京: 国防大学出版社, 2004.
[31] 沈根华. 和谐理念论 [M]. 南京: 江苏人民出版社, 2011.
[32] 石海明, 贾珍珍. 人工智能颠覆未来战争 [M]. 北京: 人民出版社, 2019.
[33] 王培. 陆军智能化作战研究 [M]. 北京: 军事科学出版社, 2018.
[34] 马化腾, 等. 互联网+: 国家战略行动路线图 [M]. 北京: 中信出版社, 2015.
[35] 克劳塞维茨. 战争论 [M]. 2 版. 中国人民解放军军事科学院, 译. 北京: 商务印书馆, 2003.
[36] 黑格尔. 法哲学原理 [M]. 范扬, 张企泰, 译. 北京: 商务印书馆, 2009.
[37] 康德. 纯粹理性批判 [M]. 蓝公武, 译. 北京: 商务印书馆, 2018.
[38] 斯特尔. 知识社会 [M]. 殷晓蓉, 译. 上海: 上海译文出版社, 1998.
[39] 弗兰克. 社会的精神基础 [M]. 王永, 译, 北京: 生活·读书·新知三联书店, 2003.

[40] 雅斯贝斯. 时代的精神状况 [M]. 王德峰, 译. 上海: 上海译文出版社, 2003.
[41] 斯密. 道德情操论 [M]. 蒋自强, 钦北愚, 朱钟棣, 等译. 北京: 商务印书馆, 1997.
[42] 本尼迪克特. 菊与刀: 日本文化的类型 [M]. 吕万和, 熊达云, 王智新, 译. 北京: 商务印书馆, 2009.
[43] 韦伯. 儒教与道教 [M]. 王容芬, 译. 北京: 商务印书馆, 2003.